Ernst Pasqué –
Stimme & Feder

Richard Weber-Laux

Ernst Pasqué – Stimme & Feder

Ein Multitalent an der Bergstraße

FSC
www.fsc.org
MIX
Papier aus ver-
antwortungsvollen
Quellen
Paper from
responsible sources
FSC® C105338

Impressum

Bibliografische Informationen der Deutschen Nationalbibliothek:

Die Deutsche Nationalbibliothek verzeichnet diese Publikation in der Deutschen Nationalbibliothekgrafie, detaillierte bibliografische Daten sind im Internet über http://dmb.d-nb.de abrufbar.

Die automatisierte Analyse des Werkes, um daraus Informationen insbesondere über Muster, Trends und Korrelationen gemäß §44b UrhG („Text und Data Mining") zu gewinnen, ist untersagt.

Lektorat: Maria Tyralla, Kanella Baleka
Umschlaggestaltung: Books-on-Demand
Gestaltung und Satz: Richard Weber-Laux

Abbildungen und Bilder: Wikipedia, Universitäts- und Landesbibliothek Darmstadt, Stadtarchiv Darmstadt, Technischen Universität Darmstadt, Fachgebiet Digitales Gestalten, Richard Weber-Laux
Herstellung und Verlag: BoD – Books on Demand, Norderstedt

ISBN 978-3-75832945-6

Inhalt

1. **Vorwort von Georg Rausch** 3

2. **Der Mensch Ernst Pasqué** 5

Sein Leben von Köln nach Alsbach 5
Von Landgrafen und Großherzögen 7
Die industrielle Revolution kommt nach Darmstadt 8
Das Darmstädter Hoftheater als Karrieresprungbrett 10
Der Zugriff auf die Meister der Vergangenheit 11
Der Schauspieler Ernst Pasqué 15
Der Künstler, Ehemann und Familienvater 16
Lebensgenüsse – Essen, Trinken und Reisen 18

3. **Der Musiker Ernst Pasqué** 26

Lehr- und Wanderjahre 26
Ankunft am Hoftheater 31
Umjubelter Bariton in Europa 32
Großer Beifall in den Paraderollen 36
Finanzen oder Geld zum Leben 37
Die neue Aufgabe und Leidenschaft: Das Opern-Libretto 41
Die Nebenjobs: Regisseur, Theaterleiter, Finanzjongleur 51
Der Rückzug ins Private 54
Der künstlerische Leiter eines Konzertprogrammes 56

4. **Der Kommunikator Ernst Pasqué** 61

Kommunikation per Brief als hohe Kunst 61
Networking zu Komponisten im 19. Jahrhundert 62
Die Fäden aus Alsbach in die High Society 63
Kommunikation mit dem Darmstädter Hochadel und Darmstädter Originalen ... 67

5. **Der Schriftsteller Ernst Pasqué** 72

5.1 Aus der Welt der Töne (Erzählung) 72
5.2 Die Bergstraße (Wanderbilder) 74
5.3 Die Primadonna (Roman) 75
5.4 Das Griesheimer Haus (Jagd- und Spuk-Geschichte) 77
5.5 Es steht ein Baum im Odenwald (Erzählung) 78
5.6 Fest-Spiel zum 7. November 1869 (Huldigung mit Musik) 80
5.7 Musikantengeschichten rund um Jacques Offenbach (Musikantengeschichte) ... 83
5.8 In Paris (Heitere Geschichten aus den Lehrjahren eines Sängers) 84
5.9 Der Karlsberg (Kulturhistorischer Roman) 85
5.10 Wer hat dich, du schöner Wald ...? (Lieder-Erzählung) 86
5.11 20 Opernerzählungen für die Jugend als Einführung in die Oper (Erzählung) ... 88
5.12 Auf dem Dom-Krahnen (Erzählung) 90
5.13 Ein Briefmarkensammler (Erzählung) 92
5.14 Die Mühle im Wisperthal (Opern-Libretto) 94
5.15 Auf den Spuren des Französischen Volkslieds (Historische Geschichten) ... 96
5.16 Zwei Eleven Worths (Novelle) 99
5.17 Unveröffentlichtes in Handschriften und Kreativität in Collagen 101
5.18 Die Goldene Orgel (Märchen) 104

6. **Das große Märchen: Die Goldene Orgel** 106

I. Ein fürstlicher Hofkapellmeister des vorherigen Jahrhunderts 106
II. Der fahrende Musikant 110
III. Die St. Johannisnacht 122
IV. Der König David 129

7. Wahrheit oder Fiktion im Märchen? **135**
Das Spannungsfeld zwischen Fiktion und historischen Fakten 135
Die geschichtlichen Angaben zu Graupner – Eine zeitgeschichtliche Einordnung 136
Umsetzung und Variation biographischer Angaben und historischer Fakten............................ 138
Christoph Graupners Bewerbung um das Leipziger Thomaskantorat............................ 140
Die damalige Reiseroute: Verortung im Heute 141

8. Ernst Pasqué und seine Alsbacher Zeit.. **149**
Leben in Alsbach um 1870-1890 149
Pasqués Wirkstätten in Alsbach 151
Der Pasqué-Stammbaum 154
Der Ehrenbürger Pasqué 156

9. Ernst Pasqué nach seinem Tode in Alsbach und Region **157**
Pasqués Ableben und seine Beerdigung 157
Späte Fürsorge und sein Nachlass 159
Seine Spuren heute 161
Würdigung in Namen 162
Abgestandene Informationen oder ein Vorbild für das heute? 164
Kuriose Informationen zu Pasqué 170

10. Von Sagen und Märchen an der Bergstraße **171**

11. Eine Wanderung mit Ernst Pasqué an der Bergstraße **176**
① Bickenbach: Von der Landgräflichen Unterkunft zum Rathaus 180
② Seeheim-Jugenheim: Auch ohne Wasser ein Heim 182
③ Heiligenberg: Verbunden weltweit mit den adeligen Häusern 184
④ Alsbach: Heimat des Bergsträßer Barden 186
⑤ Zwingenberg: Die älteste Stadt an der hessischen Bergstraße 188
⑥ Auerbach: Auch Fürsten müssen einmal ruhen 190
⑦ Bensheim: Das Schloss auf dem schönen Berg... 192

12. Die Timeline: Ernst Pasqué in Daten **194**

13. Das Literaturverzeichnis **196**
Besprochene Werke von Ernst Pasqué 196
Gedruckte Bücher von Ernst Pasqué 200
Sonstige Schriften von Ernst Pasqué 202
Sekundärliteratur über Ernst Pasqué 214
Ergänzendes zu Ernst Pasqué und seiner Zeit 216

14. Das Musikverzeichnis **218**
CD-Aufnahmen von Opern auf Libretti von Ernst Pasqué 218
Musikaufnahmen aus den Paraderollen von Ernst Pasqué 219
Vergessene Tonkünstler aus Ernst Pasqués Zeit 223

15. Sachverzeichnisse **225**
Abbildungsverzeichnis.. 225
Tabellenverzeichnis 227
Stichwortverzeichnis 227
Herkunftsverzeichnis der verwendeten Abbildungen....................................... 231

16. Weitere Hinweise aus dem Internet **232**
Die nördliche Bergstraße: Orte laden mit Informationen ein 232
Wunderbare Wanderungen: Die Bergstraße zu Fuß oder mit dem Fahrrad.............. 232
Sehenswürdigkeiten und Genuss auf der Wanderung nach Pasqué...................... 232
Kulturelles: Museen und Ausstellungen an der Bergstraße 233

17. Danksagung **234**

1. Vorwort von Georg Rausch

Ernst Pasqué muss sich in Alsbach, das er zu seinem Alters- und Ruhesitz ausgewählt hatte, sehr wohl gefühlt haben. Er gründete den Alsbacher Verkehrs- und Verschönerungsverein, gestaltete die Lindenstraße zur Lindenallee, legte Wanderwege rund um Alsbach an, initiierte den Bau von Schutzhütten und ließ Begebenheiten und Erzählungen der Bergstraße in seine literarischen Werke einfließen.

Die Gemeinde dankte es ihm mit der Ehrenbürgerschaft, dem Benennen einer Straße und schaffte Orte der Erinnerung mit Gedenktafeln und einer Büste auf seinem Grab auf dem Alsbacher Friedhof.

Wer war dieser Mann, der sich bereits mit 17 Jahren mit Neugier auf die Welt von seiner Heimatstadt Köln nach Paris aufmachte, um dort sein Glück zu versuchen? Welche Talente und Fähigkeiten haben ihm in seiner Zeit Bekanntheit und Ansehen verliehen? Was hat ihn als Persönlichkeit ausgezeichnet? Wie könnten Alsbach und die Region Bergstraße sein Andenken erhalten?

Was uns bei Ernst Pasqué sofort ins Auge fällt, wenn wir sein Leben und Wirken betrachten, ist seine Vielseitigkeit. Als junger Erwachsener ist es seine Stimme, für die er als Sänger auf den namhaften Bühnen von Mainz, Leipzig, Weimar und Darmstadt gefeiert wird. Dabei kommt ihm sein schauspielerisches Talent zugute. Auch als Regisseur ist er gefragt und für einige Opern, an denen er selbst mitwirkte, hat er sogar das Libretto geschrieben.

Als seine Stimme mit zunehmendem Alter an Kraft verlor, nimmt sein schriftstellerisches Arbeiten immer mehr Raum ein, was auch im Titel dieses Buches „*Ernst Pasqué – Stimme & Feder*" zum Ausdruck kommt.

Auch als Schriftsteller ist er äußerst vielseitig, und schafft neben Schriften, die eine sorgfältige Recherche in Archiven notwendig machen, fantasievolle Romane, Erzählungen und Bühnen- werke. Im Ruhestand in Alsbach probierte er sich sogar an Wanderführern aus.

Man würde ihn heute als Unterhaltungsschriftsteller bezeichnen, der den damaligen Zeitgeschmack gut erspürte und wusste, was beim Publikum ankommt. Da er damit bis an sein Lebensende außergewöhnlich produktiv war, hat ihm dies zuverlässige Einnahmen und ein gutes Auskommen gesichert.

Ernst Pasqué war kein Eigenbrötler oder abgehobener Phantast, sondern hat gut vernetzt Kontakte mit bedeutenden Künstlern und Persönlichkeiten seiner Zeit gepflegt, die ihm Möglich- keiten boten, sich künstlerisch auszuprobieren und sich mit seinen Werken auch gut zu vermarkten. Heute würde man ihn als Netzwerker bezeichnen.

Bis zu zehn Schreiben soll er täglich an Freunde, Schriftsteller, Verleger, Komponisten und Theaterleiter verschickt haben. Was er damals mit viel Zeitaufwand mit der Feder aufs Papier brachte, könnte heute mit ein paar Klicks auf seiner Homepage eingestellt und auf WhatsApp, Instagram, usw. kommuniziert werden. Man kann sich vorstellen, dass er in der heutigen Zeit auf allen Social-Media-Kanälen zuhause wäre und eine Vielzahl an Followern hätte.

Als Mensch zeichnet ihn aus, dass er nicht nur in Künstler- und Verlegerkreisen verkehrte, sondern auch nah an den Menschen seiner Umgebung war und am Kontakt mit ihnen interessiert. So gründete er den Verkehrs- und Verschönerungsverein mit Alsbacher Bürgern fernab der künstlerischen Szene und soll populär in allen Schichten der Bevölkerung gewesen sein. Ausdruck dafür ist die hohe Beteiligung Alsbacher Einwohnerinnen und Einwohnern aller Schichten bei seiner Feier zur Auszeichnung als Ehrenbürger, und dass er zu diesem Anlass älteren und weniger bemittelten Bürgerinnen und Bürgern aus Alsbach ein Essen im Gasthaus „Zur Sonne" spendierte. Auch dass er kurz vor seinem Tod noch nach einem Schoppen Wein verlangte, macht ihn nahbar und zeigt, dass er das Leben bis zuletzt ausgekostet hat.

Dass man in Alsbach auch nach seinem Tod Zeichen gesetzt hat, die sein Andenken und die Erinnerung an ihn bewahren, zeigt die Verbundenheit mit ihm und Wertschätzung für das, was er für das Gemeinwohl getan hat.

Auch das vorliegende Buch von Richard Weber-Laux „*Ernst Pasqué – Stimme & Feder*" ist ein wertvoller Beitrag, die Erinnerung an ihn viele Jahre nach seinem Tod weiter aufrecht zu erhalten. Mit vielen Dokumenten aus den Briefwechseln und schriftstellerischen Werken des Autors, mit Anekdoten aus seinem Leben, Hintergrundwissen zur Zeitgeschichte und Informationen zu Darmstadt, Alsbach und der Region Bergstraße, dazu angereichert mit Skizzen und Bildern, ist es ein interessantes, vielfältiges und unterhaltsames Werk geworden, das Ernst Pasqué gerecht wird und ihn der Leserschaft mit allen seinen Facetten näherbringt.

Leserinnen und Leser, die Interesse und Freude am Lesen von Biografien haben, die in die Geschichte ihrer Zeit eingebettet sind, werden mit dem Buch von Richard Weber-Laux voll auf ihre Kosten kommen.

Georg Rausch

Bürgermeister a.D. von Alsbach-Hähnlein

2. Der Mensch Ernst Pasqué

Sein Leben von Köln nach Alsbach

Ernst Heinrich Anton Pasqué war ein deutscher Opernsänger (Bariton), Opernregisseur, Theaterleiter, Schriftsteller und Librettist. Am 3. September 1821 zu Köln geboren und in St. Maria im Kapitol[1] getauft, genoss er einen Stimmunterricht in dem dortigen Institut der Gebrüder Schuhmacher. Er ging mit 17 Jahren, um sich dem Studium des Gesanges und der Bühne zu widmen, nach Paris, wo er Schüler seines kölnischen Landsmanns Wilhelm Anton Lüttgen (1781-1857), Kapellmeisters an der Kirche *Notredame de Lorrette* und später des berühmten François-Alexandre-Nicolas-Chéri Delsarte (1811-1871) wurde. Im Jahre 1842 nahm ihn das Pariser Conservatorium auf und er lebte in der Lüttgenschen Wohnung, die für viele Kölner Künstler und Musiker die erste Anlaufstelle in Paris war, wo auch Jaques Offenbach (1819-1880) verkehrte.

Abb. 1: Bildnis Ernst Pasqué ca. 1890

Schon am 4. Mai 1844 debütierte er in der Rolle des Jägers in der Oper „*Das Nachtlager in Granada*" von Conradin Kreutzer (1780–1849), der ihn nach Mainz holte. 1845 kam er als Bariton ans Großherzogliche Hoftheater nach Darmstadt und war von 1846 bis 1847 war er in Leipzig tätig. Dort trat er die Nachfolge des Baritons Augst Kindermanns an, ging danach jedoch wieder nach Darmstadt zurück. Im Gegensatz zu Italien wurde in Deutschland im 19. Jahrhundert vor allem an den Hoftheatern das ganze Jahr durchgespielt, mit Ausnahme der Sommerpause, da meist der Hof, die Bediensteten sowie die Soldaten abwesend waren. Dadurch hatte Pasqué die Möglichkeit im Ausland zu singen. Im Sommer 1855 war er außerdem als Leiter der Deutschen Oper in Amsterdam unterwegs, ab 1853/54 als Hofmusikbibliothekar in Darmstadt und von 1856 bis 1859 als Opernregisseur in Weimar. Nach Erkrankung und dem weitgehenden Verlust seiner Stimme wurde er 1859 in Darmstadt Ökonomieinspektor.

---

[1] St. Maria im Kapitol ist ein frühromanischer katholischer Kirchenbau in Köln und die größte romanische Kirche der Stadt.

Von Seiten Großherzog Ludwigs III. von Hessen und bei Rhein (1806-1877) wurde er mit zwei Auszeichnungen geehrt. Zum einen erhielt er am 7. November 1869 die goldene Verdienstmedaille für Wissenschaft, Kunst, Industrie und Landwirtschaft [2] verliehen. Zum anderen wurde ihm am 1. Januar 1873 das Ritterkreuz I. Klasse des Verdienstordens Philipps des Großmütigen [3] zuerkannt.

Nach seiner ersuchten Pensionierung am 29.05.1874 zog er nach Alsbach. Neben musikbezogener Literatur, seinem Hauptwerk *„Geschichte der Musik und des Theaters am Hofe zu Darmstadt"* von 1853, verfasste er auch Erzählungen wie die *„Die Goldene Orgel"*.

Das Märchen *„Die Goldene Orgel"*, welches der Mittelpunkt dieses Buches ist, basiert auf dem Leben und Wirken des Barockkomponisten Christoph Graupner (1683-1760), Hofkapellmeister in Darmstadt. Graupner war ein musikalischer Kollege von Johann Sebastian Bach (1685–1750) und Georg Philipp Telemann (1681-1767). Neben einer fiktiven Handlung beinhaltet das Märchen viele Details über Graupner und seine Zeit. Aber ist es Wahrheit oder Fiktion?

Pasqué verbrachte seinen Lebensabend in Alsbach an der Bergstraße, wo er am 3. September 1891 anlässlich seines siebzigsten Geburtstages zum Ehrenbürger wurde und wo eine Straße nach ihm benannt ist. Ernst Pasqué starb am 20. März 1892 um drei Uhr nachmittags in Alsbach. Es ist nicht der Zentralfriedhof von Wien oder der Highgate Cemetery in London auf dem er ruht, aber Pasqué blickt versunken auf die von ihm geliebte Bergstraße.

Mit diesem Band würdigen wir Ernst Pasqué als vielseitige, musikbegeisterte Person des 19. Jahrhunderts und es soll eine Brücke geschlagen werden für die Wahrnehmung des Alsbacher Ehrenbürgers in den ansässigen Bürgern und Bürgerinnen.

Um einen tiefen Eindruck von dem Menschen Ernst Pasqué zu bekommen, versetzen wir uns an dieser Stelle in seine Zeitepoche. Was waren die Bedingungen zu seiner Zeit, also ungefähr von 1840 bis 1890? Wenn wir uns nur die Bilder von Pasqué anschauen oder uns seine im Internet erhältlichen alten Bücher in der Fraktur-Schreibschrift vor Augen führen, könnten wir sehr leicht auf die Idee kommen, es sei die „gute, alte Zeit" gewesen.

---

[2] Großherzoglich Hessisches Regierungsblatt 1869, Beilage Nr. 55, S. 894. Mit Schreiben vom 14.3.1899 wird Luise Pasqué gebeten, gemäß §8 der Ordensstatuten diese der Großherzoglichen Ordens-Kanzlei zurückzugeben.

[3] Großherzoglich Hessisches Regierungsblatt 1873, Beilage Nr. 1, S. 4.

Von Landgrafen und Großherzögen

Bis Anfang des 19. Jahrhunderts befand sich Darmstadt unter der Regierung eines Landgrafen. Die Landgrafschaft Hessen-Darmstadt wurde von Napoleon zum Großherzogtum [4] erhoben. Landgraf Ludwig X. von Hessen-Darmstadt (1753-1830) nannte sich fortan Großherzog Ludewig I. Das Großherzogtum Hessen entstand 1806 und bestand bis 1918. Die regierenden Fürsten entstammten dem Haus Hessen und führten in Anlehnung an die ehemalige Pfalzgrafschaft bei Rhein den Titel *Großherzog von Hessen und bei Rhein.* Haupt- und Residenzstadt war Darmstadt; andere wichtige Städte der Regierung waren Mainz, Offenbach, Worms und Gießen.

Das Großherzogtum war von 1815 bis 1866 ein Mitgliedsstaat des Deutschen Bundes. Während die Landgrafschaft Hessen-Darmstadt um 1800 noch mit etwa 210.000 Einwohnern sehr klein gewesen war, hatte das Großherzogtum, unter anderem durch Landgewinne ab 1865 ca. 854.300 Einwohner. Als Ernst Pasqué etwa 1845 aus Mainz nach Darmstadt kam, besuchte er eine aufstrebende Stadt, die jedoch – im Vergleich zu anderen Städten und Regionen des Zeitalters der Industrialisierung – ihm ein Provinznest zu sein schien. Das Residenzschloss Darmstadt, im Volksmund auch Stadtschloss genannt, wurde vom Landgrafen Ernst Ludwig 1715 beim französischen Architekten Louis Remy de la Fosse (1659-1726) beauftragt. Es sollte ein Barockschloss in Anlehnung an Versailles werden, bis 1726 wurden aber aus Geldmangel nur zwei Flügel hergestellt, und das Schloss blieb 130 Jahre ein Rohbau. Erst durch die Finanzierung Napoleons konnten die beiden Flügel fertiggestellt werden, wie sie heute noch zu sehen sind.

Die Großherzöge zu Pasqués Zeit residierten, da Schloss also noch nicht fertiggestellt war, im „*Alten Palais*", das zwischen 1802 und 1804 am heutigen Luisenplatz errichtet und mehrfach umgebaut wurde. In der Nähe stand bis in 90er Jahre des letzten Jahrhunderts das Hotel „*Zur Traube*". Es war einst das „erste Haus am Platz", wo der Hof seine Gäste unterbrachte, wenn diese keinen Platz im Schloss fanden. Adlige, hohe Offiziere, Minister, berühmte Schauspieler, reiche Kaufleute usw. stiegen regelmäßig in der Traube ab.

Abb. 2: Luisenplatz Darmstadt mit Palais

---

[4] https://de.wikipedia.org/wiki/Großherzogtum_Hessen

1814 fand man auf dem Dachboden den Originalriss der Fassade des Nordturms des Kölner Doms. Pasqué wohnte zu jener Zeit in der Ernst-Ludwig-Straße und bewegte sich also stets in diesem Umfeld von Palais, Schloss und Theater. Die am 25. März 1827 eingeweihte St. Ludwig-Kirche [5] von Georg Moller (1784-1852) im Stil des römischen Pantheons erbaute Kirche am Ende der Wilhelminenstraße, als erste neue katholische Kirche nach der Reformation in Darmstadt, war für ihn mit ein paar Fußschritten zu erreichen.

Die industrielle Revolution kommt nach Darmstadt

Auch diese Neubauten sowie die Errichtung des ersten Gaswerkes im Großherzogtum in Mainz 1853 und die Versorgung des Hoftheaters am 14. März 1855, am Namenstag der Großherzogin Mathilde, mit Festbeleuchtung durch Gas darf nicht darüber hinwegtäuschen, dass mit der Märzrevolution von 1848 [6] die Zustände im Großherzogtum alles andere als beruhigend waren. Es herrschten 1845/46 katastrophale Zustände durch die Vernichtung eines großen Teils der Kartoffelernte durch die Kartoffelfäule. Zwei anschließend aufeinander folgende Getreide-Missernten vervielfachten die Preise für Grundnahrungsmittel, lösten Existenzangst und Unzufriedenheit aus, so dass jedes Jahr mehrere Tausend Einwohner das Großherzogtum als Auswanderer – vor allem in die Vereinigten Staaten von Amerika – verließen. Ein Höhepunkt war das Jahr 1846, in dem mehr als 6.000 Auswanderern oder ca. 1% der Bevölkerung der Region den Rücken kehrten. In diesen unruhigen Zeiten versuchte Pasqué mit seinen jugendlichen 27 Jahren in Darmstadt Fuß zu fassen, mit kurzem Zwischenaufenthalt in Leipzig von 1846 bis 1847. Dort lernte er auch eventuell seine zukünftige Frau Paulina Sophia Riesberg (1826-1878) kennen, die er dann am 3. Mai 1853 in Leipzig heiratete.

Doch zurück in die Darmstädter Zeit. 1853 eröffnete die erste Telegrafenanstalt in Darmstadt ihre Pforten und Dienste. An der Main-Neckar-Eisenbahn (MNE) [7] war das Großherzogtum Hessen und mit dem Großherzogtum Baden sowie die Freie Stadt Frankfurt an einer gemeinsamen Eisenbahnstrecke (Kondominalbahn) beteiligt. Am 16. April 1846 fand die erste Probefahrt von Darmstadt nach Langen statt. 1848 erhielt das Örtchen Bickenbach und 1850 auch Bensheim-Auerbach eine Haltestation. Wegen der Badischen Revolution (18. Mai 1849) und ebenso als Folge des Deutschen Krieges von 14. Juni bis 23. August 1866 kam es immer wieder zu Betriebs-unterbrechungen. Brauchte man mit der Pferdekutsche 1820 von Frankfurt nach Darmstadt noch 12 Stunden, benötigte man mit der Eisenbahn jetzt nur noch 1,5 Stunden [8].

---

[5] https://de.wikipedia.org/wiki/St._Ludwig_(Darmstadt)

[6] https://de.wikipedia.org/wiki/Revolution_von_1848_im_Großherzogtum_Hessen

[7] https://de.wikipedia.org/wiki/Main-Neckar-Eisenbahn

[8] 1870 war die Eisenbahn ca. 55 km/h schnell, 1890 schon ca. 90 km/h.

Aber es war kalt in den Waggons, die Passagiere mussten sich dick einpacken, denn erst 1875 wurde eine Dampfheizung in den Personenwagen eingeführt. Sicherlich war auch der erste Eisenbahnunfall bei Weinheim vom 23. September 1848 ein Tagesthema, bei dem durch Sabotage von Revolutionären an der Main-Neckar-Bahn eine Entgleisung verursacht wurde. Er gilt als ältester in Deutschland dokumentierter Anschlag auf eine Eisenbahn.

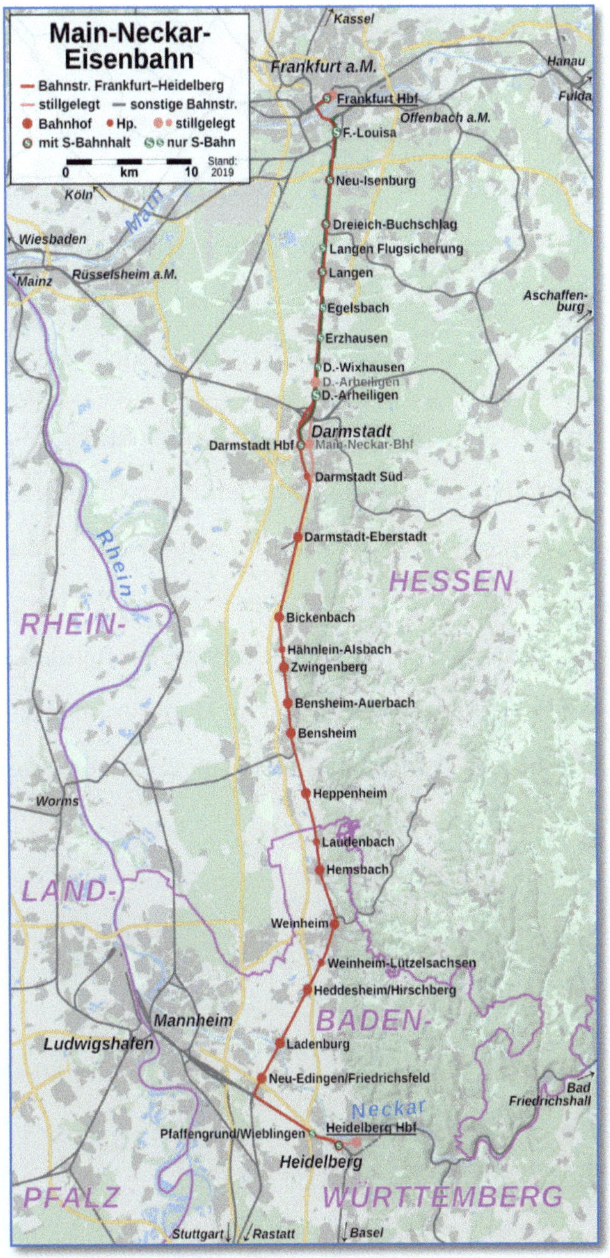

So hätte Ernst Pasqué ab 1870 bei der Planung seines Hausneubaus bequem mit der Eisenbahn Alsbach erreichen können. In der Darmstädter Lokalposse „*Datterich*" von Ernst Elias Niebergall (1815-1843) aus dem Jahr 1841, also in der Planungsphase der neuen Eisenbahnstrecke, spekulieren zwei der Beteiligte in diesem Stück über deren Auswirkung auf Darmstadt (6. Bild, 9. Szene):

Knippelius zu Dummbach:

„Wos ich Ihne schon lengst froge wollt, Herr Unkel! Ich hob mich letzt gestritte: is die Eisebahn e Nutze for Dammstadt odder net?" [9]

Abb. 3: Main-Neckar-Eisenbahn-Strecke

Dummbach antwortet:

„E bedeidender Nutze, ohne Froog. Nemme-Se nor, wieviel Reisende dann an Dammstadt vabei, die wo sonst ihr Lebdaag net vabeigerahst wehrn?" [10]

In Darmstadt gründete sich zu dieser Zeit ein heutiges Weltunternehmen: Heinrich Emanuel Merck (1794-1855). Zuerst rührte er neue pharmazeutische Produkte in der Engel-Apotheke zusammen, dann gründete er mit seinen Söhnen 1850 ein Gemeinschaftsunternehmen (E. Merck Darmstadt), das 1860 bereits 800 verschiedene Produkte anbot.[11] Pasqué dürfte Maximilian Rieger (1828-1909) gekannt haben, einen deutschen Germanisten, Theologen und Schriftsteller,

---

[9] Deutsch: *Was ich Sie schon längst fragen wollte, Herr Onkel! Ich hab' mich kürzlich gestritten: Ist die Eisenbahn von Nutzen für Darmstadt oder nicht?*

[10] Deutsch*: Ein bedeutender Nutzen, ohne Frage. Nehmen Sie nur an, wie viele reisen denn an Darmstadt vorbei, die sonst ihr Lebtage nicht vorbeigereist wären?*

[11] https://de.wikipedia.org/wiki/Emanuel_Merck

der bekannt wurde über seine Forschungen zum Nibelungenlied, dessen Tochter Elisabeth (1864-1920) mit Mercks Enkel Emanuel August Merck (1855-1923) verheiratet war. In Alsbach errichtete Rieger 1867 die „*Villa Merck*" im Brückenweg 11, die von Pasqués neuem Haus in der Lindenstraße 18 keine 400 Meter entfernt liegt. In den Jahren 1860-1890 wurden in Alsbach 25 Häuser gebaut, hauptsächlich in der Bickenbacher Gasse und in der Lindenstraße.[12]

Das Darmstädter Hoftheater als Karrieresprungbrett

Der Sänger Ernst Pasqué hatte Glück in diesen, von mehreren Kriegen und Revolutionen geprägten Zeiten, ein so bedeutendes Theater wie das Großherzogliche Hoftheater als Bühne zur Verfügung zu haben. Der Versuch der alten Landgrafen zu Beginn des 18. Jahrhunderts ein Opernhaus zu etablieren war bereits 1719 gescheitert. Obwohl Landgraf Ernst Ludwig dafür extra aus Hamburg den jungen, vielversprechenden Komponisten Christoph Graupner mit der Aussicht auf ein großes Opernhaus von Hamburg nach Darmstadt gelockt hatte, wurde es still in Darmstadt um die Oper. Stattdessen erklangen allsonntäglich neue Kantaten in der Schlosskapelle.

Abb. 4: Hoftheater Darmstadt nach 1813

Einen ersten Versuch zu einem dauerhaften Theaterbetrieb hatte der Hof bereits 1683 gestartet, indem er ein Reithaus neben dem Herrngarten in ein Komödienhaus hatte umbauen lassen. Dieses erste Theater in Darmstadt baute der Architekt Louis de la Fosse (1659-1726) zu einem repräsentativen Opernhaus um, dass 1711 mit der Oper „*Telemach*" von dem Hofkapellmeister Christoph Graupner festlich eingeweiht wurde. Aber 1719 war Ende, das Geld ging aus und für fast 100 Jahre fanden nur sporadische Aufführungen in Gastsälen statt. Erst Großherzog Ludewig I. (1753-1830) war wieder ein Theater-liebhaber, dem es gelang, so viel Geld zu organisieren, dass 1819 ein Theaterneubau durch den Architekten Georg Moller (1784-1852) eröffnet werden konnte. Mit 1.800 Sitzplätzen war der Bau für das kleine Darmstadt mit damals ca. 20.000 Einwohner ein wahrlich repräsentatives Objekt.

Aus dieser Zeit finden sich im Vermächtnis von Ernst Pasqué viele Programme, die er mit seinem Namen als Sänger, die er akribisch gesammelt hat. Hauptsächlich wurde auf Wunsch des Großherzogs zeitgenössische Opern gespielt, seltener Schauspiele gegeben oder Konzerte. Neben zeitaktuellen Werken und jenen ansässigen Darmstädter Komponisten und Hofkapellmeistern wurden auch Gluck, Mozart und Beethoven aufgeführt.

Die Baukosten gerieten auch in die Kritik offizieller Beobachter; der preußische Gesandte sprach gar von einer „politischen Instinktlosigkeit ersten Ranges" gegenüber der Not leidenden Bevölkerung. Mäßige Eintrittspreise und Freikarten sicherten allerdings breiten Schichten den Zutritt und räumten die Bedenken seitens

Abb. 5: Zuschauerraum Hoftheater ca. 1879

der Bevölkerung gegenüber dem Theater mit der Zeit weitgehend aus. Aufwändige Bühnenbilder und Inszenierungen mit Gästen wie der „schwedischen Nachtigall" Jenny Lind (1820-1887) lockten zudem zahlreiche Besucher auch aus Nachbarstädten nach Darmstadt.

Im Jahr 1860 beschrieb ein Zeitgenosse das Haus als „eines der schönsten Theater Europas" – was man in der Residenz des Großherzogtums gerne hörte.[13] Das per Computer gestaltete Video [14] des Interieurs von 1879 zeigt sehr eindrucksvoll, wie das Hoftheater damals aussah, wo der Großherzog residierte und wie der Blick auch aus den vier Rängen war.[15]

Der Zugriff auf die Meister der Vergangenheit

Neben aktuellen Themen seines Künstlerlebens pflegte Pasqué stets auch den Zugriff auf die Vergangenheit gepflegt. Er verbachte in Archiven der Großherzöge von Darmstadt und Weimar er viel Zeit, fas damals eher ungewöhnlich. Besonders am Darmstädter Hof fand er Material und hat dies in seinen Erzählungen geschickt eingebaut. Ernst Pasqué war der erste Musikhistoriker Darmstadts und stützte sich bei seinen Forschungen auf die Bestände des Kapellarchivs [16].

Der Weg von der Darmstädter Residenz (Stadtschloss) nach Norden Richtung Herrengarten zum Großherzoglichen Hoftheater (Mollerbau) beträgt nur wenige Meter, so das Pasqué zwischen Schloss und Mollerbau konnte Pasqué so bequem pendeln konnte. In den Jahren 1853 und 1854 war er zusätzlich als Hofmusikbibliothekar angestellt. Er hatte dadurch – im Gegensatz

---

[13] https://ausstellungen.deutsche-digitale-bibliothek.de/mollerbau/#s6

[14] Produziert von: Technische Universität Darmstadt, FG Digitales Gestalten; Hessisches Landesarchiv; Hessisches Staatsarchiv; Büro für Erinnerungskultur 2019.

[15] https://vimeo.com/394123596

[16] Nicola Schneider: *Die Kriegsverluste der Musiksammlungen deutscher Bibliotheken 1942-1945.* Abhandlung zur Erlangung der Doktorwürde der Philosophischen Fakultät der Universität Zürich, 2013, Seite 62.

zu uns heute – noch Zugriff auf alte Dokumente, Handschriften und Noten, die zum großen Teil in jener Brandnacht vom 12. September 1944 unwiderruflich verloren gingen.

Pasqué widmete sich auch dieser neuen, zusätzlichen Aufgabe in der Funktion des Hofmusikbibliothekars mit voller Kraft gewidmet, der Staub in den Gemächern allerdings muss ihm sehr zugesetzt haben. Mit einer Eingabe bei der Direktion des Großherzoglichen Hoftheaters und der Hofmusik schreibt er am 16. September 1854 [17]:

Unterzeichneter ersucht die Direktion des Hoftheaters und der Hofmusik
doch gefälligst bei Großhl. Hofmarschallamt veranlassen zu wollen, daß diese
Behörde der Hofmusik-Bibliothek allwöchentlich ein reines Handtuch liefert.
Die verwahrlose Aufstellung der Musikalien und der dadurch massenhaft
angewachsene Staub bedingen für die Personen der Verwaltung Großhl.
Hofmusik-Bibliothek dringend die Erfüllung obigen Gesuches.

Darmstadt den 16. Sept. 1854.   *Ernst Pasqué*
                                          Hofmusik-Bibliothekar.

Trotz weiterer finanzieller Engpässe des Hofes in den Jahren 1830 bis 1848 konnte das Theater bis 1871 fast durchgehend bespielt werden. Pasqué kam also gerade zur rechten Zeit, jene, in der das Hoftheater zu einem der besten in Deutschland bzw. des Deutschen Reiches aufstieg.

Abb. 6: Der Brand vom 24.10.1871

Kurz nach Pasqués Pensionierung brannte aufgrund der Unaufmerksamkeit eines Beleuchters, der das Löschen einer Gasbeleuchtung vergessen hatte, das Theater am 24.10.1871 jedoch vollständig aus und konnte erst 1879 wiedereröffnet werden. Auch dieses hat Pasqué, jetzt aus der sicheren Entfernung aus Alsbach, miterlebt.

---

[17] Hessisches Staatsarchiv: *Verwaltung der Hof-Musik-Bibliothek und Ankauf von Noten und Literatur*, Bericht des Hofmusikbibliothekars Ernst Pasqué über den Zustand der Bibliothek und Bitte um Zurverfügungstellung geeigneterer Räumlichkeiten, 1853, HStAD Bestand D 8 Nr. 54/1.

Auch in den Wiederaufbau bzw. die Planung mischte sich Pasqué ein. Während der Entwurf von Gottfried Semper (1803-1879) verworfen wurde, so dass heute nun Dresden sich mit der berühmten Semper-Oper schmücken kann, tobte in Darmstadt die Lokalposse. In einem Zeitungsartikel der Darmstädter Zeitung vom 31.3.1873 [18] schreibt Pasqué unter dem Synonym *„Von einem Practiker"* aus der Sicht des Künstlers:

Zu unserer Hoftheater-Baufrage.
Von einem Practiker.

Es ist in der letzten Zeit die Frage unseres Hoftheater-Neubaus so mehrfach Gegenstand der öffentlichen Besprechung gewesen, ja sogar unbegreiflicherweise als Parteisache und Hebel für politische Nebenabsichten behandelt worden, dass es endlich Not tut denjenigen Gesichtspunkt einmal zu bezeichnen, von welchem aus dieser für die Interessen unserer Residenz so wichtige Neubau einzig zu betrachten ist, und dessen konsequente Festhaltung allein praktische Resultate — artistische wie finanzielle — verheißt.

Wir beginnen mit einigen allgemeinen Prinzipien über Raumverhältnisse von theatralischen Neubauten, wie sie die praktischen Erfahrungen der letzten Jahrzehnte festgestellt haben.

Das Repertoire der deutschen Bühne, so wie es sich bis zur Gegenwart gebildet hat, ist ein Konglomerat von dramatischen Erzeugnissen der diametralsten Struktur; es durchläuft von dem einfachsten Lustspielchen mit zwei Personen an bis zum glänzendsten Ausstattungsstück alle Stufen. Und jede Stufe hat ihre eignen Postulate, ihr eigenes Publikum.

In den großen Städten Wien, Berlin, München, Leipzig ist man deshalb längst dahin gekommen, für verschiedene Arten von Theaterstücken verschiedene Häuser zu bauen, um jede einzelne Art zu ihrer Geltung zu bringen. Der berühmte Dramaturg Heinrich Laube beschreibt in seinem Buche über das norddeutsche Theater, wie vortreffliche Bühnenstücke, die in dem großen, neuen Leipziger Theater durchgefallen seien, in den Räumen des alten eine schlagende Wirkung ausgeübt hätten, und umgekehrt. Unter den Kundigen der Bühne gilt längst der Satz:

Kleine Räume — feine Wirkungen

Große Räume — grobe Wirkungen.

Ein Theater, welches circa 2.000 Personen fasst, gilt als zu groß für Schauspiel und Spieloper. Denn in einem Zuschauerraum, der über 1.400 Personen fasst, sind Auge und Ohr nicht mehr für seine Linien und Töne empfänglich; darüber hinaus müssen der grobe Pinsel und die Blechinstrumente wirken. — Da nun aber in der neueren Oper vorzugsweise die Blechinstrumente und in dem Ausstattungsstücke die Feerie begünstigt sind, so muss eine Stadt, welche verschiedene Arten von Theaterstücken kultivieren will, zum wenigsten zwei Theater haben, und zwar von sehr verschiedener, jedes seinem Zwecke entsprechender Konstruktion. Nämlich:

1. Ein kleineres Theater, höchstens 1.400 Menschen fassend, für Schauspiel, (nicht dekorativ Theatralisches wie z.B. Maria Stuart, Kabale und Liebe, Iphigenie etc.) für Lustspiel, Spieloper, Operette etc. Die Bühnenräumlichkeiten mäßig, Dekorationen und Maschinerie möglichst vereinfacht, (um die Zwischenakte abzukürzen) und nur insoweit von Bedeutung als in die Handlung direkt eingreifend.

2. Ein großes Theater für 2.000 Zuschauer und mehr, für große Oper (Weber, Wagner, Meyerbeer), großes dekoratives Schauspiel (z.B. Jungfrau von Orleans, Wilhelm Tell etc.), für Ausstattungsposse (z.B. der Verschwender etc.) und Ballett. Die Bühnenräumlichkeiten von möglichst

---

[18] [HKA] Seite 86; Darmstädter Zeitung vom 31.3.1873, Seite 387;
Rechtschreibung zur einfacheren Lesbarkeit geringfügig angepasst.

großen Dimensionen; für dekorative und Maschinerieeffekte, große Züge, Komparserie etc. vollkommen hergerichtet.

Wenn wir mit diesen Prinzipien an unseren Theaterban herantreten, wirft sich uns zunächst die Frage auf: „Was haben wir mit dem abgebrannten Theater verloren?"

Die unumwundene Antwort ist: Einen Musentempel, welcher für die neueren maschinentechnischen Fortschritte und Forderungen, für die orchestrale und szenische Massenanwendung in seinen Dimensionen zu klein war; zu groß aber für jede intimere Gattung von psychologisch feinerer Struktur!

Wer eine große Oper von Wagner oder Meyerbeer sah, musste sich sagen, dass jene großen Aufzüge und Volksbewegungen der dekorative Pomp, trotz allem Geleisteten, noch ganz andere Bühnenräumlichkeiten und Einrichtungen verlangten, um die beabsichtigte große Wirkung auf den Zuschauer auszuüben. Wer ein feineres Seelengemälde unseres Goethe, ein neueres Lustspiel oder eine Spieloper sah, musste sich andererseits sagen, dass hier jede unscheinbarere, und doch oft so bedeutungsrolle Bewegung, jedes Mienenspiel, die leisen Töne des Affektes durchaus verschwänden.

Wir hatten also ein Gebäude, welches seinen Zweck nach keiner Seite hin ganz erfüllte. Dieses Theater ist abgebrannt und wir haben stattdessen durch die Restaurierung des Großherzoglichen alten Hoftheaters ein geschmackvolles und zweckmäßiges Gebäude erhalten, welches den Forderungen ad. 1 vollständig genügen würde, wenn über der Schnelligkeit des Aufbaues nicht Höhe und Seitenräume der Bühne etwas zu kurz gekommen wären, – übrigens ein Mangel, dem sich ohne allzu hohe Kosten teilweise abhelfen lässt.

Das Theater ad. 2 fehlt!

Es soll gebaut werden. Zunächst ist hier die Frage zu beantworten: Ist das zu bauende Theater ein Bedürfnis oder nicht?

Sobald wir auf die Erzeugnisse der modernen, großen Oper, auf eine würdige, szenische Vorführung der großen Schauspiele nicht verzichten wollen, – ja!

Wenn auch in dem Großherzoglichen alten Hoftheater gegenwärtig eine Reihe dieser Stücke – mangelhaft – Szene gehen, so würden doch auf die Dauer die Räumlichkeiten dem sich mehr und mehr anhäufenden Apparat nach keiner Richtung genügen, der Gagenetat und die Anschaffungslosten den möglichen Einnahmen nicht entsprechen, der Zuzug wohlhabender Fremden nach Darmstadt, welcher zu einem großen Teil in dem Renommee des Großherzoglichen Hoftheaters seinen Grund hat, aufhören. Ist aber die Frage, ob ein Theater überhaupt zu bauen ist, einmal bejaht, so kann nach unserer obigen Entwickelung das „Wie" keinem Zweifel weiter unterliegen. Es ist ebenso zu bauen, dass es den sub. 2 angegebenen Zweck vollständig erfüllt.

So ist nach dem II. Weltkrieg das zerstörte Hoftheater nicht wieder aufgebaut worden, sondern enthält heute das Hessische Staatsarchiv. Der Neubau des Staatstheaters aus den 70er Jahren jedoch hat genau den Vorschlägen Pasqués folgend ein Großes und ein Kleines Haus.

Obwohl es (noch) keine Dokumente gibt, dass Pasqué direkt und ausführlich mit dem Ludwig III. Großherzog von Hessen und bei Rhein gesprochen und diskutiert hätte, so lassen dennoch viele Details über die Geschichte und Eigenheiten der fürstlichen Familie daran denken. Dabei kommt in den Erzählungen das Herrschaftshaus selbst meist gut weg, weniger die Untergebenen, die als Mitarbeiter recht stoffelig geschildert, ihnen Fehler unterstellt, und so insgeheim Kritik an den Zuständen in dieser kleinen Residenz vermittelt.

Pasqué war auch der erste, der das bei Hofe eingelagerte Erbe von Christoph Graupner gesichtet und beschrieben hat. Auf diese Art konnte er den Umfang der erhaltenen Werke erfassen: er dokumentierte, dass von 1709 bis 1755 Graupner volle 46 Kantatenjahrgänge mit 1.362 Kantaten, 61 Gelegenheits-kantaten, 505 Tafelmusiken, Ouvertüren usw., insgesamt 1.928 Kompositionen ohne die Opern schuf. [19] Eine beabsichtigte Wiederaufführung dieser „alten" Werke kam allerdings nicht zustande, stattdessen hat er sein Wissen in seinen Werken verankert. In dem Märchen „*Die Goldene Orgel*" [PAS-7] setzte er Christoph Graupner ein Denkmal, Graupners Nachfolger Wilhelm Gottfried Enderle (1722-1790) verewigte er in „*Das Griesheimer Haus*" [PAS-5].

Der Schauspieler Ernst Pasqué

Pasqué war vielfältig am Darmstädter Hoftheater unterwegs. Er zeigte seine vielfältigen Fähigkeiten in der Oper auch durch seine darstellerischen Ausdrucksfähigkeiten. So liegt es nahe, dass man sich seiner auch für andere künstlerische Aufgaben interessierte.

So finden wir ihn 1852/53 auf den Programmzetteln in der Hauptrolle des „*Ludwig XIII.*" in dem Schauspiel „*Diana von Mirmande*" von Émile Augier (1820-1889) in der deutschen Fassung von Karl Ferdinand Dräxler (1806-1879), Dramaturg am Hoftheater, wieder. Sein Aussehen und schauspielerisches Verhalten in solchen Rollen müssen wohl sehr überzeugend gewesen sein, immer wieder finden wir ihn in adeligen Rollen.

Zudem tritt er als „*Owe Guldberg*" in dem Trauerspiel „*Struensee*" von Michael Beer (1800-1833) auf, zu dem Giacomo Meyerbeer (sein ältester Bruder) die Musik geschrieben hat. Inhalt des Stückes ist der Sturz von Johann Friedrich

Abb. 7: Trauerspiel „Struensee" am 10.12.1854

Struensees (1737-1772), der kurzfristig faktische Regent von Dänemark war, bevor er entmachtet und hingerichtet wurde. Ob Pasqué in dem Stück auch gesungen hat, ist nicht erkenntlich. Pasqué entpuppt sich auch hier als Multitalent, gerne engagiert, und wird gefeiert.

---

[19] [PAS-7], Seite 420.

Der Künstler, Ehemann und Familienvater

Mit 23 Jahren stand Pasqué am 4. Mai 1844 in seiner ersten Rolle als „Jäger" auf den Brettern, die die Welt bedeuten, in Mainz. Seinen Wunsch, Sänger zu werden, hat er konsequent umgesetzt, von da an ging es beständig aufwärts. Es folgten Jahre des Suchens und Ausprobierens. Auftritte in München [20] und Wien, Leipzig und Amsterdam zeigen ihn als mutigen Mann auf der Bühne Europa. In dieser Zeit lernte er auch seine Frau Pauline in Leipzig kennen, die er mit gut 30 Jahren am 03.05.1852 in Leipzig heiratete, nachdem sie sich im Dezember 1851 verlobt hatten. Bereits ein Jahr später, am 2. April 1853, kam Töchterchen Anna Wilhelmine zur Welt. Pasqué gab Gastspiele in Karlsruhe, Aachen und London, zugleich war er in dieser Zeit Hofmusikbibliothekar am Hofe zu Darmstadt.

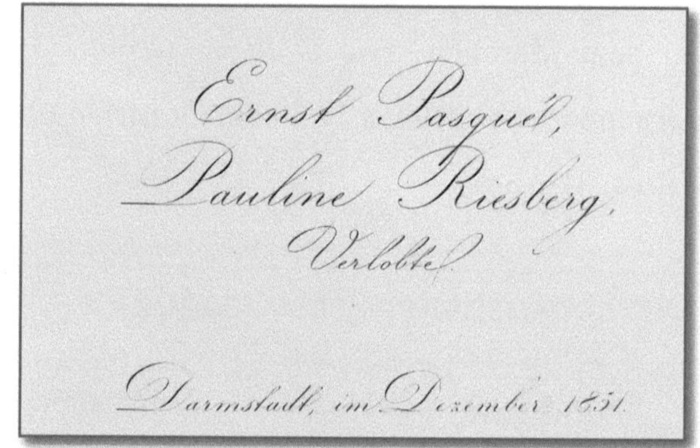

Abb. 8: Verlobung von Pasqué & Riesberg

Am 30. März 1855 wurde der Sohn Heinrich geboren und Spuren von Pasqué finden sich als Leiter der Deutschen Oper in Amsterdam. Dann ist er ab dem 14. September 1856 in Weimar. Wo seine Familie in dieser Zeit residierten, lässt sich nicht feststellen. Am 21. Januar 1860 wurde dann seine zweite Tochter Luise in Darmstadt geboren [21]. Wie er als Vater zu seinen Kindern war, ist ungewiss. Es ist aber wahrscheinlich, dass er den Normen der Gesellschaft jener Zeit folgte, in der der Mann das Geld verdiente und die Frau den Haushalt und die Kinder versorgte. Vielleicht bemerkte Pasqué auch, dass sich seine Sänger-karriere langsam dem Ende näherte, und er suchte Alternativen für den Geldzufluss. Und tatsächlich gab er am 19. Juni 1859 seine letzte Vorstellung als Sänger in der Oper „*Preciosa*" von Carl Maria von Weber (1786-1826), weil die Kraft und der Ausdruck seiner Stimme zu sehr gelitten hatten aufgrund seiner Tätigkeiten in den Archiven.

Abb. 9: Scherenschnitt von Pauline Riesberg

---

[20] Beispielsweise in der Rolle des Don Juan in Mozarts Oper am 15. Juni 1845 am Königlichen Hof- und Nationaltheater in München.

[21] [KEE] spricht auf Seite 337 von vier Kindern, wobei dieses Kind nach 1860 geboren sein muss. Allerdings haben sich bis jetzt davon keine Spuren finden lassen.

Schauen wir uns seine schriftsteller-ischen Anfänge an, so gehen diese zurück bis in das Jahr 1844, wo er für Conradin Kreutzer das Libretto zu dessen nie aufgeführter Oper *„Meister Martin der Küfner und seine Gesellen"* geschrieben hatte. In den folgenden

Liſte der Getrauten.
Vom 14. bis mit 20. Mai.
a) Thomaskirche:
1) C. H. Wiegandt, Bürger u. Kaufmann hier, mit
 Jgfr. S. A. Huche, Bürgers aus Querfurt Tochter.
2) C. T. Zieger, Bgr., Juwelier u. Goldarbeiter hier, mit
 Jgfr. A. C. F. Schmidt, Maurerpoliers hier hint. Tochter.
3) C. H. D. Pasqué, großherzogl. heffischer Hofopernfänger in
 Darmstadt, mit
 Jgfr. S. P. Rießberg, Bgrs. u. Kaufmanns hier Tochter.
4) A. W. Malabinsky, Maler hier, mit
 C. R. C. Jacobi, Bars. u. Kupferdruckers hier Tochter.

Abb. 10: Trauung in der Thomaskirche Leipzig

Jahren setzte er diese Arbeit fort, intensivierte diese jedoch ab 1856. Heirat und Kinder haben da eine kleine Pause eingeschoben. Sei es bei der Anfertigung von Opern-Libretti oder bei seinen vielen Büchern, Erzählungen und Geschichten. Den ökonomischen Aspekt hatte er stets wie ein Buchhalter im Blick, sei es bei der Anfertigung der Manuskripte oder bei der Kontrolle der Einkünfte, was seine Tochter Luise nach seinem Tod als Erbin fortführte.

Als Pasqué mit seiner Frau 1872 sein neu gebautes Haus „Geyersberg" in Alsbach bezog, waren die Kinder schon fast erwachsen. Von Tochter Louise (1860-1913) wissen wir, dass sie dort mit den Eltern wohnte und später den Vater bis zu seinem Tod begleitete sowie sein Erbe verwaltete.

Drei Jahre nach dem glücklichen Bezug der neuen Heimat an der Bergstraße erwirkte Pasqués Sohn Heinrich am 28. Januar 1875 eine Auswanderungsgenehmigung nach Amerika, weitere drei Jahre später starb seine Frau Pauline am 6. September 1878. Und Pasqué fasste sich und schrieb und schrieb und schrieb. Und engagierte sich in seiner neuen Heimat für Land und Leute.

Singen und schreiben konnte Pasqué. Daher auch der Titel „Stimme & Feder" für dieses Buch. In der Ausführung jedoch kamen noch viele weitere Talente von ihm zum Vorschein, denen wir heute sehr viele verschiedene Berufsbezeichnungen geben würden. Mit heutigen Worten würde man seine vielfältigen Tätigkeiten folgendermaßen beschreiben [22]:

Sänger • Schauspieler • Schriftsteller • Regisseur • Intendant •

Finanzbeamter • Controller • Reiseblogger • Feuilletonist • Librettist •

Übersetzer • Kritiker • Historiker • Bibliothekar • Landschaftsarchitekt •

Märchenerzähler • Heimatforscher • Vereinsgründer • Genossenschaftler •

Festredenschreiber • Berichterstatter • Festspielleiter • Archivar •

Theaterwissenschaftler

---

[22] Das *„Deutsches Theater-Lexikon, Register Teil 1: Berufe"*, Walter de Gruyter, Berlin/Boston, 2021 listet
 ihn im Wesentlichen unter „Beamter, Librettist, Regisseur, Sänger, Schriftsteller, Theaterwissenschaftler".

Lebensgenüsse – Essen, Trinken und Reisen

Beim Betrachten der Bildnisse von Ernst Pasqué aus den letzten Lebensjahren fällt unmittelbar auf, dass er sicherlich kein Kostverächter gewesen wäre. Nicht dass er dick war, eher gut gebaut für seine Zeit. In seinen Geschichten spielte häufig ein guter Tropfen eine Rolle. An seinem Altersruhesitz Alsbach gibt es auch heute noch einige Weinlagen, wahrscheinlich ist es ein Bergsträßer-Wein aus Riesling-Trauben gewesen. In Alsbach gibt es auch heute noch einige Weinlagen und Weinerzeuger. Auch zu seiner Zeit gab es hier die Gaststube *„Zur Sonne"*, wo er bei seinem Rundgang im Dorf sicher das eine oder andere Mal eingekehrt ist. Das Haus des Försters war nicht weit, die jüdische Synagoge auch nicht und der Weg nach Bickenbach zur Eisenbahn konnte zu Fuß bewältigt werden.

Abb. 11: Ernst Pasqué um 1890

Zuvor hatte er viel Erfahrungen von Küchen und Genüssen anderer Städte und Länder machen können. Ob er von London oder Wien nachhaltige Essenswünsche mitgebracht hatte, ist nicht überliefert. Aus seinen Erfahrungen in Paris können wir jedoch annehmen, dass er einen erfahrenen Genuss hatte und Qualitäten auch der lokalen, deutschen Küche gut einzuschätzen wusste. So kommen die prägenden Jahre in Darmstadt in den Fokus. Auf seinem Weg in der Darmstädter Residenz zwischen seiner Wohnung, dem Hoftheater und dem Schloss kam er regelmäßig an der *„Bockshaut"* vorbei, dem ältesten Gastronomiebetrieb in Darmstadt, direkt neben der Stadtkirche.

Diese *„Bockshaut"* erlebte schon illustre Gäste, wie beispielsweise Johann Wolfgang von Goethe, der mit seinem Freund Johann Heinrich Merck, als sie dort *„Frankfurter Grüne Soße"* genossen – die Darmstädter sagen dazu *„Grie Soß"* – und Goethe verlauten lies, dass ihm die Darmstädter Version besser schmecke, da sie nicht so bitter sei. Typische Gerichte der Bockshaut wie *„Frankfurter Teller-fleisch"* (mit hausgemachter Grüner Soße), *„Rinder-gulasch nach Art der Darmstädter Braumeister"* oder eine einfache *„Darmstädter Kartoffelsuppe"* mögen damals auch Ernst Pasqué gemundet haben [23].

---

[23] Evert Kornmayer: *Darmstädter Kochbuch. Rezepte aus der alten Hauptstadt und dem Landkreis der Genießer.* Verlag Kornmayer, Dreieich, 2018, 824 Seiten, ISBN 978-3-942051-94-1, Seiten 238, 235, 178.

Der allgemeineren Bevölkerung erging es wohl weniger gut. Äpfel aus dem Eigenanbau, Spargel, Kartoffeln, Rüben aus dem Umland waren häufiger auf dem Speiseplan zu finden als Fleisch, Wild und Fisch. Die „*Watze-Viertel*"-Bewohner oder die „*Gaasehenker*" deuten im lokalen Sprachgebrauch auf die Quellen hin. Pasqué konnte sich mehr leisten, er war nach heutigen Verhältnissen aus dem oberen Bürgertum. Ob er zu den Delikatessen des Darmstädter Hofes Zugang hatte, ist nicht belegt. Weltmännisch hätte er zumindest geeignet damit umgehen können. Vielleicht hat er, wie in seinem Buch „*Das Griesheimer Haus*" [PAS-5], Einblicke und Geschmack an der hochherrschaftlichen Küche genießen können. In dem Haus im Wald in der Geschichte kommt das Essen, meist bestehend aus dem im Wald erlegten Wild, mit einem „Tischlein-deck-dich"-Aufzug aus dem Keller vor die hungrigen Mäuler der edlen Herrschaften. Und bei einem Gericht mit dem Namen „*Fasanenbrust in gebratener Schinkenhülle mit Schloss-Kartoffeln, Wirsing und Pilzsauce*"[24] läuft zumindest dem Autor dieses Buches das Wasser im Munde zusammen.

Seine Lebensumgebung muss Pasqué irgendwann erkundet, erwandert oder erfahren haben, denn die bildet die Basis so vieler später entstandenen Geschichten und Bücher. Auf dem Weg nach Alsbach würde er dann durch Eberstadt gekommen sein, dass damals noch selbständig und nicht ein Stadtteil von Darmstadt war. Im dortigen Gasthaus zur Traube würde er vielleicht eine „*Bergsträßer Käsesuppe*"[25] kennengelernt haben, neben „*Handkäs mit Musik*" und „*Appelwoi*" oder einem Bergsträßer Riesling. Oder kam gar ein „*Eber*" auf den Teller? Auf seinen Spaziergängen gen Süden ist Pasqué vielleicht in einer guten halben Stunde in Zwingenberg gewesen und hat in dem seit 1765 betriebenen Gasthaus „*Zum Ochsen*" den Gaumengenuss gesucht.

Aber vielleicht weilte Pasqué auch auf den Spuren Goethes und kehrte im Gasthaus „*Zum Ochsen*" in Eberstadt ein. Dort begann dieser sein Tagebuch mit den Worten: „*Eberstadt, den 30.10.1775. Hier läge denn der Grundstein meines Tagbuches*".

Es ist schon erstaunlich, in diesem großen Fundus des Nachlasses von Pasqué immer wieder überraschende Spuren zu finden. In der Generation unserer Eltern und vielleicht auch noch bei uns gibt es Fotoalben als Erinnerungen

Abb. 12: „Gasthaus zur Traube" in Eberstadt

---

[24] ebenda, Seite 339.

[25] ist eigentlich eine Hackfleisch-Gemüsesuppe mit einer sämigen Fleischbrühe mit Streichkäse.

an Reisen. Neben den gedruckten Fotos wurden Eintrittskarten, Embleme von Servietten, Postkarten der besuchten Orte, getrocknete Blumen und vieles mehr dort eingeklebt. Heute ist alles durch Facebook, WhatsApp und ähnliches ganz anders. Bei Pasqué besteht die Sammlung aus den genannten Objekten, wenn auch unsortiert, lose und kaum vollständig. Drei Reisen finden sich, die hier beschrieben werden sollen.

Farbe der Kapseln.	Jahrgang.	Weisse Rhein- und Haardtweine.	Ganze Flaschen. (M ₰)	Halbe Flaschen. (M ₰)
weiss	1881	Hahnheimer von *Abresch & Cie.* (Pocal = 30 Pf.)	1 20	— 60
"	1876	Laubenheimer von *J. J. Hoffmann*	1 40	— 70
"	1881	Bodenheimer von *G. Niederwiesen*	1 60	— 80
"	1878	Wachenheimer von *J. J. Hoffmann*	1 80	— 90
roth	1881	Erbacher von *C. Lauteren Sohn*	2 —	1 —
"	"	Nackenheimer von *Jacob Rache*	2 —	1 —
"	"	Niersteiner Kranzberg von *H. L. Paniera*	2 30	1 15
"	1876	Oestricher von *Josef Falck*	2 50	1 25

Moussirende deutsche Weine.	Ganze Flaschen. (M ₰)	Halbe Flaschen. (M ₰)
Henkell & Cie. / *C. Lauteren Sohn* } Silber	4 —	2 25
Henkell & Cie. / *C. A. Kupferberg & Cie.* / *C. Lauteren Sohn* } Gold	5 —	
Lemière & Wittekind, demi sec	5 —	
C. A. Kupferberg & Cie., Sparkling Johannisberg extra dry	6 —	
Champagner-Weine.		

Abb. 13: Weinkarte am Mainzer Centralbahnhof

1887 unternimmt er einen Ausflug nach seiner Geburtsstadt Köln am Rhein. Eventuell wollte er einen Besuch bei seinen Verwandten machen. Er übernachtet in Koblenz, Königswinter und Köln. In Mainz am Hauptbahnhof muss er auf Hin- oder Rückfahrt im „*Restaurant Fritz Bruch*" gegessen und getrunken haben, sonst würden wir die Weinkarte wohl kaum bei ihm finden.

Leider wissen wir nicht, was er in Köln gemacht hat. Ob er Verwandte besuchte oder einfach mal wieder in das Flair seiner Geburtsstadt und in den Kölner Dialekt eintauchen wollte? Urlaub oder Kultur? Es war in der damaligen Zeit nur für die Betuchten eine Entscheidung. Normale Bürger kamen kaum aus ihrem Lebenskreis hinaus. Anders die fürstliche Schicht, wo es Usus war, die heranwachsenden Prinzen auf eine „Kavalierstour" zu schicken, nach Paris, Rom oder einem anderen wichtigen Ort, um unter ihresgleichen eine Zusatzausbildung, Spracherweiterungen und intensive Bildung zu genießen. Pasqué, schon im gesetzten Alter von über 60 Jahren, begibt sich allein auf eine Reise in den Süden.

Pasqués Reisebericht beginnt aufgrund der von ihm gesammelten Abschnitte in Genf am 16. Mai 1883. Nachdem 1848 die Haltestelle Bickenbach an der Main-Neckar-Eisenbahn (MNE) eingerichtet war, konnte Pasqué von dort aus bequem nach Süden anreisen. Von Heidelberg aus fuhr er mit den Großherzoglich Badischen Staatseisenbahnen bis nach Basel.

Der Grenzübertritt war bereits 1855 in Betrieb genommen worden. Auch die Strecke Basel nach Genf war seit 1859 in Betrieb. Im Gegensatz zu heute bedeutete es jedoch, dass man öfter in eine andere Eisenbahn von einem anderen Betreiber umsteigen musste, auch weil die Schienensysteme noch keine einheitliche Weite hatten.

Von seiner Tochter Luise ist ein Brief an ihn erhalten. Sie nahm sein Briefpapier, strich „Ernst" durch, ersetzte es durch „Louise" und mit dem Datum 16. Mai 1883 erfahren wir von deren Abschied am Darmstädter Bahnhof am 15. Mai 1883:

Mein lieber, guter Papa!

Da sitze ich denn um Dir meine ersten, schriftliche Grüße in die Ferne zu senden. Hoffentlich bist Du gut u. wohl gestern Abend fortgefahren u. auch wohl in Lyon angelangt, d. h. wenn Du diesen Brief empfängst, dann jetzt wirst du wohl Neuveville passieren u. da denkst Du mein, wie ich eben an Dich meiner lieben, guten Papa denke. Ich bin nun gestern Abend gut hier angelangt. In Darmstadt musste ich noch lange im Zug sitzen, bevor er abdampfte, u. bin ich da mit ....

Leider ist keine Adresse des Briefes erhalten. Nach kurzem Zwischenstopp traf Pasqué dann am 18. Mai 1883 in Lyon in Frankreich ein. Das Rhonetal entlang war bereits seit 1856 in der Versorgung mit Eisenbahnen bis nach Marseille erfolgt. Über Valence fuhr er weiter bis Avignon. In Avignon machte Pasqué am 20. Mai 1883 einen Pausenstopp, bevor er sich nach Marseille auf den Weg machte, unternahm er am 21. Mai 1883 einen Abstecher nach Nimes, wo er im *„Hôtel du Cheval Blanc"* übernachtete.

Genf

Lyon

Avignon

Marseille

Abb. 14: Pasqués Hotels in Frankreich

Zur Erkundung des Mittelmeerhafens Marseille gönnte sich Pasqué einen dreitägigen Aufenthalt. Er nahm ein Essen im *„Restaurant Au Rosbif"* ein. Wir müssen auch bedenken, dass Reisen mit der Eisenbahn damals zum einen nicht so schnell und zum anderen auch nicht so bequem wie heute waren. Aufgrund der Abschnitte wissen wir nicht, welche der vier Wagen-

Klassen Pasqué sich leisten konnte oder wollte. Aber mit Sicherheit saß er nicht in der einfachen 4. „Holz"-Klasse.

Weiter in Richtung Italien stoppte er am 25. Mai 1883 kurz in Nizza und aß im „*Hotel des Etrangers*". In Monaco übernachtete er im „*Hôtel de Russie*". Ob er den dort ansässigen Fürsten mit Empfehlung des Großherzoges von Hessen und bei Rhein seine Aufwartung machte? Zuzutrauen wäre es ihm. Bevor es die Küste entlang nach Italien weiter ging, machte er am 26. Mai 1883 eine weitere Nacht Pause in Monaco. Dann ging die Reise gemäß Abrechnung ohne weitere Belege weiter über Bordighera, Genua bis er am 30. Mai 1883 in Pisa führte.

Pasqué war nun bereits über zwei Wochen unterwegs. Über Livorno und eventuell einem kleinen Meeresaufenthalt mit Erholung spüren wir ihn am 3. Juli 1883 in Rom wieder auf. Und er schien Rom ausführlich zu erkunden. Fast eine Woche nahm er sich Zeit, wohnte im „*Hôtel d'Orient*", knapp einen Kilometer vom Vatikan mit dem Petersdom auf der anderen Seite des Tiber entfernt, aber in der Nähe der römischen Altertümer wie Pantheon oder Colosseum.

Selbst ein kurzer Aufenthalt am 10. Juni 1883 in Neapel erscheint aufgrund der Strecke dorthin eher als Stress, denn als Erholung. Ein Prospekt mit dem Titel „*Monumenti Principali della Citta di Napoli*" bildet ihn dort als Kulturinteressierten ab.

Abb. 15: Zeichnungen aus Neapel

Auch zeigt er sich hier wieder einmal als Lebemann, der diesen Zettel benutzt, um seine künstlerische Ader zu verwirklichen. Leider bricht hier wieder die Wegstrecke auf Basis von Hotelrechnungen wieder ab. In seinen Ausgabenaufzeichnungen taucht dann Florenz auf, wo er sechs Tage verweilte. Im „*Ristorante e Birreria FAVILLI*" lesen wir auf dem Bewirtungszettel, dass ihm Fleisch, Wein, Salat und Käse wohl schmeckten. Weiter geht es dann nach Venedig, wo er am 17. Juli 1883 eintrifft und dort mindestens vier Tage verbrachte.

Dann tut sich wieder eine große Lücke auf, bis wir ihn am 26. Juli 1883 in Bellagio am Lago di Como in einem Hotel mit Übernachtung wieder aufspüren. Nun war er wieder im Alpengebiet. Tags drauf, am 27. Juli 1883, kam er, warum auch immer, in Mailand an. Von Mailand aus ist Pasqué dann wahrscheinlich mit der Gotthard-bahn bis nach Immensee (Schweiz) gefahren. Die Strecke wurde im Jahr zuvor 1882 mit dem 15 km langen Gotthard-Scheiteltunnel, dem damals längsten Eisenbahntunnel der Welt, in Betrieb genommen.

Rom

Neapel

Mailand

Bellagio

Abb. 16: Pasqués Hotels in Italien

Dann tut sich wieder eine große Lücke auf, bis wir ihn am 26. Juli 1883 in Bellagio am Lago di Como in einem Hotel mit Übernachtung wieder aufspüren. Nun war er wieder im Alpengebiet. Tags drauf, am 27. Juli 1883, kam er, warum auch immer, in Mailand an. Von Mailand aus ist Pasqué dann wahrscheinlich mit der Gotthardbahn bis nach Immensee (Schweiz) gefahren. Die Strecke wurde im Jahr zuvor 1882 mit dem 15 km langen Gotthard-Scheiteltunnel, dem damals längsten Eisenbahn-tunnel der Welt, in Betrieb genommen.

Wir verlassen jetzt seine Reiseroute nach Norden und nach Hause, da weitere Zettel zur Klärung fehlen. Allerdings eröffnet uns seine Abrechnung, dass die Reise – Bahnfahrt und Hotel-unterkünfte – genau 800 Mark gekostet haben, ohne die sonstigen Ausgaben für Besichtigungen, Essen und Trinken, usw. Ein interessantes Betrachtungsfenster. Dieser Betrag ist nach Schätzung der Deutschen Bundesbank in heutiger Währung ungefähr 7.200 Euro wert. Eine Menge Geld, über das Pasqué aber offensichtlich aufgrund seiner fortwährenden Tätigkeiten als Schriftsteller verfügt haben muss. Dem 62-jährigen Rentner, dessen Frau bereits 1878 verstorben war, sind wir so als Alleinreisenden auf eine lange Reise in den sommerlichen Süden gefolgt.

Vier Jahre später finden wir ihn wieder auf Reisen. Mit einem Billet Nr. 47 für eine Rundreise nach Italien der II. Klasse, ausgestellt am 9. Juni 1887 in Darmstadt, machte sich Pasqué auf den Weg mit der Main-Neckar-Bahn nach Süden. Über München, Kufstein nach Innsbruck. Die folgenden Orte bilden eine illustre Abfolge in Norditalien:

Lugano → Mendisio → Turin → Mailand → Bologna → Verona → Cortina d'Ampezzo → Toblach → Bozen → Innsbruck → Kufstein → München → Darmstadt

Auch finden wir etwas aus seinem Reisealltag wieder. Die Rechnung Nr. 1222 der Bade-und Waschanstalt Innsbruck vom 11. Juli 1887 listet folgende gereinigte Sachen von Ernst Pasqué auf:

2 Hemden • 1 Nachthemd • 2 Unterhosen •

1 Unterrock • 3 Kragen •

2 Manschetten • 6 Taschentücher • 3 Paar Socken

Rechnungen von Unterkünften zeigen erstaunliche Bezeichnungen auf: *„Hôtel Washincton"* in Lugano, *„Albergo de la Dogana Vecchia e Persione Svizzera"* in Turin, *„Hôtel Colombe d'Or"* in Verona oder *„Hôtel zum weissen Kreuz des Josef Verzi"* in Cortina d'Ampezzo.

Abb. 17: Aus dem Löwenbräu-Keller München

In München finden wir aus dem Löwenbräu-Keller eine unbenutzte Serviette als Reiseandenken in seinen gesammelten Schätzen wieder. Vom Samstag, 6. Juli 1887 liegt auch ein Telegramm von Ernst Pasqué in München an seine Tochter Luise in Alsbach vor mit folgendem Text: *„Es bleibt bei München. Fahre Montag früh mit Ernst ab. Erwarte dich am Abend. Wohne im Hotel Hörl gegenüber der Bahn. Papa"*. Zu jener Zeit residierte Pasqué für 3 Tage im *„Hotel Hörl am Central-Bahnhofplatz"* im Zimmer Nr. 9.

Um die Reiseerlebnisse des Herrn Pasqué abzurunden, hier noch ein paar Einzelheiten von den Rechnungen seiner Unterkünfte jener Zeit, die uns heute sehr merkwürdig vorkommt:

„Jede Rechnung hat mit dem Hotelstempel quittirt zu sein."

„Für den Winter eine Reihe Zimmer gegen Sonnenaufgang."

„Speisen im Zimmer pro Portion 5 kr. mehr."

„Gewöhnliche Beleuchtung und Bedienung (mit Ausnahme von Hausknecht) sind in den Zimmerpreisen inbegriffen."

„Service und Licht wird nicht berechnet."

„Etwaige Portier- und Hausdiener-Dienste sind nicht mit inbegriffen."

Insgesamt hat Pasqué seinen Altersruhesitz in Alsbach regelmäßig verlassen. Hier eine kleine (unvollständige) Übersicht über seine bekannten Reisen und Wanderausflüge:

Jahr	Reiseziel(e)
1875	Schweiz
1877	Florenz, Turin, Venedig
1878	Paris (nach dem Krieg erstmalig wieder)
1880	Brüssel, Paris
1881	Eisenach, Weimar
1882	Oberitalien, Bozen
1883	Provence, Rom
1884	Bayerische Königsschlösser, Straßburg
1887	Lugano, Mendrisio, Turin, Mailand, Bologna, Verona, Toblach, Cortina d'Ampezzo, Bozen, Innsbruck, Kufstein, München
1891	Nancy, Straßburg, Lugano, Bergamo

Tabelle 1: Pasqués Reiseziele 1875-1891

Doch nun zu dem Sänger und Musiker Ernst Pasqué. Wie haben wir uns das aus heutiger Sicht vorzustellen? War er ein „Star" seiner damaligen Zeit?

3. Der Musiker Ernst Pasqué

Lehr- und Wanderjahre

Die musikalischen Spuren des Kölner Jungen Ernst geben indirekt Auskunft darüber, wer er hätte sein können und wer er war. Pasqué wurde nicht nur ein begehrter Bariton-Sänger. Er vertiefte sich so sehr in das Wesen von Musik, dass er dieser Passion auf neue Art bis an sein Lebensende treu blieb, lange nach dem Ende seiner Sängerkarriere.

Abb. 18: Heumarkt mit Börse, Dupois um 1790

Ernst Pasqué wurde am 3. September 1821 in Köln geboren, am Heumarkt 33. Eigentümer des Hauses Nr. 33 war seit 1822 ein „Heinrich Basque", wahrscheinlich sein Vater. Seine Urgroßeltern stammten aus Frankreich, vielleicht deshalb das „é" im Namen. Sein Vater Johann Heinrich Pasqué (1798-1831) war Zuckerbäcker und starb bereits 1831, seine Mutter Anna Maria (1797-1866) war eine geborene Stollwerck. Sie heiratete später noch einmal und konnte dadurch ihren Kindern eine gute Schulbildung zukommen lassen. Als ältestes der sechs Kinder hat Ernst sicher auch schon früh Aufgaben übernehmen müssen. In Köln begann er eine Buchbinderlehre, der erste Kontakt mit dem geschriebenen Wort zwischen Blättern gepresst.

1838 mit 17 Jahren trieb es ihn schon nach Paris, das damals immer noch eine der wichtigsten Zentren für Musiker und Musikschaffende in Europa war. Er wollte sich in seiner Stimme ausbilden lassen und kontaktierte seinen Landsmann, den Kölner Wilhelm Anton Lüttgen (1781-1857). Der war Kapellmeister an der Kirche *Notre-Dame de Lorette*. Die heute noch aktive Pfarrkirche ist eine im Stil einer römischen Basilika erbaute Kirche. Sie befindet sich im 9. Arrondissement und ist *„Unserer Lieben Frau von Loreto"* geweiht. Bei dem Baritonisten Balthasar Lütgens aus Köln erhielt Pasqué Unterricht in seinem zukünftigen Stimmfach sowie beim Tenor Louis Antoine Ponchard (1787-

Abb. 19: Notre-Dame de Lorette, Paris

1866). Parallel hielt er sich mit kleinen Jobs über Wasser, als Claqueur an der Oper, in einer Bildhauerwerkstatt und als Violinist in einer Privatkapelle, wobei er das Violinspiel nur mimte. Bei François-Alexandre-Nicolas-Chéri Delsarte (1811-1871), einem berühmten Sprecherzieher, erhielt er Sprechunterricht.

In der Wohnung von Lüttgen trafen sich Künstler und Musiker, begannen ihren Aufenthalt in Paris und wurden großzügig unterstützt. Dort lernte Pasqué auch irgendwann einmal Jacques Offenbach (1819-1880) kennen, den zwei Jahre älteren, ebenfalls aus Köln stammenden Komponisten, der schon fünf Jahre in Paris weilte. Mit ihm hatte er später noch Briefkontakt und über ihn erzählte er später ein paar Musikantengeschichten [PAS-1].

Pasqué engagierte sich in einem Männergesangsverein, wohl um seine Stimme zu trainieren, er studierte über seine Gesangsrolle hinaus die ganze Partitur, in diesem Falle die Oper „*Le Chalet*" von Adolphe Adam (1803-1856) für eine Privataufführung. Als an einem Tag der Hauptdarsteller (Bariton) ausfiel, übernahm er mit Bravour dessen gesangliche und schauspielerische Rolle. Als Folge empfahl ihn der Komponist an das renommierte *Le Conservatoire National Paris*, wo er 1842-1844 als einer der wenigen ausländischen Schüler aufgrund besonderer Anlagen aufgenommen wurde.

Paris war zu dieser Zeit ein Anziehungspunkt für Musikschaffende. Pasqué schaute sich eifrig um und lernte bei den Besuchen in Oper und Konzert auch die Größen seiner Zeit kennen. Mit seiner offenen Art profitierte er sicher menschlich und künstlerisch von ihnen. Karl Esselborn (1879-1840) [26] beschreibt einige dieser Kollegen, die Pasqué in ihrer Zeit in Paris beeinflusst hatten:

- Giovanni Battista Rubini (1795-1854): *Tenor*
- Antonio Tamburini (1800-1876): *Bariton*
- Giorgio Ronconi (1810-1890): *Bariton*
- Lorenzo Salvi (1810-1879): *Tenor*
- Giulia Grisi (1811-1869): *Koloratursopran*
- Fanny Tacchinardi-Persiani (1807-1867): *Koloratursopran*
- Pauline Viardot-García (1821-1910): *Mezzosopran*

In seiner Heimatstadt Köln wurde die beginnende Karriere mitverfolgt. Die „*Kölnische Zeitung*" vom 19. Juni 1842 berichtete unter „*Vermischte Nachrichten*":

---

[26] [KEG], Seite 3.

> *Einer neuen Verordnung des französischen Ministeriums zufolge können Ausländer nur dann ins Conservatorium aufgenommen werden, wenn sie ganz besondere Anlagen zur Musik zeigen. Es freut uns, berichten zu können, daß die Ersten, welche zur Aufnahme tüchtig befunden worden, zwei junge Kölner sind: Herr H e i n r i c h L ü t g e n (seit einem Jahre in Paris) fürs Violoncello, und Herr E r n s t P a s q u e , Schüler des seit mehren Jahren in Paris lebenden Herrn B . L ü t g e n für den Gesang.*

In den folgenden Wochen erschien mehrfach ein Hinweis in der Kölnischen Zeitung auf Ernst Pasqué, unter anderem am 21. Juli 1842 mit dem Hinweis: *„Auber, Adam, Gambaro und Carafa, welche ihn beim Eintritts-Examen hörten und sich seit der Zeit persönlich für seine musikalische Ausbildung sehr verwenden, stimmen darüber überein, daß er eine höchst ausgezeichnete Baritonstimme besitzt und zu großen Erwartungen berechtigt.“*

Einer der ersten Nachweise von Pasqués Karriere findet sich in einer Konzertankündigung vom Sonntag, den 31. März 1844 in Paris im *„Salle de Concerts d'Henri Herz“*. Dies war ein ehemaliger Konzertsaal in Paris in der Straße *„38 rue de la Victoire“*, der Manufaktur des Pianisten-Komponisten Henri Herz. Dieser wurde 1838 eingeweiht und war damit der erste Saal, der von einem Pariser Bürger als Konzertsaal gebaut wurde.

Abb. 20: Pasqués Konzert im Salle de Concerts d'Henri Herz

Hector Berlioz (1803-1869) führte hier seine Ouvertüre *„Le carnaval romain“* op. 9 am 3. Februar 1844 zum ersten Mal auf, Jacques Offenbach (1819-1880) spielte sein *„Le trésor à Mathurin“* am 7. Mai 1853 in diesem Saal. Pasqué befand sich demnach bereits in der angesehensten Szene seiner neu gewählten Heimat Paris.

Seine Zeit in Paris hat er auch in dem vierteiligen Roman „*Drei Gesellen*" aus dem Jahre 1872 [PAS-8] verarbeitet, aus der Rückschau als Pensionär auf jene Zeit. Auch wenn wir genaueres nicht wissen, so muss doch die Zeit in Paris prägend für ihn gewesen sein. Denn bereits im Mai 1844 können wir seine Karriere in Mainz weiterverfolgen. In der Oper „*Das Nachtlager in Granada*" von Conradin Kreutzer (1780–1849), von einem Freund, sang er die Rolle des Jägers. Es passt irgendwie zu ihm, dass er sich in der Rolle als der eigentliche Prinz zu erkennen gibt und drei Personen in die Flucht schlägt, die ihn umbringen wollen. Dem Hauptpaar der Oper gibt er dann als Landesherr seinen Segen.

In der Zeitschrift „*Modernes Deutschland*" vom 14.5.1844 ereiferte sich der Kommentator dieses Ereignisses in wohlmeinenden Worten hierzu: „*... vor ihnen bestand Hr. Pasqué sein erstes Auftreten, man kann wohl sagen mit glänzendem Erfolg, und wir prophezeien diesem Sänger (wir maßen uns das Prophetenamt so selten wie möglich an) eine wahrhaft große Zukunft. Hier ist eine der stärksten, biegsamsten und wohlklingendsten Stimmen mit einem Timbre von reizender Schönheit; hier ist eine Kunstbildung, die man klassisch nennen kann und (wie wir wenigstens in dieser Rolle sahen) eine Tüchtigkeit des Vortrags und eine brillante Ausführung – hier endlich ist eine edle Gesamtdarstellung, die geschmackvolle, durchgebildete Totalleistung, wie wir sie bei uns nur selten zu sehen gewohnt sind. Ja, was uns bei diesem Debut besonders verwunderte: sogar im Spiel leistete dieser junge Künstler, wenn wir von der unabwendbaren Befangenheit eines ersten Auftretens absehen, so viel, wie wir Manchem seiner älteren Kollegen wünschen möchten. Man sieht, daß hier nicht nur ein musikalisch, sondern überhaupt ein durchweg im ästhetischen Sinne gebildeter Mann vor uns steht. Und so beglückwünschen wir den Herrn Pasqué aus voller Seele bei diesem ernsten, bedeutsamen Erfolge auf einer Laufbahn, die eine schwere, dornenvolle – aber auch eine rosige ist; das letztere jedoch nur für den wahrhaft Berufenen, als zu welchem Kreise wir unseren jungen Künstler mit dem besten Gewissen zählen dürfen. ...*"

Und bereits in dem zarten Alter von 23 Jahren musste er sich gegen die Willkür anderer verteidigen. Zum Schmunzeln hier seine öffentliche Widerrede in der „*Aachener Zeitung*" vom 30. Juli 1844:

„An das Publikum.

Zu meinem größten Erstaunen lese ich in der gestrigen Nummer dieses Blattes eine Anzeige, worin eine Madame Uccelli mich beschuldigt, die Ursache gewesen zu sein, daß ihr Konzert nicht hat Statt finden können. Ohne in die Einzelheiten dieses etwas romanhaften Artikels einzugehen, halte ich es für hinreichend, zu erklären, daß ich Madame Uccelli versprochen habe, in ihrem Konzerte zu singen, jedoch unter der Bedingung, dass die Erlaubnis des Herrn Direktors Schäfer, von dem ich, so lange mein Aufenthalt in Aachen dauern wird, abhängig bin, dazu eingeholt werde; daraufhin gab ich ihr, um den wiederholten Bitten zu genügen, die Titel derjenigen

Nummern, welche ich singen würde, wenn Hrn. Direktor Schäfer seine Einwilligung dazu gegeben hätte. Jedoch noch am selben Tage erhielt Madame Uccelli einen Brief von Seiten des Herrn Schäfer, worin er ihr ankündigte, daß er mir unmöglich erlauben könne, in ihrem Konzert mitzuwirken (einen Brief, welchen Madame Uccelli nicht für nötig gefunden hatte, zu erwähnen) und ihr noch in meinem Namen anzeigte, dass Sie das Konzert ohne mich geben müßte. Madame Uccelli hat dennoch die Unklugheit begangen, meinen Namen auf dem Programme zulassen und auf meine Mitwirkung zu rechnen, – einen Schritt, über den ich allein das Recht hätte, mich zu beklagen. Sie hat demnach die Folgen dieser Unvorsichtigkeit sich selbst zuzuschreiben. Ich glaube hiermit genug gesagt zu haben und bitte jetzt das Publikum, zu entscheiden, ob Madame Uccelli ein Recht hat, mich auf diese unziemliche Weise anzugreifen, wie sie dies getan hat.

Aachen, den 29. Juli 1844. *Ernst Pasqué*

Großh. Hess. Hof-Opernsänger"

Mainz ist in der unmittelbaren Nähe zu Darmstadt, wenn es auch damals eine Tagesreise weit entfernt war. Schon am 26. Augst des gleichen Jahres trat er als Bariton am Großherzoglichen Hoftheater in Darmstadt auf in der Rolle des *„Telasko"* in der Oper *„Ferdinand Cortez oder die Eroberung von Mexiko"* von Gaspare Spontini (1774-1851). Diese war im Rahmen der Einweihung des Ludwigmonumentes (umgangssprachlich Langer Lui oder Langer Ludwig) am 25. August 1844 als Teil der Feierlichkeiten angesetzt. Das Monument ist ein Denkmal für Ludewig I., den ersten Großherzog von Hessen und bei Rhein, ein Wahrzeichen der Stadt Darmstadt. Pasqué bekam für die Rolle ausgezeichnete Kritiken und als Folge ein Engagement[27].

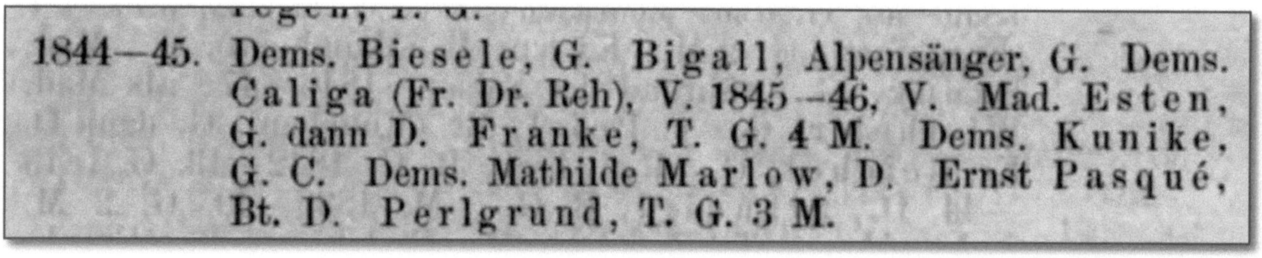

1844—45. Dems. Biesele, G. Bigall, Alpensänger, G. Dems. Caliga (Fr. Dr. Reh), V. 1845—46, V. Mad. Esten, G. dann D. Franke, T. G. 4 M. Dems. Kunike, G. C. Dems. Mathilde Marlow, D. Ernst Pasqué, Bt. D. Perlgrund, T. G. 3 M.

Abb. 21: Gastrollen, Debüts und erste Versuche

Pasqué muss jedoch ein unsteter Geist gewesen sein, denn schon im Jahre 1846 treibt es ihn nach Leipzig. Trotz seiner dortigen Erfolge mussten seine Zuhörer und Bewunderer bestimmt arg enttäuscht gewesen sein, als er auf Bitten und Drängen der großherzoglichen Familie in Darmstadt Leipzig verlässt.

---

[27] [PAS-11], Seite 28.

Ankunft am Hoftheater

Er beschrieb seine weiteren Schritte im Hoftheater selbst in einem Dokument als Auflistung der Beteiligten [28]:

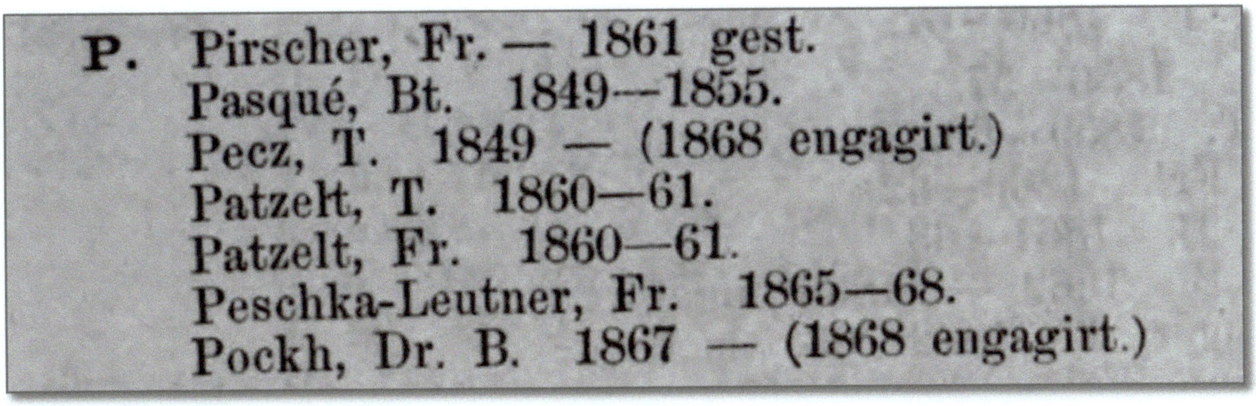

P. Pirscher, Fr. — 1861 gest.
Pasqué, Bt. 1849—1855.
Pecz, T. 1849 — (1868 engagirt.)
Patzelt, T. 1860—61.
Patzelt, Fr. 1860—61.
Peschka-Leutner, Fr. 1865—68.
Pockh, Dr. B. 1867 — (1868 engagirt.)

Abb. 22: Engagements von 1849-1855

Pasqué kam viel in der europäischen Welt herum. Seine Wirkungsorte waren: Amsterdam, Aachen, Darmstadt, Karlsruhe, Leipzig, London, Mainz, München, Paris, Weimar, Wien. Er war ein Suchender, der die längste Zeit in Darmstadt am Hoftheater und später dann an seinem Altersruhesitz in Alsbach verbrachte.

In den Jahren 1848-49 war er an der Oper in Amsterdam (*Amsterdam Stadsschouwburg*) engagiert [29]. Er arbeitete dort Vorgesetzter für die Opern *„Don Giovanni"*, *„Das Nachtlager von Grenada"*, *„Figaros Hochzeit"*, *„Die Zauberflöte"* und *„Die Hugenotten"*. 1849-55 finden wir ihn abermals in Darmstadt am Großherzoglichen Hoftheater. Er baute dort sein Repertoire und seine Erfahrungen aus. Während seiner Hochzeit als Bariton in Darmstadt traf er dort auf die besten Bedingungen für Kontakte in die musikalische Welt. Am Hoftheater begegnete er dem Großherzoglich Hessischen Hofkapellmeister des Hofopernorchesters Wilhelm Mangold (1796-1875). Unter seiner Leitung [30] versammelten sich einige Größen an dem Darmstädter Hoftheater, neben Ernst Pasqué die Sängerinnen Marianne Schönberger-Marconi (1785-1882), Wilhelmine Schröder-Devrient (1804-1860) und Jenny Lind (1820-1887) sowie viele andere, auch heute noch in Wikipedia auffindbare Gesangsgrößen jener Zeit. Darmstadt war damals im 19. Jahrhundert ein angesagter Fixpunkt am Musikhimmel, von dem Größen wie Abbé Vogler, Carl Maria von Weber, Giacomo Meyerbeer und viele andere zum Zwecke des Lernens oder Gesehenwerdens angezogen wurden.

In den Jahren 1855-56 wirkte er wieder in Amsterdam (*Hoogduitsche Opera*), jetzt als Sänger und Oberregisseur. Zu seinem ersten Engagement in den Niederlanden kommen die Werke

---

[28] [PAS-11], Seite 34
[29] https://theaterencyclopedie.nl/wiki/Dhr._Pasqué
[30] [PSC], Seite 82f.

„*Indra*", „*Fidelio*", „*Der Stern des Nordens*" und „*Die Jüdin*" hinzu, in letzterer er erstmalig auch Regie führte.

Zu seinen Kollegen am Hoftheater zählen Carl Schneider, Heinrich Behr, Friedrich Stritt, Otto Henry, Rudolph Hofrichter und Ferdinand Stegmayer. In der folgenden Abbildung sind alle in Pose gezeichnet.

Abb. 23: Pasqués Sängerkollegen um 1847

Umjubelter Bariton in Europa

Dann war er ab 14. September 1856 als Sänger und Regisseur am Hoftheater von Weimar, bis er dort am 19. Juni 1859 seine letzte Vorstellung als „*Der Zigeunerhauptmann*" in der Oper „*Preciosa*" von Carl Maria von Weber (1786-1826) gab.

In der Universitäts- und Landesbibliothek Darmstadt (ULB)[31] ist der Nachlass von Ernst Pasqué einsehbar. Dutzende von Kisten mit Hunderten von Handschriften, Briefen, Zeitungsausschnitten, Programmblättern und Dokumenten. Darunter auch sehr viele Aufführungszettel von den Orten, an denen er in der Oper gesungen hat. Er muss ein sehr akribischer Sammler

---

[31] https://www.ulb.tu-darmstadt.de/media/ulb/pdf/nachlaesse/Pasque_Ernst.PDF

gewesen sein. Inwieweit dies einen vollständigen Überblick über seine Opernrollen gibt, muss vorläufig ungeklärt bleiben. Andere Quellen liegen zurzeit nicht vor.

Beim Durchsuchen seiner Sammlung findet der Autor auf immerhin 330 Aufführungszettel seinen Namen, die meisten aus den Jahren 1849 bis 1859 während seiner Darmstädter Zeit am Großherzoglichen Hoftheater. Im Zeitraum 3. Juni 1852 bis 9. August 1852 und 5. Juni 1853 bis 14. August 1853 finden wir ihn in den Sommermonaten mit über 50 Auftritten in Aachen wieder. Einzelne Gastauftritte machte er während seines Engagements in Darmstadt auch in Mainz, Frankfurt, Mannheim und Aschaffen-burg.

Auch im 19. Jahrhundert kam es wie heute dazu, dass ein Sänger oder eine Sängerin indisponiert war. Dann war guter Rat teuer. Wo es heute Services im Internet und gute gepflegte Kontakte der Intendanten und Operndirektoren

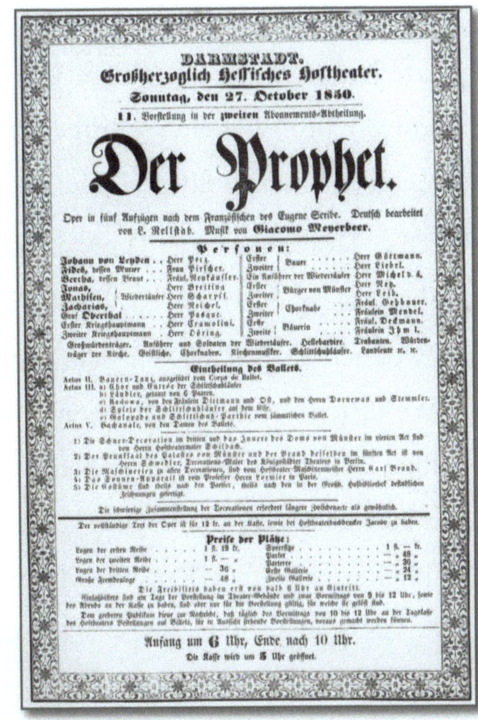

Abb. 24: Oper „Der Prophet" 27.10.1850

gibt, gab es zu Pasqués Zeit nur die Depesche in Form eines Telegramms.

Vom 18. Mai 1853 liegt so ein Telegramm der Staats-Telegraphenstation Darmstadt an Pasqué vor. Sie erreichte ihn um 8.45 Uhr an diesem Tag. Es wurde durch den Geheimen Hofrath Carl Tescher (Intendant) angefragt, ob er am Freitag, 20. Mai 1953 in der Oper „Armide" von Christoph Willibald Gluck (1714-1787) die Bass-Rolle des Ubalde singen könne. Eintreffen am Donnerstag-morgen, Generalprobe am Nachmittag. Die Rück-Antwort Pasqués ist leider nicht erhalten, aus den Aufführungszetteln geht jedoch hervor, dass er gesungen hat.

Ab 14. September 1856 finden wir seine Spuren dann in Weimar am Großherzogliches Hoftheater. Franz Liszt (1811-1886) war dort in jenen Jahren Hofkapellmeister, seine künstlerisch wertvollsten und produktivsten Jahre. In Leipzig lernte Liszt in dieser Zeit Richard Wagner (1813-1883) kennen und führte am 28. Augst 1850 dessen Oper „Lohengrin" zum ersten Mal in Weimar auf. In der Rolle eines Heerrufers des Königs finden wir Ernst Pasqué in dieser Oper auf der Weimarer Bühne wieder.

Abb. 25: Oper „Diana von Solange" 14.05.1859

Sein Dienstherr, Herzog Ernst II. von Sachsen-Coburg-Gotha (1818-1893), hatte selbst eine künstlerische Ader und kom-ponierte mehrere Opern, hierunter auch die Große Oper „*Diana von Solange*". In der Rolle des Wirtes Pedrillo singt Pasqué am 14. Mai 1859 am Hoftheater. Pasqué nutzte seine freie Zeit neben den Darstellungen seiner Rollen zum Stöbern in den lokalen Archiven im Weimarer Hoftheater und am Weimarer Hof. Heraus entstand dann die 1863 erschienene Schrift über „*Goethe's Theaterleitung in Weimar*" [PAS-9].

Das Hoftheater in Darmstadt, der sogenannte Moller-Bau, hatte zu jener Zeit ein Fassungsvermögen von ca. 1.800 Plätzen. Darmstadt verzeichnete damals jedoch nur ca. 40.000 Einwohner. Es war also ein sehr großes Haus, viel zu groß für die kleine Residenz, und wurde im 2. Weltkrieg durch den Fliegerangriff am 11./12. September 1944 zerstört. Nachdem ein Wieder-aufbau abgelehnt wurde, beheimatet es heute das Hessische Staatsarchiv. Direkt hinter dem Darmstädter Schloss gelegen, vor dem Herrngarten, war es damals ein prägender, repräsentativer Anblick in der Stadt. Kutschen fuhren vor, später dann sogar die Straßenbahn.

Abb. 26: Großherzogliches Hoftheater Darmstadt

Den Hauptteil seiner Rollen als Bariton-Sänger finden wir in Darmstadt. Das Angebot an Opern richtete sich in jener Zeit nach dem besonderen Geschmack des Groß-herzogs und des Publikums. So finden wir hauptsächlich Werke von Gaetano Donizetti (1797-1848) und Giacomo Meyerbeer (1791-1864) auf dem musikalischen Speisezettel wieder. Aber auch zeitgenössischere Werke von Giuseppe Verdi (1813-1901) und Richard Wagner (1813-1883) wurden vom Publikum begrüßt. Pasqué schien sehr flexibel gewesen zu sein. Neben seinem Hauptfach Bariton bediente er auch Rollen in der Stimmlage Bass und ganz selten genehmigte er sich sogar Ausflüge zu den Tenören und der Haute-Contre-Stimmlage.

Am Darmstädter Hoftheater herrschte zur damaligen Zeit keine Demokratie, was gespielt werden sollte, musste vom Großherzog abgesegnet werden. Dementsprechend kam auf den Spielplan, was der Hof für richtig hielt. Wie seit jeher hatten die Stücke (Opern wie Schauspiele) oftmals auch Andeutungen in sich verborgen, die offen oder verdeckt von Komponisten, Librettisten und Intendanten genutzt wurden, um ein wenig Salz in die Wunden des Alltags im Lande zu streuen. So kann man auf den Spielplänen der Zeit, insbesondere für die Oper, Stücke finden, die in diesem Sinne alles andere als neutral zu bewerten sind [32]. Hierunter fielen Opern

---

[32] [MWA] Seiten 252f.

wie „*Fernand Cortez*" von Gaspare Spontini, „*Die Hugenotten*" und „*Der Prophet*" von Giacomo Meyerbeer, in denen Pasqué seine brillantesten Rollen als Bariton gab. Wenn auch der Inhalt der Stücke zum Aufstand gegen das Establishment aufrief, so war das Resümee meist, das die stabilisierenden Kräfte den Sieg davontrugen. Der Hof duldete keine Ideen gegen sich.

Auffällig ist, dass seine Rollen häufig mit Adeligen zu tun hatten, so beispielsweise als Alphonse XI, König von Kastilien (in „*Die Favoritin*" von Gaetano Donizetti), Don Carlos, König von Spanien (in „*Ernani*" von Giuseppe Verdi), Graf Oberthal (in „*Der Prophet*" von Giacomo Meyerbeer) Lord Tristan (in „*Martha*" von Friedrich von Flotow), Peter I., Zar von Russland (in „*Zar und Zimmermann*" von Albert Lortzing) oder Graf von Revers (in „*Die Hugenotten*" von Giacomo Meyerbeer). Wir können ihn uns, aufgrund seiner Bilder aus älteren Jahren, gut in solchen gewichtigen Herrenrollen vorstellen.

Als eine Kuriosität findet sich im Internet die Vertonung des Liedes „*Mir ist so wohl in deiner Nähe!*" von einem L. Friedrich Witt (1811-1890) als Lied für Bariton mit Begleitung des Piano-Forte bei B. Schott's Söhne mit der Nr. 10717.

Auch kümmerte er sich mit seiner schriftstellerischen Ader um Komponisten, die ihm wichtig waren. So setzte er sich für ein Denkmal für Abbé Vogler (1749-1814) ein, der der Lehrer von Giacomo Meyerbeer und Carl Maria von Weber war, als diese in Darmstadt weilten. Der rastlosen Propaganda, welche Pasqué in einer Schrift für Vogler entfaltete, ist es zuzuschreiben, dass im Sommer 1890 in

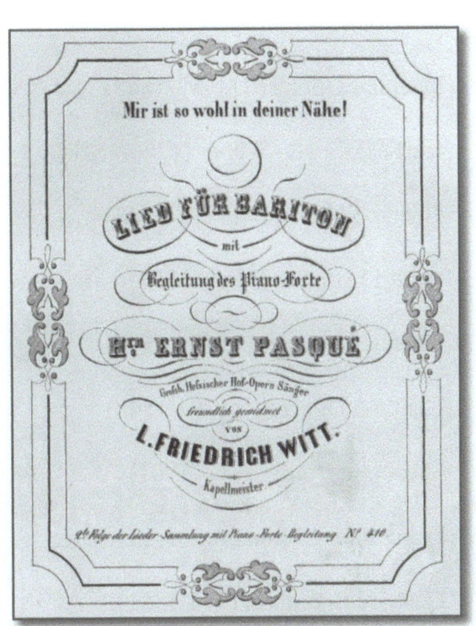

Abb. 27: Lied "Mir ist so wohl in deiner Nähe!"

Darmstadt auf dem Mathildenplatz dem berühmten Gesangspädagogen ein Denkmal gesetzt und ein-geweiht wurde. Pasqué zitierte den Vogler wie folgt: „*O, wenn ich von der Welt hätte gehen sollen, ehe ich diese Beiden (Meyerbeer und Weber) ausgebildet hatte, welches Weh würde ich empfunden haben! Es ruht etwas in mir, was ich nicht herausrufen konnte – diese Beiden werden es thun!*"[33]

In jenen Zeiten gab es noch keine Übertitel in verschiedenen Sprachen über dem Bühnenportal wie heute in den meisten Häusern. Die Stücke von Komponisten in fremden Sprachen wurden meist in Deutsch gesungen und gespielt. Ein Umstand, den sich Pasqué, wie wir später sehen werden, zu Nutze machte, indem er auf Basis seiner guten Sprachkenntnisse im Französischen eine Reihe französischer Opernwerke ins Deutsche übersetzte.

---

[33] [AKO], Seite 179.

Großer Beifall in den Paraderollen

In vielen anderen deutschen Städten und im Ausland gab er Gastspiele mit bedeutenden Erfolgen u.a. 1845 an den Hofopern von Wien und München, 1853 am Hoftheater von Karlsruhe, oder auch am Opernhaus von Leipzig und 1854-55 in London. Seine Erfolge sprachen für ihn. Aus seinem sehr umfangreichen Bühnenrepertoire sind als Höhepunkte zu nennen [34]:

Komponist	Oper	Rolle	#
Giacomo Meyerbeer (1791-1864)	Der Prophet	Graf Oberthal	24
Giacomo Meyerbeer (1791-1864)	Die Hugenotten	Graf Nevers	20
Wolfgang Amadeus Mozart (1756-1791)	Don Giovanni	Don Giovanni	19
Friedrich von Flotow (1812-1883)	Martha	Lord Tristan	12
Gaetano Donizetti (1797-1848)	Lucia di Lammermoor	Lord Enrico Ashton	12
Carl Maria von Weber (1786-1826)	Der Freischütz	Ottokar, böhmischer Fürst	11
Gaetano Donizetti (1797-1848)	Belisario	Belisario, Feldherr des Kaisers	11
Albert Lortzing (1801–1851)	Zar und Zimmermann	Peter der Erste, Zar von Russland	10
Gaetano Donizetti (1797-1848)	Die Favoritin	Alphonse XI, König von Kastilien	10
Gaetano Donizetti (1797-1848)	Lucrezia Borgia	Herzog Don Alfonso d'Este	10
Giuseppe Verdi (1813–1901)	Nabucco	Nabucco	10
Franz Paul Lachner (1803-1890)	Catharina Cornaro	Andrea Cornaro	8
Gaspare Spontini (1774-1851)	Fernand Cortez	Telasko	8
Giuseppe Verdi (1813-1901)	Ernani	Don Carlos, König von Spanien	7
Richard Wagner (1813-1883)	Lohengrin	Der Heerrufer des Königs	7

Tabelle 2: Häufigste Opern-Rollen von Ernst Pasqué zwischen 1849-1859

Zum Vergleich mag die Statistik [35] am Großherzoglichen Hoftheater Darmstadt vom 26. November 1848 bis 19. Mai 1868 herangezogen werden. Dort berichtet Pasqué von insgesamt 1.367 Opern-Aufführungen mit 119 verschiedenen Opern (26 italienische, 32 französische, 61 deutsche) von 50 verschiedenen Komponisten.

Dies zeigt seine Vielfalt in seinem Fach. Im 19. Jahrhundert gab es nur „aktuelle" Musik, Mendelsohns Wiederentdeckung von Johann Sebastian Bach war noch nicht flächendeckend vollzogen. Nur die Opern von Gluck und Mozart sind wirklich „alte" Werke. Nur die Hälfte der

---

[34] Gezählt auf Basis der gefundenen Theaterzettel in seinem Nachlass an der ULB.
[35] [PAS-2], Seiten 13-20.

Opern aus obiger Tabelle ist auch heute noch auf den Spielplänen von Bühnen zu finden. Aber seine Stimme hatte gelitten, vielleicht durch das viele Stöbern in den staubigen Archiven. Von 1844 als 23-Jähriger bis Ende 1859 als 38-Jähriger hatte er voll gelebt und seine Passion als Sänger ausgeführt. Er kehrte dann nach Darmstadt zurück und trat die Stelle 1859 als "Hoftheater-Ökonomieinspektor" in der Direktion des Darmstädter Hoftheaters an, das er sogar 1871 für kurze Zeit leitete.

Ernst Pasqué war nicht nur als Sänger, als Regisseur und Bühnendirektor von Bedeutung; er entfaltete eine weitreichende schriftstellerische Tätigkeit, verfasste Libretti, Essays, Volks- und Ausstattungsstücke, übersetzte französische Opern-Textbücher (u.a. "*Roméo et Juliette*" und "*La Reine de Saba*" von Charles Gounod) ins Deutsche und gab ein zweibändiges Werk "*Goethes Theaterleitung in Weimar*" [PAS-9] heraus.

Getrieben von Musik setzte Ernst Pasqué seine Leidenschaft auch in anderer Art und Weise um. Durch seine Auftritte als Sänger in vielen Opern hatte er genaue Kenntnisse der dort verwendeten Libretti. Wir können uns vorstellen, dass er nicht immer mit den Verfassern jener Werke einverstanden war, da er durch seine Erfahrung von anderer Wirkung auf die Zuhörer wusste. Zwar war er auch in Opern zu hören, die heute noch auf den Spielplänen der Opernhäuser stehen, jedoch wurden in seiner Zeit auch Stücke auf die Bretterbühnen gebracht, die heute unbekannt und längst vergessen sind. Hierunter fallen z.B. die Opernwerke „*Otto der Schütz*" von Carl Heinrich Adolf Reiss (1829-1908) oder „*Georg Neumark und die Gambe*" von Julius Rietz (1812-1877).

Wenn wir heute die Libretti lesen (oder hören), dann empfinden wir sie durchweg als „alt" und „schwülstig". Was lag für ihn, der bereits weiträumig schriftstellerisch unterwegs war, näher, als selbst Libretti für Opern zu schreiben. Durch seine vielfältigen Kontakte aus seinen Reisen und Wirkstätten kam er in Kontakt zu neuen Komponisten oder diese kamen auf ihn zu. In seinem Nachlass sind viele Briefe an diese Komponisten sowie die Absprachen mit den Verlegern wie z.B. dem Verlag Schott Musik in Mainz zu finden.

Finanzen oder Geld zum Leben

Eine nicht unerhebliche Frage ist, wie es zu Zeiten von Pasqué mit der Bezahlung aussah. Im Gegensatz zu anderen Ländern in Europa hatte Pasqué den Vorteil, am Hoftheater zu Darmstadt eine feste Anstellung bekommen zu haben. Zudem konnte er in der Sommerzeit sein Gehalt durch Auslands- und Gastspiele vergrößern. Um einen Einblick zu bekommen, hier eine Liste der Gehälter, die jemand aus der allgemeinen Gesellschaft um 1830 erhalten konnte [36]:

---

[36] [MWA] Seite 92, nach preußischer Gesindeordnung.

- Diener: 14 – 20 Taler pro Jahr (ca. 600 – 850 € pro Jahr)
- perfekte Köchin: 16 – 20 Taler pro Jahr (ca. 680 – 850 € pro Jahr)
- einfach Magd: noch viel weniger
- Kutscher: 15 Taler pro Jahr (ca. 640 € pro Jahr)
  bei freier Wohnung und Verpflegung

Die Kaufkraft stellte sich wie folgt dar: Für einen Taler gab es beim Schlächter ca. 15 Pfund Fleisch der Extraklasse, beim Bäcker 25 Pfund Brot oder zwei Pfund echten Tabaks. Eine Flasche Wein kostet je nach Qualität zwischen 4 und 16 Groschen pro Flasche, wobei 24 Groschen einen Taler ausmachten. Ein Galafrack kostete 50 Taler und ein maßgeschneiderter Anzug meist weniger als 20 Taler [37].

Die Gehälter am Theater waren natürlich andere. Für gefeierte italienische Sänger und Sängerinnen wurden, ebenso wie heute, deutlich höhere Gagen fällig. So bekam die 1. Sängerin an der Hofoper zu Dresden im Jahr 1817 für die beste Rollen ungefähr 3.400 Taler, der 1. Tenor 2.000 Taler, der 1. Bassist 1.600 Taler und ein Sänger für geringere Rollen 400 Taler, jeweils pro Jahr.

Neben den Gehältern für die Sänger und Sängerinnen waren die Gesamtkosten für die Bereitstellung und den Betrieb eines Theaters sehr hoch. Michael Walter berichtet für eine Reihe ausgewählter Theater von folgenden Größenordnungen für das Jahr 1853 in preußischen Talern [38]:

Hoftheater	Gesamtausgaben	Einnahmen	Zuschuss
Berlin	ca. 340.000 - 350.000	ca. 200.000 - 210.000	ca. 140.000
Dresden	180.000 incl. Hofkapelle	90.000 - 100.000	30.000 - 40.000 und 40.000 für die Hofkapelle
München	169.714 - 175.428	80.000 - 85.7000	44.571 und 45.143 für die Hofkapelle
Karlsruhe	85.714	28.571	57.143
Darmstadt	76.000	17.143-18.857	57.143
Mannheim (Hof- und Nationaltheater)	50.000	27.429	Stadt: 9.430 Staat: 4.571

Tabelle 3: Ausgaben der deutschen Theater 1853

---

[37] Kaufkraft nach Berechnungen der Deutschen Bundesbank: 1 Taler entsprach ca. 42,6 Euro im Jahre 1830, 1 Taler entsprach ca. 22,9 Euro im Jahr 1817.

[38] [MWA], Seiten 89f.

Hierunter fielen bei den Ausgaben auch die reinen Betriebskosten, die Ausstattung der Stücke mit Dekorationen und Kleidern und vieles mehr. Die jeweiligen Defizite, die bei so gut wie allen Spielstätten anfielen, mussten entweder der zuständige Hof oder der Staat tragen. Auch damals gab es keine anderen Situationen als heute.

Aus dem Opernhaus in Berlin liegen für die Ausstattung der Oper „*Propheten*" von Giacomo Meyerbeer im Jahre 1850 die Kosten von 15.000 Talern vor [39]. Die Ausgaben in Hamburg aus dem Jahre 1858 von insgesamt 128.397 Talern beinhalteten 107.397 Talern für Gagen, aber nur 1.200 Taler für Honorare bzw. Tantiemen für Dichter und Komponisten. Daraus wird deutlich, dass mit einem Libretto kein Reichtum zu machen war, das Schreiben war für Pasqué neben Renommee bestenfalls ein kleines Zubrot.

Interessant ist ein kurzer Blick auch auf die Einnahmen. Darmstadt als kleine Residenz mit etwas mehr als 40.000 Einwohner hatte ein Hoftheater, indem ca. 1.800 Menschen Platz hatten, sitzend oder stehend. Um dies zu füllen, musste man die Eintrittspreise entsprechen niedrig halten bzw. auch Karten für frei anbieten. Auf dem Plakat für die Vorstellung von „*Don Juan*" von Wolfgang Amadeus Mozart am 9.3.1855 wurden mit dem Gaststar Herrn dallé Aste für Plätze im Hoftheater folgende Eintrittspreise verlangt:

Platzkategorie	Damaliger Preis [40]	ca. in Euro
Logen der ersten Reihe	1 fl., 12 fr.	19,91 €
Logen der zweiten Reihe	1 fl.	16,60 €
Logen der dritten Reihe	36 fr.	9,96 €
Sperrsitz	1 fl.	16,60 €
Parkett-Logen	54 fr.	14,94 €
Parkett	48 fr.	13,28 €
Parterre	36 fr.	9,96 €
Erste Galerie	24 fr.	6,64 €
Zweite Galerie	12 fr.	3,32 €

Tabelle 4: Eintrittspreise Hoftheater am 9.3.1855

---

[39] [MWA] Seite 93.

[40] Umrechnungsbasis: 1 Gulden 1855 hatte ungefähr die Kaufkraft von 16,60 € (Angaben der Deutschen Bundesbank vom Januar 2024).

Preise der Plätze:

Logen der ersten Reihe	1 fl. 12 kr.	Parket-Logen ... 54 kr.
Logen der zweiten Reihe	1 fl. — kr.	Parket ... 48 kr.
Logen der dritten Reihe	— 36 kr.	Parterre ... 36 kr.
Große Fremdenloge	— 48 kr.	Erste Gallerie ... 24 kr.
Sperrsitze	1 fl. — kr.	Zweite Gallerie ... 12 kr.

Einlaßbillets sind am Tage der Vorstellung im Theater-Gebäude und zwar Vormittags von 10 bis 12 Uhr, sowie des Abends an der Kasse zu haben, sind aber nur für die Vorstellung giltig, für welche sie gelöst sind.

Abb. 28: Eintrittspreise Darmstädter Hoftheater am 9.3.1855

Um diese Werte zu verstehen, muss man sich geduldig durch das Internet wühlen. Zuerst einmal irritiert das Kürzel „fl.". [41] Dieses Kürzel „fl." stand ursprünglich einmal für den Florentiner („*Fiorino d'oro*"), eine Goldmünze. Die alte Bezeichnung wurde dann auch für die Gulden im Herrschaftsgebiet

Abb. 29: 1 Gulden 1855 in Darmstadt

von Hessen verwendet. Der Wert wiederum war je nach Gegend im Reich verschieden und es steht 1 Gulden für 60 Kreuzer („fr."), und dieser für 4 Pfennige. Die geprägten Münzen hatten verschiedene Gewichte und Metallanteile (Gold, Silber), so dass ein Reisender kaum einen Überblick haben konnte. So kostete am Hoftheater Darmstadt also der billigste Platz in der zweiten Galerie für einen einfach Bürger (siehe oben) mehr als sein Tagesverdienst.

Wir wissen, dass Pasqué in den Jahren 1870-1872 seine Villa „*Geyersberg*" in Alsbach erstellen wird. Alsbach hatte 1871 nur 113 Wohnhäuser mit 666 Einwohnern [42]. In seinem Nachlass findet sich eine Hypothek (Obligation), ausgegeben durch das Großherzogliche Ortgericht vom 24. Januar 1871 über ein Darlehen in Höhe von 1.000 Gulden (ca. 15.500 €). In dem umfangreichen Dokument [43] ist als Grund eingetragen:

„Zur Beschaffung nöthiger Ausgaben."

Die Dokumente waren mehrseitig, teilweise vorgedruckt und enthielten rechtliche Formulierung, die uns heute merkwürdig vorkommen:

„Das Großherzogliches Stadtgericht gewährt … nämlich mir Ernst Pasqué Großherzoglichen Hoftheater Oekonomie Inspector zu Darmstadt und mir, dessen Ehefrau Pauline geboren Riesberg zur Bestreitung nöthiger Ausgaben die Summe von 1000 ft. - schreibe Eintausend Gulden in sind deutscher Währung heute dargeliehen und vor Uebergabe, dieser Schuldurkunde bar ausbezahlt hat, so bekennen wir uns nicht nur samt und sonders zum richtigen Empfange dieses Darlehns, sondern versprechen auch die genannte Summe alljährlich mit fünf vom Hundert zu verzinsen und drei Monaten nach der jedem Theile auf einmal freistehender auf Kündigung unzertrennt in grober gangbarer Münzsorte wieder zurückzubezahlen und auf unsere Kosten und Gefahr in des Darleiher Hände zu liefern. Damit der Darleiher hinsichtlich seiner Forderung noch mehr geschert sein möge, verpfänden

---

[41] https://de.wikipedia.org/wiki/Gulden

[42] [RKH] Seite 288.

[43] Hypothekenbuch der Gemarkung Darmstadt Bd. XI, S. 720, Nr. 715.

wir demselben die in den beigehefteten, mit dem gerichtlichen Prüf und Siegel versehenen Anlagen näher beschriebenen auf derer Tapetion der Darleiher versichert hat [44].

Zugleich erkläre ich, die Ehefrau des Ernst Pasqué, geborene Riesberg, daß mich gegen die Uebernahme der durch diese Schuld- und Pfandverschreibung begründeten Verbindlichkeiten keinerlei Einreden, insbesondere auch nicht die dem weiblichen Geschlecht zu gut verordneten Rechtswohltaten, als: des Römischen Rathschlusses und Gesetzes, kraft dessen keine Frauensperson überhaupt für Jemanden, sodann der besonderen Kaiserlichen Verordnung, vermöge deren keine Ehefrau für ihren Ehemann sich mit Bestand Rechstens zu verbürgen vermag, wie auch des der Ehefrauen Brautgabe, Aussteuer und Eingebrachten von allen Uebrigen der Ehemänner Gläubigern und Schulden gestatteten Vorzugsrechtes schützen oder schirmen sollen, indem ich mich aller dieser Einwendungen und Rechtswohlthaten, nachdem mir deren Inhalt gehörig vorgelesen und erklärt, ich auch von den Folgen der desfälligen Verzichtleistung genugsam belehrt worden bin, wissentlich und wohlbedächtlich in bester Form Rechtens begeben habe.

Dessen Allen zu wahrer Urkunde haben wir diese Schuld- und Pfandverschreibung gehörig ausfertigen lassen, unterschrieben und Großherzogliches Stadtgericht um deren Bestätigung sowie um Verfügung der nöthigen Einschreibung in das Hypothekenbuch geziemend ersucht.

So geschehen Darmstadt den 24ten Januar 1871.

Ernst Pasqué
Pauline Pasqué

Zur Beglaubigung

Daß der Ernst Pasqué Großherzoglichen Hoftheater Oekonomie Inspector zu Darmstadt und seine großjährige Ehefrau Pauline geborene Riesberg vorstehende Schuldurkund, auf Vorlesung, genehmigt und eigenhändig unterschrieben haben, wird unter dem Bemerken gerichtlich beurkundet: daß die gedachte Ehefrau den weiblichen Rechtswohltaten, nachdem ihr deren Inhalt gehörig vorgelesen und erklärt, sie auch von den Folgen der desfälligen Verzichtsleistung genugsam belehrt worden war, entsagt hat, welche Vorlesung, Erklärung und Entsagung sie durch ihre nochmalige, nachfolgende eigenhändige Unterschrift bezeugt.

Pauline Pasqué

Darmstadt den 24ten Januar 1871"

Das Grundstück Waldstraße wurde von Pasqué am 13. September 1864 erworben. Damit sind die Fragen für die Gesamtfinanzierung seiner Pensionierung und dem Kauf des Grundstückes in Alsbach und der folgende Villenbau immer noch nicht beantwortet.

Die neue Aufgabe und Leidenschaft: Das Opern-Libretto

Bereits in seinen Jahren als Sänger verfasste er die Libretti für Komponisten, die er kannte. Louis Schindelmeißer (1811-1864) war als Klarinettist tätig, bevor er eine Dirigentenausbildung machte und über Salzburg, Innsbruck, Graz, Berlin, Budapest, Hamburg, Frankfurt und Wiesbaden nach Darmstadt kann, wo er ab 1853 Hofkapellmeister wurde. Für ihn schrieb Pasqué das Libretto zu der Oper „*Melusine*", die am 29.12.1861 in Darmstadt uraufgeführt wurde. Louis Schlösser (1800-1886) war ein jüdischer Gastwirtssohn aus Darmstadt, der später in Darmstadt Hof- und Kammermusikus wurde und ab 1858 Hofkapellmeister des Darmstädter Orchesters war. Für ihn schrieb Pasqué die Oper „*Captain Hector*" und das Märchenspiel „*Die vier Jahreszeiten*",

---

[44] Eingetragen auf Formular Nr. 6 der Obligation im Tagebuch Nr. 243 für die Liegenschaft Ordnungsnummer: 1, Seite und Nummer des Flurbuches: 1/38, Flur: 1, Flächengehalt: 29 $4/10$ Klafter (ca. 185 m²), Classe: 1, Weinertrag: --, Culturart und Gewann: Hofreith, vom 27ten Januar 1871.

das am 02.02.1851 in Darmstadt uraufgeführt wurde. Für den Darmstädter Komponisten Carl Amand Mangold (1813-1889), der mit seiner Oper „*Tanhäuser*", uraufgeführt in Darmstadt am 17.05.1846, nicht so erfolgreich war wie die des gleichaltrigen Kollegen Richard Wagner (1813-1883) mit seiner Oper „*Tannhäuser*", uraufgeführt am 19.10.1845 in Dresden, verfasste Pasqué im Oktober 1890 eine neue Textfassung unter dem Titel „*Der treue Eckart*", welche dann am 17.01.1892 in Darmstadt uraufgeführt wurde. Robert Emmerich (1836-1891) lebte von 1873 bis 1878 in Darmstadt, in dieser Zeit schrieb Pasqué für ihn das Libretto für die Oper „*Der Schwedensee*", die dann am 25.12.1873 in Weimar zur Uraufführung kam.

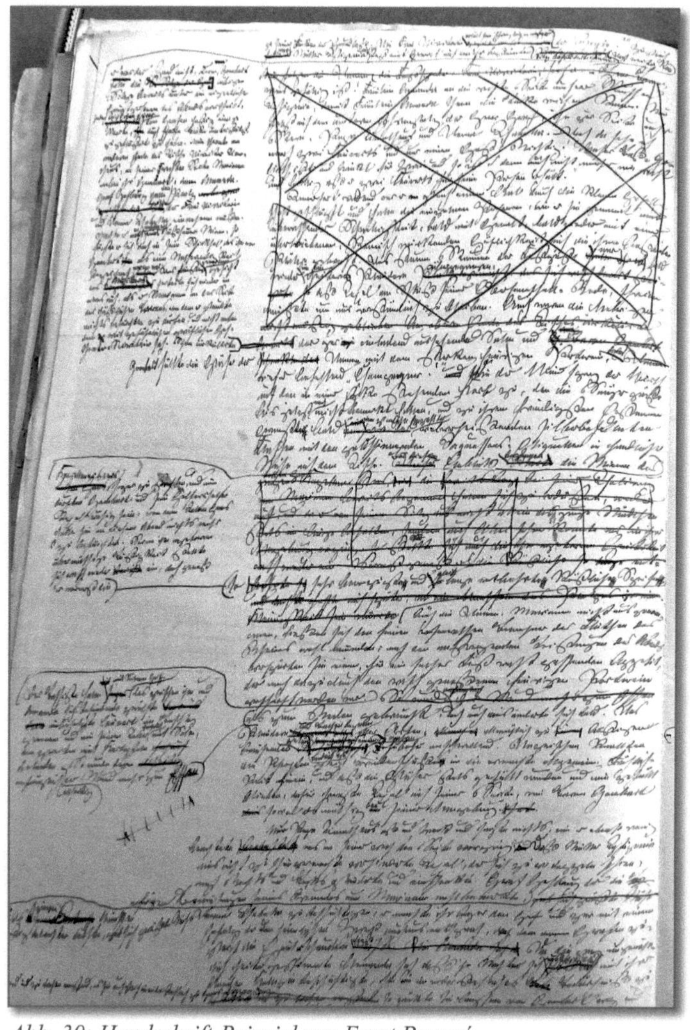

Abb. 30: Handschrift-Beispiel von Ernst Pasqué

In Darmstadt fand die erste Aufführung der Oper am 31.10.1878 statt. Hermann Knispel[45] beschreibt das kurz so: „*Die neue Oper ‚Der Schwedensee' von Ernst Pasqué, Musik von Robert Emmerich, erregte schon deshalb hier ein erhöhtes Interesse, weil der Stoff zum Libretto der nächsten Umgebung Darmstadt's entnommen ist. Das Grundmotiv ist nämlich eine alte Sage, die sich an den etwa eine Stunde von Darmstadt entfernten Kirchbergteich knüpft. Die Musik der Oper ist gut instrumentirt und entbehrt nicht der Charakteristik. Einzelne, besonders hübsche Nummern wurden mit lebhaftem Beifall aufgenommen.*"

In Weimar setzte er die Zusammenarbeit mit Komponisten fort. Für Eduard Lassen (1830-1904) schrieb er die Oper „*Landgraf Ludwigs Brautfahrt*", die zwar in Brüssel nicht angenommen wurde, dem Komponisten aber bei der Aufführung in Weimar die Anstellung als Direktor der Hofmusik im Jahre 1858 verschaffte. Pasqué schrieb ferner die Oper „*Frauenlob*" für ihn, die auch in Weimar zur Aufführung kam. Julius Rietz (1812-1877) war ein aus Berlin stammender Dirigent, Kompositionslehrer und Komponist, für den Pasqué den Text zu der Oper „*Georg Neumark und die Gambe*" schrieb, die dann am 25. Mai 1859 in Weimar am Großherzogliche Hoftheater uraufgeführt wurde.

---

[45] [HKN], Seite 222.

Auch wenn in den jeweiligen Opern die Texte durch Wiederholungen beim Singen den Eindruck vermitteln, kurz zu sein, so umfasst doch im Durchschnitt ein Libretto von Pasqués Hand ca. 30-50 Seiten in gedruckter Form. Die Handschrift Pasqués war sehr fein und klein, die beschriebenen Blätter dicht. Manche sehen aus, wie aus einem Guss ohne viele Änderungen, andere – wie nebenstehendes Beispiel – zeugen von harter Arbeit.

Um einen Eindruck seiner Leistung zu bekommen, hier eine Auflistung seiner Libretti. Soweit recherchierbar mit Daten der Komponisten, Uraufführungsdatum und Uraufführungsort, sowie die Dauer, die Pasqué – nach eigenen Angaben – für die Erstellung benötigte.

Komponist	Werk	Jahr [46]
Conradin Kreutzer (1780-1849)	**Meister Martin der Küfner und seine Gesellen** nicht aufgeführt	1844
Conradin Kreutzer (1780-1849)	**Fridolin oder Der Gang zum Eisenhammer** Oper in drei Akten *Uraufführung: 20.04.1845, Darmstadt*	1845
Conradin Kreutzer (1780-1849)	**Des Sängers Fluch** Große dramatische Szene mit Gesang, Tanz und Tableau in einem Akt *Uraufführung: 27.05.1846, Darmstadt*	1846
Louis Schlösser (1800-1886)	**Captain Hector** Singspiel in einem Akt, 36 Seiten *Uraufführung: 22.02.1850, Darmstadt*	1850
Louis Schlösser (1800-1886)	**Die vier Jahreszeiten** Märchenspiel *Uraufführung: 02.02.1851, Darmstadt* [Anfang: 16.02.1850, Ende: 27.05.1850]	1851
Albert Grisar (1808-1869)	**Herr Schulze, wünsch gute Nacht** (Original: *Bonsoir, monsieur Pantalon*, 1851, Paris) [(*) 47] Komische Oper in einem Akt.	1851
Ferdinand David (1810-1873)	**Hans Wacht** Komische Oper in 3 Akten, 46 Seiten *Uraufführung: 18.09.1852, Leipzig*	1852
Adolphe Adam (1803-1856)	**Die Nürnberger Puppe** (Original: *La poupée de Nuremberg*, 21.02.1852 Paris) [(*)] Komische Oper in einem Akt, 28 Seiten *Uraufführung: 26.11.1852, Berlin; 28,04.1895, Darmstadt*	1852
Joseph Friedrich Müller (1820-1854)	**Roland von Toggenburg** Oper *Uraufführung: November 1853, Lemberg*	1853
Carl Heinrich Adolf Reiss (1829-1908)	**Otto der Schütz** Oper in 4 Akten, 40 Seiten *Uraufführung: 24.01.1856, Mainz*	1856

---

[46] Ein PDF weist darauf hin, dass es zu diesem Text im Internet ein entsprechendes Dokument mit dem Originaltext (Libretto) von Ernst Pasqué kostenfrei zu nutzen gibt.

[47] (*) gibt an, dass es eine Übersetzung aus dem Französischen ist.

Komponist	Werk	Jahr [46]
Eduard Lassen (1830-1904)	**Landgraf Ludwigs Brautfahrt** Romantische Oper in 4 Akten, 36 Seiten *Uraufführung: 10.05.1857, Weimar*	1857
Mihály Mosonyi **(Michel Brand)** (1815-1870)	**Kaiser Max auf der Martinswand** nicht aufgeführt	1857
Julius Rietz (1812-1877)	**Georg Neumark und die Gambe** Oper in einem Akt, 151 Seiten *Uraufführung: 25.05.1859, Weimar*	1859
Eduard Lassen (1830-1904)	**Frauenlob** Romantische Oper in drei Aufzügen, 36 Seiten *Aufführung: 22.05.1859, Weimar*	1859
Louis Schindelmeißer (1811-1864)	**Melusine** Große romantische Oper in vier Akten (mit Ballett), 46 Seiten *Uraufführung: 29.12.1861, Darmstadt*	1861
Ernest Reyer (1823-1909)	**Die Statue** (Originaltitel: *La statue*, 11. April 1861, Paris) [*] Komische Oper in drei Akten, 78 Seiten *Aufführung: 10.04.1864, Weimar; 13.05.1864, Darmstadt*	1861
Félicien-César David (1810-1876)	**Lalla Roukh** (Originaltitel: *Lalla-Roukh*, 12.05.1862, Paris) [*] Komische Oper mit Ballett in zwei Akten, 45 Seiten *Aufführung: 06.03.1891, Stuttgart*	1863
Charles Gounod (1818-1893)	**Die Königin von Saba** (Originaltitel: *La reine de Saba*, 1862) [*] Oper in fünf Akten, 36 Seiten *Erstaufführung: 25.01.1863, Darmstadt*	1863
Ernest Reyer (1823-1909)	**Herostrat** (Originaltitel: *Erostrate*, 21.08.1862, Baden-Baden) [*] Oper in zwei Akten, 23 Seiten	1864
Louis-Aimé Maillart (1817-1871)	**Lara** (Originaltitel: *Lara*, 1864) [*] Oper in 3 Akten mit Tanz, 73 Seiten *Uraufführung: 23.04.1865, Darmstadt*	1864
Charles Gounod (1818-1893)	**Mireille** (Originaltitel: *Mireille*, 1864) [*] Oper in 4 Akten, 47 Seiten	1864
Johann Joseph Abert (1832-1915)	**Astorga** Romantische Oper in drei Akten, 54 Seiten *Uraufführung 27.05.1866, Stuttgart*	1865
Ferdinand von Hiller (1811-1885)	**Der Deserteur, op. 120** Ernste Oper in 3 Akten, 48 Seiten *Uraufführung 14.02.1865, Köln*	1865
François-Auguste Gevaert (1828-1908)	**Capitaine Henriot** (Originaltitel: *Le Capitaine Henriot*, 29.12.1864) [*] Komische Oper in 3 Akten	1866
Willem Frans Thooft (1829-1900)	**Aleida von Holland** Romantische Oper in 3 Akten, 40 Seiten *Uraufführung: 10.03.1866, Rotterdam*	1866

Komponist	Werk	Jahr [46]
Daniel-François-Esprit Auber (1782–1871)	**Der erste Glückstag** (Originaltitel: *Le premier jour de bonheur*, 15.02.1868) [(*)] Komische Oper in drei Akten, 74 Seiten *Aufführung: 06.03.1879; Stuttgart* [Anfang: 02.04.1868, Ende: 30.05.1868]	1868
August Conradi (1821-1873)	**Aschenbrödel oder Der gläserne Pantoffel** Märchenoper in 5 Akten *Uraufführung:17.10.1868, Berlin*	1868
Jaques Offenbach (1819-1880)	**Robinson** (Originaltitel: *Robinson Cruso*é, 1867) [(*)] Komische Oper in 3 Akten und 5 Szenen Umarbeitung [Ende: 20.06.1868]	1868
Felix Hochstätter (1813-1877/78)	**Elsa oder Das Lied der Mutter** Eine Oper in drei Akten, 48 Seiten *Aufführung: 30.05.1869, Stuttgart* [Anfang: 20.09.1866, Ende: 08.03.1867]	1868
Wenzel Wilhelm Steinhart (1819-1899)	**Minister und Räuber** Komische Oper Aufführung: 1868, Magdeburg	1868
August Conradi (1821-1873)	**Schneewittchen** Märchenoper in 4 Akten und 30 Bildern *Uraufführung: 1869, Berlin*	1869
Georg Banger (1829-1892)	**Fest-Spiel zum 7. November 1869** *Der fünfzigjährigen goldenen Jubelfeier des Groß- herzoglichen Hoftheaters, 21 Seiten.*	1869
August Conradi (1821-1873)	**Das Wunderhorn op. 121** Zaubermärchen in vier Akten	1870
Wenzel Wilhelm Steinhart (1819-1899)	**Hero und Leander** Komische Oper in drei Akten, 70 Seiten *Uraufführung: 23.02.1868, Magdeburg* [Anfang: 22.08.1871, Ende: 21.09.1871]	1871
Gottfried Linder (1842-1918)	**Dornröschen** Romantische Oper in drei Akten, 55 Seiten *Uraufführung: 01.01.1872, Stuttgart* [Anfang: 14.07.1868, Ende: 26.07.1868]	1871
August Conradi (1821-1873)	**Faust und die schöne Helena** Deutsche Sage mit Gesang und Tanz in 4 Akten und 12 Bildern *Uraufführung: 1873, Viktoria-Theater, Berlin*	1873
Gottfried Linder (1842-1918)	**Konradin von Schwaben** Oper, 36 Seiten *Uraufführung: 19.01.1879, Stuttgart* [Ende: 15.04.1874]	1874
Robert Emmerich (1836-1891) *Widmung*: Carl Alexander Großherzog von Sachsen-Weimar-Eisenach	**Der Schwedensee** Romantische Märchenoper in drei Akten, 45 Seiten *Uraufführung: 25.12.1873, Weimar* [Anfang: 08.08.1872, Ende: 06.09.1872]	1874
Friedrich Marpurg (1825-1884)	**Agnes von Hohenstaufen** Romantische Märchenoper in drei Akten, 45 Seiten *Uraufführung: 14.03.1874, Freiburg im Breisgau*	1874

Komponist	Werk	Jahr [46]
G. Dahlwitz [48] **(Pseudonym)**	**Galilei** Große Oper in fünf Akten, 48 Seiten *Uraufführung: 25.12.1876, Coburg* [Anfang: 08.07.1869, Ende: 15.01.1874]	1875
Robert Emmerich **(1836-1891)**	**Van Dyck** Oper in drei Akten, 60 Seiten. *Uraufführung: 13.03.1875, Schwerin* *Aufführung: 06.03.1881, Stuttgart* [Anfang: 20.03.1874, Ende: 20.05.1874]	1875
Johann Joseph Abert **(1832-1915)**	**Ekkehard** Eine Oper in 5 Akten, 29 Seiten. [Anfang: 16.01.1876, Ende: 29.02.1876]	1878
Anton Grigorjewitsch Rubinstein **(1829-1894)**	**Nero** (Originaltitel: *Nero*) [*] Große Oper in vier Akten und 8 Bildern, 53 Seiten *Uraufführung: 1.11.1879, Hamburg*	1878
Wilhelm Freudenberg **(1838-1928)**	**Prinzessin Ilse** Eine Oper.	1880
Wilhelm Freudenberg **(1838-1928)**	**Kleopatra** Eine Oper in vier Akten, 74 Seiten *Uraufführung: 12.01.1882, Magdeburg* [Anfang: 10.07.1877]	1880
Wilhelm Freudenberg **(1838-1928)**	**Die Mühle im Wisperthal** Eine komische Oper in drei Akten, 40 Seiten *Uraufführung: 21.01.1883, Magdeburg* [Anfang: 05.05.1879, Ende: 15.06.1879]	1883
Ferdinand Langer **(1839-1905)** unter Benutzung von Kompositionen von **Carl Maria von Weber** **(1786-1826)**	**Silvana** Oper in drei Aufzügen nebst einem Prolog und Epilog (Neufassung), 47 Seiten *Uraufführung (1. Fassung): 16.09.1810, Frankfurt* *Aufführung (Neufassung): 11.10.1885, Darmstadt;* *06.03.1886, Stuttgart*	1884
Ferdinand Langer **(1839-1905)**	**Die schöne Melusina** Ein Märchenspiel in 4 Akten und 10 Bildern, mit Musik und Tanz	1885
August Klughardt **(1847-1902)**	**Die Hochzeit des Mönchs** Oper in vier Akten, 51 Seiten *Uraufführung: 19.11.1886, Dessau*	1886
Luigi Cherubini **(1760-1842)**	**Der Wasserträger** (Originaltitel: *Les deux journées*, 16.01.1800, Paris) [*] Eine Oper in drei Akten und einem Vorspiel, 80 Seiten [Anfang: 25.02.1884, Ende: 03.04.1884]	1891

---

[48] Laut Pressemitteilungen nach der Aufführung im Jahre 1876 in Coburg wird das Werk einem Prinzen zugeschrieben, eventuell Herzog Ernst II. von Sachsen-Coburg-Gotha (1818-1893) oder Carl Alexander Großherzog von Sachsen-Weimar-Eisenach (1818-1901). Die Autorenschaft des Herzogs Ernst II. von Sachsen-Coburg-Gotha ist insofern zusätzlich wahrscheinlich, als dessen Oper „Santa Chiara" im Spielwinter 1856/57 am Darmstädter Hoftheater gegeben wurde. Über die Inszenierung dürfte Pasqué möglichweise mit ihm in Kontakt gekommen sein.

Komponist	Werk	Jahr [46]
Carl Amand Mangold **(1813-1889)**	**Tanhäuser** Oper in 4 Akten, 58 Seiten *Uraufführung (1. Fassung): 17.05.1846, Darmstadt* **Neuer Titel: Der treue Eckart** *Neu-Aufführung (2. Fassung): 17.01.1892, Darmstadt* [Ende: Oktober 1890]	1892
Carl Alexander Raida **(1852-1923)**	**Frau Venus** Modernes Märchen in drei Aufzügen, 104 Seiten *Aufführung: 24.09.1899, Würzburg*	1893

Tabelle 5: Vollständige Libretti von Ernst Pasqué [49]

Burkhard Sauerwald [50] berichtet in einer umfangreichen Analyse über die Zusammenarbeit von Pasqué mit Conradin Kreutzer über die Oper „*Des Sängers Fluch*" im Jahre 1846, die vermutlich ein einziges Mal in Darmstadt aufgeführt wurde. Für den Inhalt des Librettos verwendete Pasqué die Ballade „*Des Sängers Fluch*" von Ludwig Uhland (1787-1862), die schon Robert Schumann (1810-1856) zuvor vertont hatte. Es zeigt beispielhaft, wie Pasqué einen Stoff zu einem Libretto umarbeitete bzw. erstellte und diesen dann mit dem Komponisten zu einem Werk formte.

Pasqué verstand sich zu verkaufen. Am 7. Mai 1885 schloss er mit dem Berliner Musikverlag *Ed. Bote & G. Bock* einen Vertrag. Er soll den Stoff der 1884 von Conrad Ferdinand Meyer (1825-1898) geschriebenen Novelle „*Die Hochzeit des Mönches*" bis Ende des Jahres in ein Opernlibretto umsetzen. Der Verlag könne es dann verschiedenen Komponisten zum Schreiben einer Oper geben, alle Rechte gingen an den Verlag. Pasqué erhielt dafür die Summe von 2.000 Mark (ca. 17.000 €). Im Jahr darauf erstellt August Klughardt die neue Oper, die dann am 19.11.1886 in Dessau uraufgeführt wurde.

In der Schule haben Sie wahrscheinlich den „*Faust*" von Johann Wolfgang von Goethe gelesen, eventuell einmal auf der Bühne erlebt. Ein Opern-Libretto liest meist niemand freiwillig, außer Musikwissenschaftler. Nur im sängerischen Ausdruck oder als Obertitel in einer anderen Sprache wird der Text lebendig. Dieses Schicksal erging auch Pasqué. Wenn seine Bücher auf dem damaligen Markt sehr erfolgreich waren, seine Libretti las kaum jemand, obwohl diese auch als gedruckte Versionen zur Verfügung standen. Deshalb fällt es heute noch schwer, deren literarischen Wert zu beurteilen. Wenngleich sich seit dem Barock in dieser Hinsicht viel getan hat und der Text nicht nur Kopfschütteln verursacht, so macht das Lesen allein meist keinen Spaß.

Waren im 18. Jahrhundert noch Librettisten wie Lorenzo Da Ponte – vor allem bekannt aus seinen Mozart- und Salieri-Operntexten – dem Komponisten im Ansehen in etwa gleichgestellt,

---

[49] Stand der auffindbaren Werke: März 2024, Aufführungsdaten so weit in Internet recherchierbar, Seitenzahlen der deutschen Texte ungefähr mit Titelblatt; erste Aufführung so weit ermittelbar.
[50] [BSA], Seiten 134-139.

wurden die Librettisten im 19. Jahrhundert zunehmend zum Handlanger der Komponisten, die nicht selten Einfluss auf die Texte nahmen oder sogar genaue Vorschriften für deren Erstellung erließen. Ähnlich war es auch mit der Bezahlung: Kaum ein Librettist konnte mehr von seinen Einnahmen leben, es verminderte sogar oft sein Renommee für andere literarischen Produkte. Bekamen die Komponisten bei der Wiederaufführung ihrer Werke an verschiedenen Spielstätten weiter Tantiemen, so gingen die Librettisten meist leer aus. Ihre Werke wurden auch nicht gedruckt, beziehungsweise nur zusammen mit den Noten, als der notwendige Stimmenbeitrag. Manchmal ließen die Intendanten die Texte drucken und verkauften sie an der Theaterkasse zum Mitlesen während der Vorstellung. Wurden im 18. Jahrhundert die Librettisten vor dem Komponisten genannt, so drehte sich im 19. Jahrhundert das Verhältnis insoweit um, als dass die Librettisten nach den Komponisten und in viel kleinerer Schrift genannt wurden.

Ab 1865 wurde gesetzlich festgelegt, dass der Librettist weder ein Urheberrecht noch ein Aufführungsrecht besaß. Vor diesem Hintergrund kann man verstehen, dass das Schreiben von Libretti für Pasqué nie zur Haupteinnahmequelle wurde, sondern stets eine Zusatzbeschäftigung war, die ihn in den Anfangsjahren ermunterte, sich später dem Schreiben überhaupt zu widmen. Hinzu kommt, dass das, was wir heute Urheberrecht nennen, im 19. Jahrhundert erst erfunden wurde. So waren Komponisten und Librettisten meist Angestellte bzw. Diener ihrer Herrschaften und hatten sie nach Abgabe ihrer Werke keinerlei Rechte daran – weder auf Einwirken einer Aufführung noch auf Veränderungen oder Druck. Beginnend in Frankreich änderte sich dies langsam mit Napoleon, bevor es ab 1870 im gesamten Deutsche Reich zu einer einheitlichen Gesetzesregelung kam, die den Schutz der Komposition und des zugrundeliegenden Textes beinhaltete. Aber auch hier hieß das nicht, dass der Librettist einen gerechten Anteil bekam. Lange wurde auch darüber gestritten, wie es mit Übersetzungen zu halten wäre – Pasqué hat ja mehrere Werke aus den Französischen ins Deutsche übersetzt – und inwieweit literarische Vorlagen wie Dramen von Dichtern ohne Tantiemen als Vorlage für ein Opernlibretti zu nutzen waren.

In ähnlicher Weise wie Pasqué erging es dem Italiener Antonio Ghislanzoni (1824-1893), der auch als Sänger im Baritonfach ausbilden ließ und 1846 am Lodi-Theater in der Lombardei sein erstes Engagement bekam. Er verlor aber, wie Pasqué, seine Stimme nach drei Jahren und schrieb für Zeitungen und Gazetten sowie insgesamt 85 Libretti, darunter für die Opern *„Aida"* und *„La forza del destino"* für Giuseppe Verdi. In Frankreich erlebte Eugène Scribe (1791-1861) mehr Erfolge als Librettist, da er diese an uns heute noch bekannte Komponisten an den Mann bringen konnte, wie beispielsweise an Giacomo Meyerbeer mit den Opern *„Les Huguenots"* und *„L'Africaine"* sowie an Daniel-François-Esprit Auber mit der Oper *„La muette de Portici"*.

Es lassen sich handschriftliche Dokumente, aus denen sich unvollendete Libretti erlesen lassen. Pasqué schien unendlich viele Ideen zu neuen Stücken zu haben, sein Altersruhesitz in Alsbach war daher alles andere als nur ruhig.

Zu den vollendeten Libretti lassen sich leider weder auf www.amazon.com noch auf www.spotify.com eingespielte Werke nachweisen. Nur für die von Ernst Pasqué aus dem Französischem ins Deutsche übersetzte Opern sind französische Musikaufnahmen verfügbar. Allein für diese vollendeten Libretti summiert sich die Anzahl der Seiten auf über 1.300 Seiten [51], geschrieben in den Jahren 1846 bis 1892. Daneben finden sich auch immer wieder seine Kommentare zum jeweils aktuellen Musikgeschehen in Darmstadt. Als in der Spielzeit 1856/57 für das Hoftheater [52] *„Die Sizilianische Vesper"* von Giuseppe Verdi mit den meisterhaften Dekorationen von August Schwedler und den szenischen Einrichtungen von Carl Brandt (1828-1881) eingerichtet wurde, schrieb Pasqué darüber:

„Es war bis dahin wohl die schönste künstlerische Leistung der deutschen Bühnen -Maschinenkunst, sie wird Jedem unvergeßlich sein, der sie gesehen. Besonders entzückte das Erscheinen des Frühlings aus der Höhe der Scene, dessen Nahen sich durch die zur Erde niederflatternden Blüthen und Blumen ankündigte, ein wahrhaft poetischer Gedanke in vollendeter Ausführung. "

Im Nachlass von Pasqué finden sich zahlreiche Dokumente, deren Inhalt unfertig wie unterbrochen aussehen und manche, zu denen sich keine Ergebnisse in gedruckter Form finden lassen. Pasqué ist in diesem Sinne zu rasch aus dem Leben geworfen worden, da gab es für ihn, der noch so viele Ideen hatte, nicht mehr genug Zeit für die Vollendung seiner Ideen. Die folgende Tabelle zeigt diejenigen Werke an, die sich in diesem Sinne in seinem Fundus noch identifizieren lassen:

---

[51] Gezählt aus gedruckten Werken einschließlich Cover und Vorseiten.
[52] [HKN], Seite 144.

Werk	Komponist / Entstehung	Status [53]
Das Rosenwunder (zu Hildesheim) *Romantische Oper in 3 Akten, mit teilweiser Benutzung einer Sage*		U
Das Schloß am Rhein *Oper in einem Aufzug*		H
Der Frühling *Ein Märchen in 1 Akt, mit Gesang und Tanz*		H
Der Glücksjäger *Ein Volksstück mit Gesang*		H, U
Der Schwedensumpf	Anfang: 08.08.1872, Ende: 06.09.1872	H
Die beiden Franze Erlebnisse unter Franz Liszt und Franz Dingelstedt in Weimar		U
Friedrich Wilhelm, der Große Kurfürst *Oper in 4 Akten*		H
Johann von Braganza *Oper in 4 Aufzügen*		H
Johann von Werth *Oper in 3 Akten*	Für Gustav Schmidt (1816-1882) Oktober/November 1864	U
Kaiser Conrad II. *Romantische Oper in vier Akten*	Anfang: 17.08.1879, Ende: 20.08.1879	H
Klein-Roland *Operette in einem Akt*	Für Conradin Kreutzer (1780-1849) Anfang 1846	V
Rübezahl *Oper in 3 Akten*	Für Wilhelm Speidel (1826-1899)	U
Stahleck *Oper in 3 Akten*		H
Trepsichore oder die Muse der Tanzkunst *Ein romantisch-historisches Ballett in drei Abteilungen und neun Bildern*	Anfang: 18.6.1851, Ende: 02.06.1890	H, U

Tabelle 6: Unvollendete und handschriftliche Libretti sowie verschollene Werke

Für die große Oper „*Galilei*", die keinem bekannten Komponisten zugeordnet werden konnte, existiert jedoch in Pasqués Nachlass ein gedrucktes Telegramm vom 12. März 1876:

---

[53] H = handschriftlich, U = unvollendet, V = verschollen

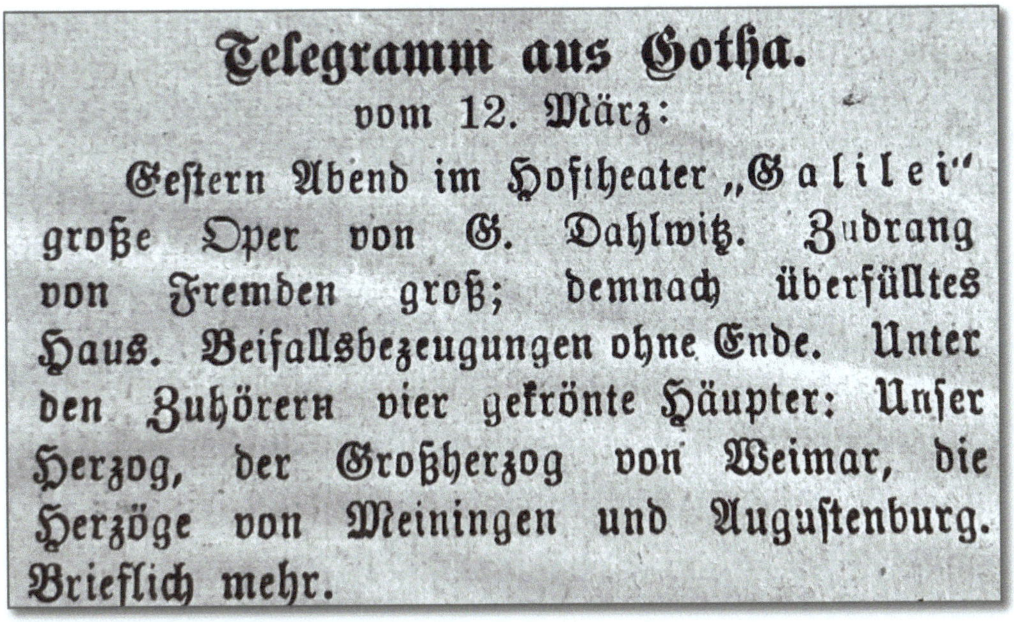

> **Telegramm aus Gotha.**
> vom 12. März:
> Gestern Abend im Hoftheater „Galilei"
> große Oper von G. Dahlwitz. Zudrang
> von Fremden groß; demnach überfülltes
> Haus. Beifallsbezeugungen ohne Ende. Unter
> den Zuhörern vier gekrönte Häupter: Unser
> Herzog, der Großherzog von Weimar, die
> Herzöge von Meiningen und Augustenburg.
> Brieflich mehr.

Abb. 31: Telegramm aus Gotha vom 12.03.1876

Darin wird die Anwesenheit von vier gekrönten Häuptern erwähnt, u.a. des Großherzogs Ludwigs III. von Hessen und bei Rhein. Allein dadurch erscheint die Spur nach dem Verfasser der Musik in Richtung der hochherrschaftlichen Vertreter wahrscheinlicher.

Die Nebenjobs: Regisseur, Theaterleiter, Finanzjongleur

Neben seinem Job als Sänger betätigte er sich auch als Regisseur. Zumindest in Aachen und Weimar finden wir ihn in dieser Aufgabe. Dass dies nicht immer nur ein Zuckerschlecken war, berichtet er selbst in *„Nord und Süd. Eine deutsche Monatsschrift"* aus dem Jahr 1884 in einem Artikel über Richard Wagner. In Weimar, unter der Direktion von Franz Liszt (1811-1886, musikalische Direktion) und Franz von Dingelstedt (1814-1881, Generalintendant) , führte er Regie in der Oper *„Der Barbier von Bagdad"* von Peter Cornelius (1824-1874). Leider strich ihm der Generalintendant alle Gelder für eine geeignete Ausstattung, verbietet ihm vorhandenes, altes Material zu verwenden. Pasqué widersetzte sich und sorgt für Cornelius für eine passende Dekoration auf der Bühne. Er wurde von dem Generalintendanten zur Rede gestellt:

„Herr Regisseur, Sie haben also doch gegen meinen Befehl gehandelt und eine neue Kiste anfertigen lassen?" – „Verzeihen Sie, Herr General-Intendant, es war altes Material, eine vorhandene Haferkiste, die ich herrichten ließ," entgegnete ich. –„Die Haferkiste wäre für die Scene gut genug gewesen. Ich werde Sie für jede Ausgabe, und wenn Sie nur auf Groschen lauten wird, verantwortlich machen." – „Wie Sie es für gut finden, Herr General-Intendant, ich werde den Betrag zahlen." – „Und die Strafe dazu, welche ich Ihnen für Ihre Widerseßlichkeit dictiren werde." –„Das will ich abwarten und werde dann wissen, was ich zu thun und wohin ich mich zu wenden habe."

„Das will ich abwarten und werde dann wissen, was ich zu thun und wohin ich mich zu wenden habe." [54]

Damit endet das sonderbare Gespräch und der Bühnen-Tyrann entfernt sich. Doch nichts veränderte sich, Dingelstedt begnügte sich mit dem durch die Oper selbst erzielten Erfolg.

Zum Jubiläumsfest des Bestehens des Hoftheaters am 10. November 1859 verfasste Pasqué einen Prolog, welcher der Opernaufführung der Oper „*Titus*" von Wolfgang Amadeus Mozart vorangestellt wurde. [55] Auch dabei blieb Pasqué nicht stehen. Um die soziale Lage der Mitarbeiter am Hoftheater zu verbessern, gründete Pasqué am 1.1.1866 einen Spar-, Spiel- und Darlehnsverein auf Aktienbasis für alle Angehörige des Hoftheaters und der Hofmusik gegründet.

Zettel der ersten Aufführung.
DARMSTADT.
Grossherzogliches Hoftheater.
Sonntag, den 17. Mai 1846.
10. Vorstellung in der achten Abonnements-Abtheilung.
Zum Erstenmale:
Tanhäuser.
Große romantische Oper in 4 Aufzügen.
Dichtung von Eduard Duller, Musik von Karl A. Mangold.

Personen.

Tanhäuser, Ritter und Minnesänger . Herr Breiting.
Eckhard, sein Dienstmann . . . . . Herr Reichel.
Innigis, Eckhards Tochter . . . . . Mad. Pirscher.
Urbanus, Patriarch von Jerusalem . . Herr Pasqué.
Venus . . . . Dem. Neukäufler.
Amor . . . . Kath. Vogel.
Ein Harfner . . . . Herr Birnstill.
Anführer der Wallfahrer . . . Herr Döring.

Burggesinde. Jäger. — Bürger von Eisenach, ihre Frauen und Kinder. — Wallfahrer. — Die Gemeinde zu Jerusalem; Mönche. — Mänaden; Nymphen und Grazien, heidnische Götter und Heroen im Hörselberge; Berggeister.

Die Handlung spielt im ersten Akt in Thüringen, vor Tanhäusers Burg, im Wald vor dem Hörselberg, und auf einer Wiese vor den Thoren von Eisenach; im zweiten Akt: im Inneren des Hörselberges und vor demselben; im dritten Akt: in Jerusalem, und zwar im Inneren der Hauptkirche; im vierten Akt wieder in Thüringen, an der Gränze dieses Landes und vor dem Hörselberg.

Die Arrangements im Zauberberg, Tänze, Gruppirungen und Tableaux, sind von Herrn Balletmeister Tescher.

Actus I. Nr. 1. Zug der Mänaden, Nr. 2. der Ringelreih'n, Kindertanz und Spiel, bei dem Volksfest.
Actus II. Phantastisch-idealische Scene, mit Tänzen und Gruppirungen der Gnomen, Nymphen und Grazien, ausgeführt vom Sänger- und Ballet-Personale. Die Solis getanzt von dem Anführer der Gnomen Herrn Dornewaß. Erste der Nymphen Dem. Dittmann II. Erste der Grazien Vogel II.
Actus IV. Schluß Tableau, das Wiedersehen darstellend.

Beurlaubt: Mad. Marlow.

Preise der Einlaß-Billets:

Logen der ersten Reihe	1 fl. 12 kr.	Sperrsitze	1 fl. — kr
Logen der zweiten Reihe	1 fl. — „	Parket	— 48 „
Logen der dritten Reihe	— 36 „	Parterre	— 36 „
Große Fremdenloge	— 42 „	Erste Gallerie	— 24 „
		Zweite Gallerie	— 12 „

Einlaß-Billets sind am Tage der Vorstellung Vormittags von 8 bis 11 Uhr und Nachmittags von 1 bis 3 Uhr in der Wohnung des Großherzoglichen Hoftheaterkassiers Lipp Bleichstraße Lit. F. Nr. 106, sodann des Abends an der Kasse zu haben, sind aber nur für die Vorstellung gültig, für welche sie gelöst sind.

Anfang um halb 7 Uhr, Ende gegen 10 Uhr.
Die Kasse wird um 5 Uhr geöffnet.

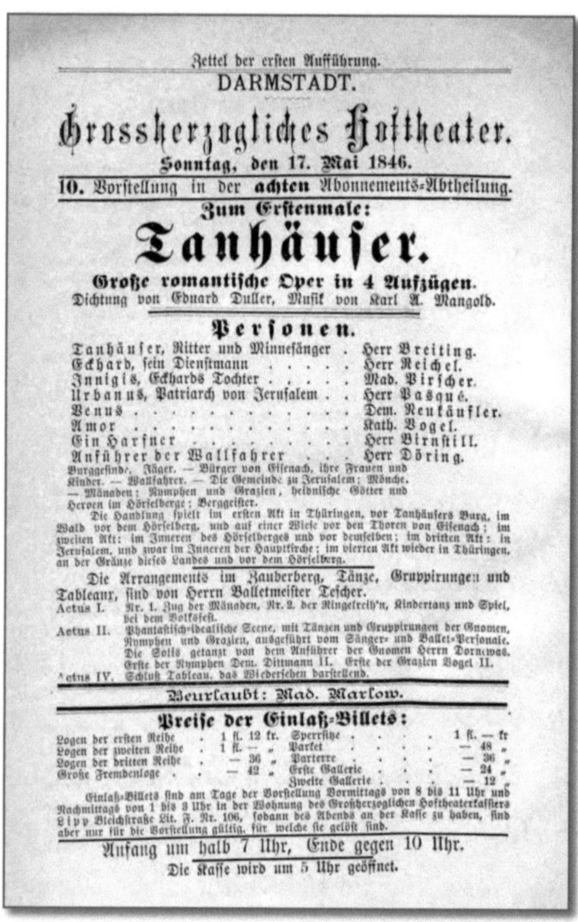

Abb. 33: Oper „Tanhäuser" am 17.05.1846 in Darmstadt

Ferner richtete Pasqué auch Libretti anderer Schriftsteller für den Gebrauch am Hoftheater ein bzw. gab sie in Druck, so z.B. die Oper „*Tanhäuser*" des Darmstädter Komponisten Carl Amand Mangold (1813-1889) für die Erstaufführung am 17. Mai 1846.

Der nebenstehende Zettel der Erstaufführung in Darmstadt am Großherzoglichen Hoftheater ist vor allem deshalb besonders, weil wir Pasqué in der Rolle des „*Urbanus*" dort wiederfinden. Er war also bereits zu dieser Zeit auf vielfältige Weise im Musikgeschäft etabliert. Ein Sänger, der den Text seiner Opern-Rolle selbst geschrieben hatte, ein Unikat.

In der Partitur ist auf Seite 8 folgendes vermerkt:

Nach Uebereinkunft mit den Erben des 1889 verstorbenen Komponisten, ertheilt jede weitere Auskunft über Partitur und Textbuch, der Herausgeber Ernst Pasqué.
Alsbach, bei Zwingenberg an der Bergstraße.

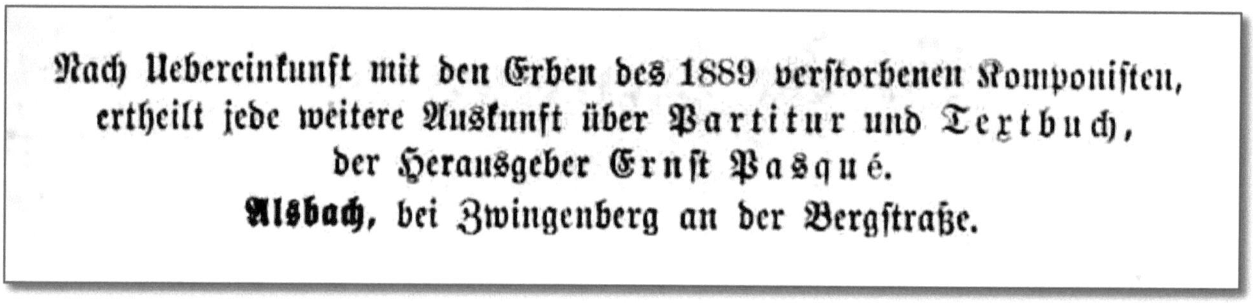

Abb. 32: Libretto-Eintrag im "Tanhäuser" von Carl Amand Mangold

[54] eben dort, Seite 110.
[55] [HKN], Seite 152.

Übersetzungen – meist aus dem Französischen – gibt es für Werke von Louis-Etienne-Ernest Reyer (1823-1909), Charles Gounod (1818-1893), Daniel-François-Esprit Auber (1782–1871), Adolphe Adam (1803-1856) sowie Luigi Cherubini (1760-1842).

Auch schien Pasqué bereits in frühen Jahren geahnt zu haben, dass seine Karriere als Sänger früher zu Ende sein könnte als beabsichtigt. In seinem Gastspiel in Aachen im Jahre 1852 finden wir ihn dort erstmalig in dem Schauspiel „*Sie ist wahnsinnig!*" von Franz August von Kurländer (1777-1836) als Doktor Ollford. In den Kritiken jener Zeit ist oft zu lesen, dass er nicht nur durch seine Gesangskunst die Menschen berührte, sondern auch durch seine ausdrucksvollen Darstellungen der Rollen, was ihm im Schauspiel auch half, Inhalt und Charakterzüge auf die Bühne zu bringen.

Erst in den Jahren 1856-1859 jedoch, als er in Weimar weilt, finden wir ihn neben 44 Einsätzen in Opernrollen ebenso in 40 Rollen im Sprechtheater wieder. Die Opernrollen hatte er fast alle zuvor bereits in Darmstadt und anderswo im Repertoire gehabt, die Rollen im Schauspiel hingegen sind neu für ihn. Unter den Namen der Autoren finden sich auch heute bekannte Größen wie Friedrich Schiller (1759-1805), Johann Wolfgang Goethe (1749-1832), Gotthold Ephraim Lessing (1729-1781) oder William Shakespeare (1564-1616). Daneben aber auch Namen, die heute kaum jemand kennt. Am Hoftheater Weimar wurde im Gegensatz zum Hoftheater zu Darmstadt Sprech- und Musiktheater gleichwertig gepflegt. Auch hier finden wir Stücke, die sicher auf persönliche Beziehung der Autoren zum Hof und den Theaterdirektoren zurückgehen. Hier eine kleine Auswahl:

Werk	Dichter	Rolle
Narziß	Albert Emil Brachvogel (1824-1878)	Grimm
Landgraf Friedrich mit der gebissenen Wange	Alexander Rost (1816-1875)	Martin, ein Fuhrmann
Nacht und Morgen	Charlotte Karoline Birch-Pfeiffer (1800-1868)	Lord Robert Beaufort
Steffen Langer von Slogan	Charlotte Karoline Birch-Pfeiffer (1800-1868)	Schermontoff
Demetrius	Ferdinand Gustav Kühne (1806-1888)	Boris Godunow
Martin Luther oder Die Weihe der Kraft	Franz von Dingelstedt (1814-1881)	Friedrich der Weife, Kurfürst von Sachsen

Werk	Dichter	Rolle
Das Testament des großen Kurfürsten	Gustav Gans zu Putlitz (1821-1890)	Marquis de Gravelle, frz. Gesandter
Robert und Bertram oder Die lustigen Vagabunden	Gustav Raeder (1810-1868)	Strambach, Gefängniswärter, Invalide
Heinrich von Schwerin	Gustav von Meyern-Hohenberg (1820-1878)	Radulf von Barmstede
Die Anna-Lise	Hermann Hersch (1821-1870)	Marquis de Chalisac
Deborah	Salomon Hermann Mosenthal (1821-1877)	Der Krämer
Günther von Schwarzenburg	Theodor Apel (1811-1867)	Enno von Falkenstein
Bernhard von Weimar	Wilhelm Genast (1822-1887)	Oberst von Erlach

Tabelle 7: Pasqués Rollen im Schauspiel in Weimar

Es fällt auf, dass die Dichter alle aus der Altersgruppe vor und um Pasqué stammen, wir würden sie heute als aktuelle Autoren bezeichnen. Dabei ist das Genre breit gefächert, vom Trauerspiel über die Tragödie und Lustspiel zu Zaubermärchen und Lokalpossen. Aufgrund der vorhandenen Theaterzettel in Pasqués Vermächtnis lässt sich natürlich nicht genau feststellen, wie viele Vorstellungen er letztendlich genau gegeben hat. Es liegt jedoch die Vermutung nahe, dass er die Rollen jeweils nur 1–3-mal gegeben hat. Was für eine Leistung. Noch vor seinem 40. Geburtstag hat er Erhebliches geleistet. Ob zu dieser Zeit seine Familie – seine Frau und die beiden ersten Kinder – mit in Weimar residierten, ist noch eine offene Frage. Im Frühjahr 1959 sang und schauspielerte in Weimar, obwohl das Ende des Engagements dort näher rückte. In dieser Zeit wird auch seine Tochter Luise gezeugt, die am 21.01.1860, dann wieder in Darmstadt, das Licht der Welt erblickte.

Der Rückzug ins Private

Pasqué für andere Menschen und Musik eingesetzt hat. Sein Französisch muss sehr gut gewesen sein, ein Relikt aus seinen frühen Tagen in Paris. Vielleicht hat er – wie viele Menschen in jungen Jahren – mit seinem Namen gespielt, ihn erforscht. Woher kommt er im Französischen, wer hat ihn getragen, was sind meine Vorfahren? Und ist dabei auf die beiden Silben „*pas*" und

„*que*" des Französischen gestoßen: „*nicht nur*". Eben nicht nur Musiker zu sein, sondern auch Schriftsteller.

Der Postbote musste vielleicht bis zu zehn Briefe jeden Tag bei ihm in die Villa „*Geyersberg*" mit Korrespondenz und Papierstapeln abliefern und mitnehmen. Und Pasqué nutzte dafür sogar eigenes Briefpapier, mehrere Varianten sind erhalten:

Abb. 34: Briefkopf von Ernst Pasqué von 1888

In seiner Absicht, Musik in allen Facetten zu erforschen und erfahrbar zu machen, beschreibt er auch in „*Geschichte der Musik und des Theaters am Hofe zu Darmstadt*" [PAS-10] auf akribische Weise, was er in den Archiven des Darmstädter Hofes gefunden hatte. Ein kleines Beispiel aus diesem Werk, und auch für seinen Schreibstil (Seite 63f):

„Es war das letzte größere Fest, welches der Darmstädter Hof unter

Ludwig VI. sah, denn am 4. Mai 1678 starb der Landgraf, kaum 48 Jahre alt.

Die künstlerischen Resultate seiner Regierungszeit sind in jeder Hinsicht

bedeutend zu nennen. Wir sehen unter ihm die Kapelle neu erstehen, mit

Briegel als Leiter an der Spitze, einem Manne von unbestreitbarem Talent und

einem der ersten Komponisten seiner Zeit. Dieser und Ludwigs Kunstliebe

machen es möglich, daß am Hofe zu Darmstadt, früher als an anderen Orten,

daß gesungene Drama, die Oper, zum Vorschein kommt, sich einbürgert und

in der Folge so glänzend sich zu entfalten im Stande war. Ferner sehen wir

von den wenigen deutschen Dramen, die die Epoche lieferte, mehrere zur

Aufführung kommen, ebenso Meisterwerke des Nachbarvolkes, der

Franzosen. Damit diese Vorstellungen in einem passenden und würdigen

Raum stattfinden können, läßt Ludwig das seinem Zweck nicht mehr

erfüllende Reithaus teilweise in einen Schauspielsaal umwandeln, und schafft

so das erste eigentliche Theater in Darmstadt.

> *Daß bei diesen Bestrebungen auch manches Geringfügige mit unterlief, ist natürlich; es lag in der Zeit und in den Verhältnissen, doch im Allgemeinen waren die erzielten Resultate eines Fürsten würdig, welcher nicht allein ein hochgebildeter Mann, sondern zugleich auch ein talentvoller Dichter war, und fassen wir sie zusammen, so können wir dreist um uns schauen und werden an wenigen deutschen Höfen mehr gediegenes künstlerisches Leben erblicken als in unserm Darmstadt, am Hofe Ludwig VI."*

Machen wir uns klar, dass eine solche Arbeit unter den Bedingungen von damals mit der heutigen Arbeit nicht vergleichbar ist. Kein Computer und Internet, keine Schreibmaschine, schlechte Beleuchtung und mitunter nicht immer gesundheitsförderliche Arbeitsbedingungen in dunklen Zimmern und Kellern. Dass dies alles für Pasqué nicht immer einfach gewesen sein muss, erläutert er selbst:

> *„Mit unendlicher Geduld habe ich zu Anfang der 50er Jahre jede freie Stunde im Großherzoglichen Haus- und Staatsarchiv verbracht und bei dem Studium der Jahrhunderte alten Acten und Correspondenzen, der genauen Durchsicht von Kammerrechnungen und Urkunden, nicht nur allmählich meine Stimme eingebüßt, sondern auch meine Augen geschädigt, aber etwas Schönes dafür gewonnen: Die Erkenntniß und Ausnützung meines schriftstellerischen Talentes."* [56]

Aus der Reihe seiner Nachfolger gibt es eine Reihe von Kritiken an seiner Vorgehensweise von Pasqué. Ihm wird Ungenauigkeit, falsche Nutzung von Quellen und zu viel „Eigendichtungen" vorgeworfen. Allerdings auch, dass Pasqué für seine Zeit und den damaligen Umständen Pionierarbeit in der Erfassung der Musikgeschichte am Hofe geleistet hat.

Der künstlerische Leiter eines Konzertprogrammes

Jenseits der Oper und seiner Inhalte hatte Pasqué jedoch auch eine Ader für die Musik als solche. Wie oft er Zuhörer an seinen Wirkstätten war, wissen wir nicht. Dass er jedoch diese jenseits seines Engagements als Bariton gemieden hat, ist eher unwahrscheinlich. Aus den Erzählungen seiner frühen Jahre in Paris wissen wir Gegenteiliges, er wurde auch eingeladen zu

---

[56] Hermann Knispel, „Erinnerungen an Ernst Pasqué", in: ders. (Hrsg.): *Bunte Bilder aus dem Kunst= und Theaterleben*, Zweite, vermehrte Aufl., Darmstadt, 1901, S. 200.

musikalischen Feiern Redebeiträge zu geben (z.B. die Mozartfeier in Weimar am 5. Dezember 1858).

Er wirkte ab und zu an Liederabenden mit, bereicherte Konzerte mit Arien und bemühte sich mit einfachen Opernerzählungen Jugendliche für die Welt der Oper zu gewinnen [57]. Sehr schön lässt sich dies musikalische Engagement ablesen, wenn er in einer Erzählung die Planung und Ausführung eines Konzertes erläutert. Es geht nachfolgend um ein Konzert im „*Haidehaus*" [58], das dort zu Ehren der heiligen Cäcilia von Rom am 22. November stattfand. Hier das Konzertprogramm, dass dort mit den Hausmitteln vorgeführt wurde und auf großen Beifall bei allen Gästen stieß:

Ludwig van Beethoven (1770-1827)
  Sinfonie Nr. 5 c-moll („Schicksalssinfonie"):
  - 1. Satz: Allegro con brio
  - 2. Satz: Andante con brio
  Klavier-Version für vier Hände

Luigi Cherubini (1760-1842)
  Lied „Ave Maria"

Robert Schumann (1810-1856)
  Lied „Nänie" („*Unter den roten Blumen schlummere lieb Vögelein*") e-moll
  für 3 Frauenstimmen mit Klavier

Franz Liszt (1811-1886)
  Konzertparaphrase zur Tannhäuser-Ouvertüre von Richard Wagner

Ludwig van Beethoven (1770-1827)
  Arie „*Abscheulicher! Wo eilst du hin?*"

Giuseppe Tartini (1692-1770)
  Teufelstriller-Sonate g-moll

Robert Schumann (1810-1856)
  Lied „*Widmung*" op. 25 Nr. 1

Franz Schubert (1797-1828)
  Lieder aus dem Liederzyklus „*Die schöne Müllerin*" op. 25 D 795

--- Pause ---

---

[57] [PAS-2]
[58] [PAS-7], Seiten 228-231.

Joseph Haydn (1732-1809)

2 Sätze eines Trios für Violine, Violoncello und Klavier

Wolfgang Mozart (1756-1791)

Oper „*Der bestrafte Wüstling oder Don Giovanni*" KV 527:

- Arie der Donna Anna „*Crudele Non mi dir... bell'idol mio*"

Ludwig van Beethoven (1770-1827)

Musik zu Goethes Trauerspiel Egmont op. 84

transkribiert für das Klavier von Anton Grigorjewitsch Rubinstein (1829-1894)

Robert Schumann (1810-1856)

Ein Stück aus den Noveletten op. 21

Carl Maria von Weber (1786-1826)

Oper „*Der Freischütz*" :

- Duett „*Kommt ein schlanker Bursch gegangen*",

- Arie „*Wie nahte mir der Schlummer*",

- Arie „*Einst träumte meiner sel'gen Base*"

in Begleitung durch Klavier

Musik und ihr Umfeld waren für Pasqué immer wieder tägliche Triebfeder. Die Komponisten obiger Konzerte sind auch heute noch bekannt und werden aufgeführt. So zeigte sich Pasqués Fingerspitzengefühl für gute Musik, bei den Komponisten seiner Libretti hatte er weniger Erfolg. In obiger Zusammenstellung zeigt er sich für ein virtuelles Konzert als Kenner der aktuellen Musiklage im Deutschen Reich. Er war vielfältig verknüpft, hochgradig kommunikativ und arbeitsam.

Zwischendrin beteiligte er sich auch in kleineren Konzerten mit Gesangsbeilagen. In Aschaffenburg singt er am 31. August 1850 zugunsten der Verwundeten in Schleswig-Holstein das Lied „*Liebesschmerz*" und ein deutsches und russisches Volkslied. In der Schouwburg in Amsterdam singt er 1851 an mehreren Tagen Stücke aus seinem Repertoire als Ergänzung beziehungsweise Vorspiel zu anderen Stücken.

Und immer wieder kommunizierte er auch mit Musikern und Komponisten, zeigte sich sowohl als fachkundiger Schaffender, als auch mit lokalen Verbindungen. Im Jahre 1865 schrieb er Friedrich Wilhelm Jähns (1809-1888)einen Brief, einem deutscher Gesangslehrer, Komponist sowie königlich preußischem Musikdirektor. 1871 veröffentlichte dieser sein Werkverzeichnis (JV) für Carl Maria von Weber. Pasqué versuchte für ihn in Darmstadt mit noch lebenden Kontaktpersonen von Weber verschiedene Fragen zu klären [59]:

---

[59] Carl-Maria-von-Weber-Gesamtausgabe. Digitale Edition, http://weber-gesamtausgabe.de/A043201.

Darmstadt den 17. 1. 65.

Mein lieber Herr und Freund!

Vor allen Dingen verschwenden Sie in Zukunft nicht mehr Ihre kostbare Zeit mit so kostbaren Entschuldigungen. Ich helfe Ihnen gerne und müssen Sie mir nur nicht böse sein wenn ich ein paar Tage mit der Antwort zögere oder Ihnen mit müder Pfote schwer zu entziffernde Epistel sende. – Jezt zur Sache!

…

4.) Duett für 2 Alt. Hier gehts schon etwas besser. Mad. Schönberger und die Mangold leben beide noch. Erstere jedoch hat keine Spur von Gedächtniß mehr, letztere dagegen aber das bewußte Duett! * Bravo höre | ich Sie sagen! Ihr Bruder, der alte Kapellmeister Mangold (Sohn des längst verstorbenen Concertmeisters M. den Sie citiren) lebt auch noch und dieser legte mir besagtes Duett in Partitur vor. Von 2 Flöten keine Spur. Es ist mit obligt. Clarinette und richtig in Es. Mangold, der alte gewizte Musiker meint daß es durchaus selbstständig sei und nie noch eine ältere Duette für 2 Flöten komponirt wäre. Das Manus: ist von der Hand eines Copisten. Der Titel der einige Zeilen von Webers Hand trägt schreibe ich genau ab, die Stelle mit rother Tinte unterstrichen ist von Webers Hand, alles übrige von der des Copisten. In dem Duett selbst sind einige Takte von Weber hinzugefügt in der Art daß da wo die beiden Stimmen abwechselnd sangen sie nunmehr zusammen gehen. Diese paar Takte der Melodie und des Textes darunter,♯ sind von Webers Hand.

…

Ich muß jetzt wirklich schließen denn die Pfote will nicht mehr und Sie können nicht mehr entziffern was sie zusammenschmiert!

Herzlichen Gruß und verlieren Sie die Geduld nicht mit Darmstadt und mit Ihrem

Ihnen herzlichst ergebensten

stets dienstwilligsten

E Pasqué

Ich lege noch einige Zeilen an Janke bei und bitte um Werfung derselben in einen Briefkasten.

Sie schreiben sich 23 Briefe zwischen den Jahren 1859 und 1872 [60]. Es gilt zu vermuten, dass in der Analyse seiner über 700 handschriftlichen Briefe noch viele Überraschungen stecken. Es braucht aber sehr viel Geduld im Entziffern der Handschrift in den alten Schriftarten.

Das nächste Kapitel geht dieser kommunikativen Art von Pasqué ein wenig direkter auf die Spur. Wenn für uns heute E-Mail, Facebook, Twitter, Pinterest und andere Dienste selbstverständlich sind, so waren Pasqués Methoden um 1860 erheblich andere.

---

[60] https://www.weber-gesamtausgabe.de/de/A007988.html#correspondence

4.   Der Kommunikator Ernst Pasqué

Aus heutiger Sicht erscheint es im 19. Jahrhunderts damals sehr mühsam gewesen zu sein, Kontakt zu halten. Es gab kein Telefon und kein Internet. Das Netz von Postkutschen war zwar aufgebaut und es kamen langsam die ersten Eisenbahnen hinzu, selbst unter diesen Bedingungen brauchte ein (handgeschriebener) Brief von Frankfurt nach Berlin fast eine Woche. Demnach war Kontakthalten mit Menschen in anderen Städten oder Ländern eine langsame und zudem recht teure Angelegenheit. Auch wenn es in großen Städten bereits Straßennamen gab, so war die Eindeutigkeit einer Adresse noch nicht so gegeben wie heute. Man konnte in keinem öffentlich zugänglichen Buch mit Adressen (Telefonbuch) nachschauen, wer wo wohnte, und war also auf gute persönliche Verbindungen oder Intuition angewiesen.

An seinem Arbeitsplatz war Pasqué natürlich auf den persönlichen Kontakt angewiesen. Darmstadt war damals mit ca. 40.000 Einwohnern ein „kleines Nest" im Gegensatz zu Stuttgart oder Berlin. Auch ein spontanes Fahren in die Nachbarstadt, wie beispielsweise Mainz, war nicht in einer halben Stunde auf der Autobahn möglich, die gut 40 Kilometer zwischen beiden Städten über bei hoffentlich bereits gut ausgebauten Straßen benötigten ohne viele Zwischenstopps einen Zeitraum von ca. 5 Stunden.

Kommunikation per Brief als hohe Kunst

Noch im 19. Jahrhundert galt das Briefeschreiben als hohe Kunst. Es war eine Kulturtechnik, die von gebildeten Menschen ausgiebig genutzt wurde. Waren zuvor vor allem geschäftsmäßige, zweckgerichtete Briefe geschrieben worden, so begann man nun, sich auch alltägliche Ereignisse, Gefühle und Gedanken mitzuteilen. Der Transport eines Briefes kostete damals wie heute Geld, er war in den Anfangstagen jedoch eher den Begüterten vorbehalten. So nutzen die Menschen auch Gelegenheiten, um Porto zu sparen: durch Verwandtenbesuche, Reisen von Bekannten oder Bediensteten konnte man Briefe oder Pakete mitnehmen lassen.

Hinter jedem Brief steht eine Absicht. Ein Liebesbrief hat eine andere als eine Petition. Pasqués Absichten waren meist beruflicher Art und dienten dem Ausbau seiner schriftstellerischen Ambitionen. Ferner dürfen wir die Länge eines Briefes betrachten, denn Papier, Umschläge und Feder und Tinte kosteten Geld. Briefschreiben war somit eine besondere Angelegenheit. Ernst Pasqué verstand sich darin sehr wohl und hat dies für sich ausgiebig ausgenutzt, seine vielfältigen Kontakte innerhalb Europas lassen sich nur so erklären. Da er ein sehr genauer Mensch war und er die Korrespondenz, die ihm wichtig war, genauso sorgfältig aufbewahrte wie die Theaterzettel mit seinen Rollendarbietungen, haben wir heute eine gute Basis, seine Schreibqualität nachvollziehen zu können. Es liegen keine „Briefchen" mit unwichtigen, tagesaktuellen Informationen vor. Im Kalliope-Verbund [61] können wir über verschiedene Bibliotheken hinweg die Spur verfolgen, die Pasqué und seine Adressaten gelegt haben, und die die Beteiligten in Form der Briefe aufbewahrt haben. Dort finden sich fast 800 Einträge, bei denen Ernst Pasqué Adressat oder Verfasser war. Unter diesen lassen sich ungefähr 130 verschiedene Adressaten ermitteln.

Daneben hat Pasqué auch über andere Quellen seine Kommentare hinterlassen. In einem Beitrag von Richard Eigenbrodt (1799-1866) [62] zitiert dieser Pasqué, der, bei einem Treffen mit Joseph Victor von Scheffel (1826-1886), einem schriftstellerischen Kollegen, in Auerbach und Weinheim den folgenden Ausspruch tätigte: *„Scheffel – er trug in der Zeit einen Schlapphut – sang eines Abends mit den Freunden auf dem Felsberg vor dem Jägerhause: ,In dem Golfe von Biscaya / Im Glanz der Abendsonne' "*. Es waren aufrührerische Zeiten im Deutschen Reich und an der Bergstraße, zwischen Darmstadt und Heidelberg versteckten sich nicht wenige Revolutionäre und die Beteiligung an der liberal-demokratischen Bewegung wurde im Wandern diskutiert.

Networking zu Komponisten im 19. Jahrhundert

Wie wir aus den Libretti im letzten Kapitel wissen, musste er natürlich Kontakt zu den Komponisten halten, für die er Libretti geschrieben hat oder wollte. Hierunter fallen aus den Briefen folgende Namen auf (in Klammern die Anzahl der Briefe):

- Gustav Schmidt (64)
- Wenzel Wilhelm Steinhart (29)
- Gottfried Linder (28)
- Willem Frans Thooft (28)
- Robert Emmerich (15)
- Friedrich Marpurg (15)
- Ferdinand David (11)

Wir werden hier keine Namen von den Komponisten finden, die in Darmstadt am Hoftheater bereits vorhanden waren. Das lokale Gespräch, vielleicht im Darmstädter Hotel/Restaurant „*Bockshaut*", war dafür die bessere Kontaktpflege. Die Komponisten und Hofkapellmeister Louis Schlösser, Louis Schindelmeißer und Carl Amand Mangold gehörten dazu. Darüber hinaus gab es Kontakte zu Komponisten, für die Pasqué zwar kein Libretto geschrieben hat, wo er aber vielleicht die Absicht dazu hatte, ein Angebot machte, um so seinen Schreibdrang zu befriedigen.

---

[61] Kalliope ist der überregionale Verbund und zugleich das nationale Nachweisinstrument für Nachlässe, Autographen und Verlagsarchive. https://kalliope-verbund.info/search.html?q=pasqué

[62] *Über Scheffels Aufenthalt in Auerbach an der hessischen Bergstraße im Sommer 1849,* in: *Nicht rasten und nicht rosten.* Jahrbuch des Scheffelbundes für 1893, Stuttgart, 1893, Seite 83.

Neben Komponisten, Dirigenten und Sängern/Sängerinnen folgte seine Korrespondenz auch in Richtung der Verleger und Buchdrucker. Viele seine Werke als Schriftsteller sind bei Verlagen in Berlin und Leipzig veröffentlicht worden. So fällt die lokale Verteilung seiner Briefe in ein anderes Licht (in Klammern Anzahl der erhaltenen Briefe):

- Leipzig (84)
- Stuttgart (75)
- Darmstadt (69)
- Berlin (42)
- Frankfurt (42)
- Weimar (39)
- Alsbach (29)

In Alsbach wohnten zwar keine musikalischen Weggefährten, jedoch gingen in den Jahren nach seinem sängerischen Ruhestand die Briefe ab 1872 an seinen Altersruhesitz. Städtenamen wie Paris, Wiesbaden, Meinigen, Hamburg, Köln, München, Wien, Stettin tauchen auch auf, waren jedoch nicht so häufig bedient. Nur wenige Briefe (fünf) sind in Französisch verfasst, obwohl Pasqué die Sprache ja fließend beherrschte. Den größten Teil seiner Briefe (über 700) verfasste er in der Zeit nach seinem Abdanken als Baritonsänger 1859 bis zu seinem Umzug nach Alsbach 1872.

Nach seiner Pensionierung war er auch in späteren Jahren noch mehrfach für das Theater tätig, indem es ihm gelang, mehrere emporstrebende Bühnentalente [63], wie Hermann Winkelmann (1847-1912), die Sängerin Milada Czerwenka (1860-1919) und andere tüchtige Kräfte, welche damals in der Bühnenwelt noch völlig unbekannt waren, aufzufinden und für das Darmstädter Hoftheater zu gewinnen.

Die Fäden aus Alsbach in die High Society

Beim Studium der Namen in der folgenden Tabelle fällt auf, dass die meisten Adressaten in Wikipedia einen Eintrag haben, somit nicht ganz kleine Lichter waren.

Adressaten	Genre
Abert, Johann Joseph (1832-1915)	Komponist, Dirigent, Kapellmeister
Abt, Franz (1819-1885)	Komponist, Arrangeur, Chorleiter, Hofkapellmeister
Adelburg, August (1830-1873)	Geiger, Komponist
Bach, Otto (1833-1893)	Komponist, Kapellmeister, Freiherr
Baer, Anton (1815-1871)	Buchhändler, Kunsthändler

---

[63] [KEG], Seite 4.

Adressaten	Genre
Bagge, Selmar (1823-1896)	Musikkritiker, Musiker, Komponist, Violoncellist
Baselt, Fritz (1863-1931)	Komponist, Dirigent, Chorleiter, Verleger
Baum, Marie (1808-1875)	Sängerin, Sopranistin
Belli-Gontard, Maria (1788-1883)	Schriftstellerin, Übersetzerin
Bernard, Mathias (1794-1871)	Pianist, Komponist, Musikverleger, Kapellmeister
Bernard, Paul (1827–1879)	Komponist
Bischoff, Ludwig (1794-1867)	Musikwissenschaftler, Pädagoge, Musikschriftsteller, Gymnasialdirektor, Musikkritiker
Bonawitz, Johann Heinrich (1839-1917)	Komponist
Bötel, Heinrich (1854-1938)	Opernsänger, Tenor
Böttger, Adolf (1815-1870)	Schriftsteller, Übersetzer
Brandt, Carl (1828-1881)	Theatertechniker, Theatermeister, Theatermaschinist
Brendel, Franz (1811-1868)	Musikschriftsteller, Musikwissenschaftler, Musiklehrer
Bruch, Max (1838-1920)	Komponist, Dirigent
Cormon, Eugène (1810-1903)	Dramatiker, Librettist
Devrient, Eduard (1801-1877)	Schauspieler, Regisseur, Theaterdirektor, Dramaturg, Librettist, Schriftsteller, Sänger, Prof. Dr.
Dingeldey, Herman (1825-1902)	Theologe, Pfarrer
Dingelstedt, Franz von (1814-1881)	Theaterdirektor, Theaterintendant, Schriftsteller, Lyriker, Lehrer, Evangelische Theologie, Freiherr
Dräxler, Karl Ferdinand (1806-1879)	Schriftsteller, Journalist, Übersetzer, Dramaturg
Dumont-Schauberg, Michael (1824-1881)	Drucker, Buchhändler, Verleger
Emmerich, Robert (1836-1891)	Komponist
Ettling, Emile (1820-1881)	Komponist
Fischer, Carl Ludwig (1816-1877)	Komponist, Kapellmeister
Formes, Karl (1810-1889)	Opernsänger, Bassist, Gesangslehrer, Schauspieler, Böttcher, Mesner
Frank, Josef (1816-1896)	Schriftsteller
Frohn, Charlotte (1844-1888)	Schauspielerin
Fuchs, Johann Nepomuk (1842-1899)	Komponist, Dirigent, Kapellmeister, Pädagoge
Gollmick, Adolf (1825-1883)	Komponist, Pianist, Geiger
Goltermann, Georg (1824-1898)	Violoncellist, Komponist, Dirigent, Kapellmeister
Götze, Karl (1836-1887)	Komponist, Theaterkapellmeister
Guérard, Benjamin Edme Charles (1797-1854)	Philologe
Gumprecht, Adolf (1818-1899)	Verleger, Buchhändler, Schriftsteller

Adressaten	Genre
Gutzkow, Karl (1811-1878)	Schriftsteller, Dramatiker, Publizist, Journalist, Philologe, Dramaturg, Erzähler, Prof.
Habicht, Ludwig (1830-1908)	Schriftsteller
Hänel, Gustav Friedrich (1792-1878)	Jurist, Historiker, Hochschullehrer, Rechtshistoriker, Universitätslehrer, Universitätsrektor, Prof. Dr. jur. habil.
Hammermeister, Heinrich (1799-1860)	Opernsänger, Bariton, Beamter
Herloßsohn, Karl (1804-1849)	Schriftsteller, Erzähler, Lyriker, Publizist, Herausgeber, Journalist
Hoefer, Edmund (1819-1882)	Schriftsteller, Literaturwissenschaftler
Hülsen, Botho von (1815-1886)	Theaterintendant
Jähns, Friedrich Wilhelm (1809-1888)	Musikschriftsteller, Komponist, Gesangslehrer, Musikdirektor
Jerrmann, Eduard (1798-1859)	Schauspieler, Regisseur, Schriftsteller, Dramatiker
Keil, Ernst (1816-1878)	Verleger, Redakteur
König, Ewald August (1833-1888)	Schriftsteller, Kaufmann
Kücken, Friedrich Wilhelm (1810-1882)	Komponist, Pianist, Hofkapellmeister, Dirigent
L'Arronge, Adolph (1838-1908)	Komponist, Librettist, Dramatiker, Theaterdirektor, Kapellmeister, Theaterkritiker, Souffleur
Lachner, Franz Paul (1803-1890)	Komponist, Kapellmeister, Generalmusikdirektor, Dirigent, Organist
Lassen, Eduard (1830-1904)	Komponist, Dirigent, Hofkapellmeister, Hofmusikdirektor
Lindau, Paul (1839-1919)	Dramaturg, Schriftsteller, Drehbuchautor, Theaterintendant, Journalist
Linder, Gottfried (1841-1918)	Komponist, Musiker, Hochschullehrer
Lindpaintner, Peter Joseph von (1791-1856)	Komponist, Hofmusiker, Musikdirektor, Dirigent
Longert, August (1836-1920)	Hofkapellmeister, Komponist
Lortzing, Albert (1801-1851)	Komponist, Librettist, Schauspieler, Tenor, Sänger, Dirigent
Mangold, Carl Amand (1813-1889)	Komponist, Geiger, Musikschriftsteller, Dirigent
Marpurg, Friedrich (1825-1884)	Kapellmeister, Komponist, Musikdirektor
Marra-Vollmer, Marie von (1822-1878)	Opernsängerin, Sopranistin, Gesangslehrerin
Marx, Pauline (1819-1881)	Opernsängerin, Sopranistin, Schauspielerin
Milde, Hans Feodor von (1821-1899)	Sänger, Bariton
Müller von Königswinter, Wolfgang (1816-1873)	Schriftsteller, Lyriker, Dramatiker, Arzt
Müller-Palm, Adolf (1840-1904)	Journalist, Redakteur
Müller, Adolf (1801-1886)	Komponist, Dirigent, Musiker, Kapellmeister, Schauspieler, Sänger
Müller, August (1808-1867)	Musiker, Bassist, Konzertmeister

Adressaten	Genre
Müller, Bernhard (1825-1895)	Bratschist, Musiker
Müller, Otto (1816-1894)	Schriftsteller, Bibliothekar, Redakteur
Mylius, Otfrid (1819-1889)	Roman- und Jugendbuchautor, Buchhändler
Navrátil, Karel (1867-1936)	Komponist, Musikschriftsteller
Netzer, Joseph (1808-1864)	Komponist, Dirigent, Kapellmeister, Musiker, Dirigent
Nuitter, Charles (1828-1899)	Übersetzer, Librettist, Dramatiker
Offenbach, Jacques (1819-1880)	Komponist, Kapellmeister, Theaterdirektor, Violoncellist
Pentenrieder, Franz Xaver (1813-1867)	Komponist, Organist, Kapellmeister
Pohl, Carl Ferdinand (1819-1887)	Musikwissenschaftler, Archivar, Organist, Komponist
Pohl, Emil (1824-1901)	Schauspieler, Schriftsteller, Theaterdirektor, Librettist
Preusker, Karl (1786-1871)	Pädagoge, Bibliothekar, Schriftsteller, Historiker, Amtmann
Proelß, Johannes (1853-1911)	Schriftsteller, Erzähler, Dramatiker, Redakteur
Rau, Heribert (1813-1876)	Pfarrer, Schriftsteller, Theologe
Reden-Esbeck, Friedrich Johann von (1842-1890)	Freiherr, Schriftsteller
Reiss, Carl Heinrich Adolf (1829-1908)	Dirigent, Komponist
Reuling, Wilhelm (1802-1879)	Hofkapellmeister, Komponist
Reyer, Ernest (1823-1909)	Komponist
Richter, Heinrich (1820-1896)	Schauspieler, Regisseur
Sachs, Julius (1868-1924)	Schauspieler
Saloman, Siegfried (1816-1899)	Komponist, Geiger, Dirigent
Sauerländer, Johann David (1789-1869)	Buchdrucker, Drucker, Buchhändler, Verleger
Schade, Oskar (1826-1906)	Germanist, Hochschullehrer, Prof. Dr.
Schindelmeißer, Louis (1811-1864)	Kapellmeister, Dirigent, Hofkapellmeister, Komponist, Klarinettist
Schindler, Anton (1795-1864)	Musiker, Musikschriftsteller, Dirigent, Komponist, Geiger, Musiklehrer, Publizist
Schlösser, Louis (1800-1886)	Kaufmann, Komponist
Schmidt, Gustav (1816-1882)	Hofkapellmeister, Komponist, Dirigent
Sedlmayrm Max (1832–1899)	Hofkapellmeister
Senger, Alexander (1840-1902)	Theaterdirektor, Intendant, Schauspieler
Spielhagen, Friedrich (1829-1911)	Schriftsteller, Romancier
Spohr, Louis (1784-1859)	Komponist, Kapellmeister, Geiger, Dirigent
Steinhart, Wilhelm (1819-1899)	Hofkapellmeister, Komponist
Strodtmann, Adolf (1829-1879)	Schriftsteller, Übersetzer, Redakteur, Lehrer, Dichter, Publizist
Taubert, Wilhelm (1811-1891)	Komponist, Kapellmeister, Pianist, Musiklehrer, Dirigent
Thooft, Willem Frans (1829-1900)	Komponist

Adressaten	Genre
Wedel, Oskar von (1835-1908)	Kämmerer, Oberhofmarschall
Werther, Julius von (1838-1910)	Intendant, Schriftsteller
Widemann, Carl Theodor (1821-1903)	Sänger, Tenor
Wilder, Victor van (1835-1892)	Musikschriftsteller, Übersetzer
Wünzer, Theodor (1831-1897)	Schauspieler, Regisseur, Theaterintendant
Wurda, Joseph (1807-1875)	Sänger, Tenor, Theaterdirektor

Tabelle 8: Adressaten und Berufe der Briefempfänger

Die genauen Inhalte der meisten Briefe sind noch unerforscht. Mit modernen Techniken bzw. Werkzeugen wie Tesseract, ABBYY oder transcribus wird dies jedoch sehr vereinfacht. So können sicher noch ein paar persönliche Informationen und Eigenschaften von Ernst Pasqué dort gefunden werden.

Kommunikation mit dem Darmstädter Hochadel und Darmstädter Originalen

Den Kontakt zu seinem Arbeitergeber konnte Pasqué nicht wie heute per Telefon oder E-Mail erledigen, geschweige denn, mal eben bei ihm vorbeischauen. Sein allerhöchster Vorgesetzter war Ludwig III. von Hessen und bei Rhein (1806-1877), der von 1848-1877 Großherzog war. Eine Anrede per Brief musste einem gewissen Protokoll folgen, ihm direkt gegenüber mussten Körperhaltung, Sprache und Kontakt genauestens eingehalten werden. Um einen Eindruck jener Zeit zu erhalten, gibt folgender Brief von Pasqué an Großherzog Ludwig III. einen Eindruck [64]:

Abb. 35: Großherzog Ludwig III. von Hessen und bei Rhein

Allerdurchlauchtigster Großherzog.

Mein allergnädigster Fürst und Herr!

Im Auftrag des Herrn Eduard Lassen Musikdirektor beim Hoftheater zu Weimar, schrieb ich einen Opern-Text betitelt „Frauenlos," welcher mit dessen Komposition am vergangenen 9. April zur Feier des Höchsten Geburtsfestes Ihrer Königlichen Hoheit der Frau Großherzogin von Sachsen-Weimar zur Aufführung gelangen sollte, doch wegen mancherlei Heiserkeiten erst am 22. April das Licht der Rampen zum ersten Mal erblickte. Nach mir zugegangenen Berichten hat die Oper recht gefallen und wurde der Komponist nach allen Akten gerufen. Da ich nun weiß, wie sehr Eure Königliche Hoheit für jede neue Erscheinung auf dem Gebiete des musikalischen Dramas sich interessieren, und da der Stoff ein vaterländischer ist, sein Verfertiger zugleich das Glück hat ein Diener Euer Königlichen Hoheit zu sein, so wollte ich mir pflichtschuldigst erlauben meinem Allergnädigsten Fürsten und Herrn das Buch der Oper nebst Zettel zu unterbreiten und verharre in treuester und dankbarster Ergebenheit als

Euer Königlichen Hoheit alleruntertänigster Diener.

Darmstadt den

28 April 1860

Ernst Pasqué

Oekonomie Inspector des

Großherzoglichen Hoftheaters

Und der Großherzog notiert dazu auf dem Brief (für einen seiner Untergebenen):

Dankend zu beantworten: Darmstadt 28. 4. 60. Ludwig

Darmstadt war in den 1850er Jahren nicht sehr groß, man spricht von 40.000 Einwohnern. Aus dem Adressbuch der Residenz Darmstadt von 1854 [65] wissen wir, dass Pasqué zu diesem

---

[65] Adressverzeichnis der Residenz Darmstadt, 1854. https://tudigit.ulb.tu-darmstadt.de/show/Zs-4159-1854, Seite 67.

Zeitpunkt in der „*Kleinen Arheilgergasse*" wohnte, heute „*Arheilger Straße*". Seine Nachbarn waren normale Bürger mit Berufen wie Metzgermeister, Bäckermeister, Maurer, Wirt, Schmiedemeister, aber auch Garde-Unteroffizier oder Taglöhner. Sein Weg zum Hoftheater oder zum Schloss über den Herrngarten war etwa 1 km lang. Bereits auf diesem Weg begegnete er jeder Menge „*Heiner*" [66].

Pasqué musste in seinen Jahren am Darmstädter Hof, wohnhaft in der Darmstädter Altstadt, zwangsläufig auch in seinem Alltag mit vielen Darmstädter Originalen Kontakt haben. Die Altstadt, die ja leider im 2. Weltkrieg komplett zerstört wurde, lag ein paar Minuten Weg von der Stadtkirche, dem Marktplatz und dem Schloss entfernt. Den Gegensatz zwischen Hofleben auf der einen Seite und Altstadtleben auf der anderen Seite kennen wir in diesem Ausmaß heute nur aus Reisen in Entwicklungsländer. Damals lief man sich über den Weg oder war Kunde im gleichen Spezialgeschäft für Käse hinter dem Rathaus oder bei der Brauerei.

So mag Pasqué beispielsweise dem aus Lich stammenden Hofmusikus Johann Zimmer begegnet sein, dieser war seit 1825 in der Hofkapelle als Fagottist und Kontrabassist tätig, nachdem er zuvor Oboist beim Militär gewesen war. Er hatte die Angewohnheit auf der Straße anhaltend zu pfeifen oder zu zwitschern. Das brachte ihm den Beinamen der „*Pfifferling*" ein.

Oder Pasqué hörte aus Erzählungen und Tratsch vom „*schwarzen Peter*" mit bürgerlichen Namen Johann Peter Küchler. Er soll im Revolutionsjahr 1848 auf der Rheinstraße gerufen haben: „*Wir brauchen keinen Groß-herzog mehr!*" Von der Polizei aufgegriffen und verhört, soll er argumentiert haben: „*Mir brauche aach kaan Großherzog mehr, mir hawe ja schon aan!*". An seinem regel-mäßigen Standort Ecke Marktplatz/ Ludwig-straße begegnete er dem Großherzog bei seinen Ausfahrten.

Die Großzügigkeit des Großherzogs wurde von ihm auch einmal eingefordert: „*Seie-Se so gut un gewwe-Se mer das Geld, wo Se mer schuldig sinn.*" Bei seinen Diensten am Hoftheater ist er vielleicht auch dem Wilhelm Hannstein begegnet, der dort

Abb. 36: Darmstadt Pädagogstraße

---

[66] https://www.darmstadt-stadtlexikon.de/h/heiner.html

seit der Eröffnung des Hoftheaters 1810 dort der erste Komiker gewesen war. Er konnte ersten und vor allem lustige Rollen ausgezeichnet spielen, obwohl er von keiner gehobenen Bildung war. Hannstein konnte mit Geld nicht so gut umgehen. Es wird erzählt, dass Hannstein, als der Großherzog zur Probe ins Theater ging, vor ihm auf dem Erdboden eifrig nach etwas suchte. Auf dessen Frage, war er suche, antwortete er: *„Königliche Hoheit wollen allergnädigst verzeihen, ich habe meine Börse verloren, und wir befinden uns erst in der Mitte des Monats.“* – *„Werde suchen lassen“*, habe der Großherzog entgegnet, und nachmittags sei der Hoflakai erschienen und habe Hannsteins Frau fünf Dukaten mit dem Bemerken überbracht, ihr Mann habe sie auf dem Paradeplatz verloren.[67]

Darmstadt war damals schon ein spezielles Pflaster, auch für einen Kölner-Jung. Und all diese Eindrücke hat Pasqué aufgesaugt und später in seinen Werken verarbeitet. Besonders lokale Besonderheiten konnte er liebevoll ausarbeiten, ohne allzu vielen Betroffenen auf die Füße zu treten. Zu Komponisten hielt er in Darmstadt regen Kontakt. So war der Komponist Friedrich von Flotow (1812-1883) Ende des Jahres 1880 nach Darmstadt zu seiner Schwester gezogen, um seinen Lebensabend dort zu verbringen. Pasqué hatte während seiner Sängerkarriere den *„Lord Tristan“* mehrfach erfolgreich in dessen erfolgreichen Oper *„Martha“* gesungen. Also besuchte er Flotow, der eine halbe Stunde von Darmstadt entfernt in der Fasanerie in einem kleinen Schloss wohnte [68]. Pasqué berichtet von dieser Begegnung [69]:

„Die fast übergroße Gestalt, zu der ich – just auch nicht von kleiner Statur – hinaufschauen musste, war in einem langen flatternden Schlafrock gehüllt, und auf dem Kopfe trug er einen breitrandigen, zerknitterten Schlapphut, den er beim Grüßen lüftete, doch bald, sich dabei seiner kranken Augen wegen entschuldigen, wieder aufstülpte; wir hatten uns nie gesehen und waren dennoch schnell in ein vertrauliches und anregendes Gespräch verwickelt, das hauptsächlich von seiner Seite geführt wurde. Rasch erprobte ich dabei, dass er wirklich das war, wofür er allen Orten gehalten: ein ebenso liebenswürdiger wie glänzender und geistreicher Causeur. Den noch immer, trotz seiner hohen Jahre, männlich schönen Kopf, von weißem Haar und Vollbart umrahmt, trug er hoch; seine Stimme klang frisch und voll, und ohne Stockung, in gewählter Form, floss seine Rede dahin. Man hätte ihn für einen rüstigen Fünfziger halten können, nicht für einen Mann, der seinem 71. Lebensjahr nahestand. Vorerst klagte er mir sein Augenleiden und dass er sich im bevorstehenden Frühjahr eine Operation unterwerfen wolle, von der er das Beste hoffe. Diese Operation wurde gegenstandslos; der Tod ersparte dem Leidenden Schmerzen und vielleicht auch eine Enttäuschung. Dann erzählte er von seinen Opern, auf die ich das Gespräch

---

[67] [KES], Seiten 72f, 91, 106.
[68] heute: Dieburger Straße 235, 64287 Darmstadt.
[69] [AKO], Seite 177ff.

mit leichter Mühe gelenkt hatte. ,Die bösen, schlechten Texte!' klagte er, und wie schwierig es selbst für einen alten Praktiker sei, einen solchen Operntext in seiner Bühnenwirkung schon beim Lesen zu beurtheilen. Nur zwei seiner Texte könne er nach Inhalt und Form als gelungen betrachten, den zu ,Stradella' und ,Martha', welche ihm sein Freund Riese – Pseudonym für ,Friedrich' – geschrieben, allerdings nach vorhandenen Stoffen. Selbst Mosenthal, der gewandte Operntextdichter, habe ihn mehrmals im Stich gelassen, und ihm verdanke er einen Misserfolg, der ihn am härtesten im Leben getroffen habe, den er heute, nach fast 30 Jahren, immer noch nicht verschmerzen könne."

Folgen wir jetzt Pasqué als reinem Schriftsteller, seiner Herzensangelegenheit nach Beendigung seiner Karriere als Bariton-Sänger im Jahre 1859.

5. Der Schriftsteller Ernst Pasqué

Aus den vielfältigen Büchern, Briefen, Dokumenten und Erzählungen von Pasqué suchen wir uns diejenigen heraus, die heute noch greifbar sind, entweder als Neuauflage in heutiger Qualität oder als Faksimile-Druck der Originalausgaben. Diese Beispiele sind zwangsweise sehr subjektiv und decken Pasqués breites Können nicht hinreichend ab. Sein Schreibstil, sein subtiler Humor und seine Fähigkeit verschiedenste Erzählfäden miteinander zu verbinden, kommen jedoch zum Ausdruck. Dabei belassen wir den Schreibstil in seiner grammatikalischen Ausprägung.

Pasqué war ein leidenschaftlicher Vielschreiber. Nur mit Papier und Feder ausgerüstet, erscheint uns heute sein Pensum fast größenwahnsinnig. Er war jedoch auch ökonomisch in der Nutzung seiner Ideen. Private Erlebnisse, musikalisches Wissen und Zugang zu hochherrschaftlichen Informationen aus dem Hause der Großherzöge von Hessen und bei Rhein gaben ihm reichhaltig Material, dass er in immer neuen Formen einzusetzen vermochte. Aus sechzehn seiner Werke sehen wir uns nun für einen kurzen Einblick zu seinem Schreibstil an.

5.1 Aus der Welt der Töne (Erzählung)

Aus einem Buch „*Aus der Welt der Töne*" [PAS-7] erfahren wir gleich zu Beginn des Werkes etwas über seine genaue Beobachtungsgabe von musizierenden Menschen und seine Fähigkeit, private Erfahrungen, in diesem Fall das Aufwachsen seiner beiden Töchter, zu einem reizvollen, neuen Bild zusammenzusetzen. In Kapitel 8 „*Aus dem Konzertsaal; Nachrichten aus der Heimat*"[70] beschreibt die Protagonistin Regina als Sängerin in einem Brief nach Hause ihre Erlebnisse aus einem Konzert, in dem sie vor großem Publikum zum ersten Mal öffentlich sang:

... Als ich vor das Orchester und seine Künstler trat, zitterte ich wie ein Kind, das im Begriff steht, etwas Unerlaubtes zu tun. Der Menge, welche den Saal füllte, achtete ich nicht, meine Gedanken gestatteten es nicht; sie waren auf die Aufgabe gerichtet, die ich zu lösen mich unterfangen hatte, und die mir im Augenblick riesengroß, als kaum zu überwältigen erscheinen wollte. Obschon ich die Gluck'sche Armiden-Arie[71] und die Lieder von Schumann oft in Eurem Kreise gesungen, unser lieber Onkel und Führer in seiner Güte und Nachsicht mir stets Mut gemacht, meine Bedenken beseitigt hatte, so zagte ich dennoch, und mit bebender Stimme begann ich. Doch sonderbar! Just die große Angst, der Ernst des Augenblicks, waren es, die mir die Ruhe fast gewaltsam zurückführten, und bald beseelte, durchglühte mich ein Gefühl, als ob mir eine heilige Weihe werde durch das Werk des Meisters, dem ich Leben gab. Mein

---

[70] [PAS-7], Seite 147f.
[71] Christoph Willibald Gluck (1714-1787), aus seiner Oper „*Armide*", Drame héroïque von 1777.

Vater, der jeder meiner Bewegungen mit ängstlicher Besorgnis folgte, sagte mir später, dass ich beim Beginn meines Singens sichtlich am ganzen Körper wie mit der Stimme gezittert, dass er, wie seine Nachbarn darüber wahrhaft erschrocken seien. Nun aber hätten meine Züge ebenso plötzlich wieder den gewohnten ruhigen Ausdruck angenommen und ich hätte alsdann wie immer gesungen. So war es auch. Ich tat nicht mehr und nicht weniger, als wenn ich vor euch, meine Lieben, sang, und es war, so scheint es, das rechte. Als ich geendet hatte, applaudierte der ganze Saal, auch in dem Orchester glaubte ich Händeklatschen zu vernehmen. Ich weiß es nicht mehr genau, ließ mich auch durch die vielen Beifallsbezeugungen nicht allzu sehr beeinflussen, ebenso wenig wie durch die Komplimente, welche mir nun von allen Seiten gemacht wurden. Ich zog mich so rasch wie möglich in unser Foyer zurück, denn die Tränen waren mir nah. Glaubt nur ja nicht, meine Lieben, dass dies alles reine Bescheidenheit war. Oh nein! Ich beging dabei gewiss eine große Unbescheidenheit, denn – ich muss mich ihrer selbstanklagen – ich war zufrieden mit mir. Wie dem aber auch sein mag, eins ist gewiss: ich empfand eine so reine, hohe und selige Freude, wie die Musik, der Gesang sie mir noch nie gespendet. Ja, es ist etwas Herrliches, den Menschen alles das zu bieten, auf sie übertragen zu können, was unser Herz an den edlen und schönen Empfindungen birgt und dazu noch in der Form eines Meisterwerkes. Ich danke dem Himmel, dass mir die Gelegenheit geboten und der Weg geöffnet wurde, dass er mir zugleich Gaben verlieh, die mir gestatten, ihn auch ferner wandeln zu dürfen! ...

Seine eigenen, frühen Erfahrungen als Sänger auf der Bühne als Bariton-Sänger in Paris und Mainz spiegeln sich vielleicht darin. Im gleichen Buch in Kapitel 16 mit dem Titel *„Im Haidehause nach fünf Jahren, ein Epilog als Schluss."* [72] erzählt Pasqué dann das Zusammentreffen der Familien zu Pfingsten im Jahre 1877 an einem Ort mit Namen „Dahlheim". Die Details der Haus- und Umgebungsbeschreibungen lassen dann aufhorchen, wenn man das dort abgedruckte Bild anschaut: Dieses Bild

Abb. 37: Onkel Reinhold's Villa

zeigt nichts weniger als das von Pasqué im Jahre 1872 gebaute und bezogene Haus in Alsbach mit dem Alsbacher Schloss und dem Melibokus im Hintergrund. So kann man denn seine

---

[72] [PAS-7], Seiten 463-472.

Erzählung auf sein Leben in Alsbach hin untersuchen, wo er sich bis zu seinem Tod im Jahre 1891 eingerichtet hatte und das Leben in diesem Dorf nachhaltig mitprägte.

Die Straße mit den Menschen im Vordergrund wurde auf seine Initiative hin mit Lindenbäumen bepflanzt und erhielt dadurch den heutigen Namen „Lindenstraße".

Zusammenfassung: Pasqué versteht es ausgezeichnet, verschiedene Ebenen aus seinem Leben zu integrieren und daraus einen neuen, interessanten Stoff zu generieren. Nicht alles muss erfunden werden, manches nur in anderem Kontext leicht geändert erzählt werden. So gelingt es ihm fast mühelos Unmengen von Zeilen zu erschaffen und für seine Zeit eine begehrenswerter und viel gelesener Autor zu sein.

5.2 Die Bergstraße (Wanderbilder)

Warum zog es Pasqué an die Bergstraße, jenseits des spannenderen und größeren Lebens in Darmstadt? Als Bericht wissen wir es nicht von ihm, jedoch kann das schöne Büchlein „*Die Bergstraße*" darüber Auskunft geben, wie er seine neue Heimat sah. Und diese hat er nicht nur vom Schreibtisch aus gesehen und beschrieben, nein, er musste wahrlich auch viel zu Fuß unterwegs gewesen sein. Die 15 eingestreuten Illustrationen von J. Weber wirken wie Fotografien aus jener Zeit. Darunter auch ein Bild seines eigenen Hauses, der Villa „*Geyersberg*" in Alsbach. Die Schilderungen animieren zur eigenen Wanderung. Wir lesen in den Anfang des Büchleins hinein, das im Jahr 2002 in moderner Schrift von Bernd Beutel, Eberstadt herausgegeben wurde und nach wie vor erwerbbar ist.

Die Bergstraße! – Ein Zauber liegt in dem Worte, der jeden erfasst, dem es erklingt. Ist es die Mahnung an Odin, dem die Sage den Wald in der Runde weiht, an den Recken Siegfried,

der in seinem Bereich von dem grimmigen Hagen erschlagen wurde, an dem Rodensteiner und seine wilde Jagd, die ihn bewirkt? Kaum dürfte dies der Fall sein und andere Wege wandeln die Gedanken. Über die sagenhaften Urzeiten schweifen sie hinweg, wo wilde Horden hier hausten, deren Heimath dem römischen Weltreich als Beute zufiel, das wiederum von anderen Völkern in Trümmer geschlagen wurde;

Abb. 38: Alsbach-Melibokus-Schloss von J. Weber

über die Zeiten der Chatten und Franken hinweg, bis in den deutschen Landen geordnete Zustände walteten. Da kam es wieder die eisigen Alpen herab, doch nicht in Waffen und langen Kriegszügen, nur in Gruppen und in friedlicher Absicht. Aus den gesegneten Gefilden Italia's zogen unternehmende Männer über die Alpen, die Saumtiere beladen mit Früchten, an der heissen Sonne ihres Landes gereift, mit Erzeugnissen der Hände seiner kunstfertigen Bewohner. Für ihren Ueberfluss suchten sie in der Fremde lohnenden Absatz und durch Helvetien den Weg in die deutschen Lande. Der Grenzlinie der bewaldeten Berge, die sich bis in das Herz der Heimat der Deutschen erstreckten, zogen sie entlang, fröstelnd an dem dunklen Tannengrün des Schwarzwaldes vorbei. Doch als die Männer des Südens an die Grenze des Odinwaldes kamen, athmeten Sie auf und freudig leuchteten ihre Blicke. Denn an ihrem Wege blühte die Mandel, der Baum der Persica und die Kastanie, mächtigen Nussbäume verbreiteten würzigen, stärken Duft und von den Höhen winkte ihnen grüßend, von einer goldenen Sonne durchfunkelt, das helle, freundliche Grün der Buchen entgegen und lud sie ein zu süsser Rast. Da glaubten sie wieder daheim in ihrem schönen Lande Italia zu sein, und laut priesen sie die ‚Straße der Berge!‘ [73]

Zusammenfassung: Der Untertitel „*Wanderbilder von Jugenheim bis Auerbach*" beschreibt genau die Intention von Pasqué. Er nimmt den Leser durch Ortschilderungen mit auf die Reise oder Wanderung von Norden nach Süden im schönsten Teil der Bergstraße entlang, im „italienischen Teil Deutschlands". Melibokus, Fürstenlager und Felsenmeer entstehen Ortschilderungen, so dass man sich gerne sofort auf den Weg machen möchte. Ende des 19. Jahrhunderts waren die Wege andere, aber schon dampfte die Eisenbahn von Darmstadt nach Heidelberg über Bickenbach und Bensheim. Weite Ausblicke ohne Industriedreck erscheinen märchenhaft vor dem Auge des Lesers.

5.3 Die Primadonna (Roman)

Seine Erfahrungen als Theatersänger, insbesondere am Darmstädter Großherzoglichen Hoftheater, zeigten sich auch in einer Schilderung der Nutzung des Hauses jenseits der Bühne, was sein eigentliches, innig geliebtes Metier war. Der dreibändige Roman „*Die Primadonna*" [PAS-6] von 1879 beginnt 1845 mit einer Schilderung des Theaters im Vergleich zu seinem Vorgängerbau. Pasqué Karriere in den Jahren 1844-1859 fand im sogenannten „Mollerbau" statt, einem Theater, dass Georg Moller (1784-1852) 1819 für ca. 1.800 Zuschauer entworfen und hat

---

[73] [PAS-3]. Seite 5f.

bauen lassen. Dieser Bau brannte 24.10.1871 bis auf die Außenmauer vollständig ab. Pasqué muss dies schmerzlich wahrgenommen haben, obwohl er schon einige Zeit nicht mehr dort sang. Der Bau wurde modernisiert und auf 1.200 Zuschauerplätze verkleinert, wiederaufgebaut und dann am 19.10.1879 wiedereröffnet. Dies mag Pasqué zu seinem Roman motiviert haben. Die Eingangsschilderung der Theaternutzung am Abend der Vorstellung zu der romantischen Oper „Hans Heiling" von Heinrich Marschner (1795-1861) zeigt ein Sittengemälde in der kleinen Provinz Darmstadt mit einem großen Theater und einem Großherzog, der hauptsächlich an der Oper interessiert war: [74]

... Wie einfach, ja ärmlich erscheint das alte, nun von der Erde verschwundene Hofopernhaus im Vergleich zu dem heutigen Prachtbau, mit seinem reichen Treppenhause, seinen vielartigen, für alle Rangklassen gedachten Platzen, den üppig eingerichteten, von Gold strotzenden aristokratischen Logen und vor allen Dingen mit seinem fast taghellen, das Auge blendenden Lichtmeer. Da gab es nur ein doppeltes Parterre, zwei Logenreihen und drei Galerien, letztere für Bürger und Volk, Gelehrte, Schriftsteller und Künstler mit inbegriffen; die Beleuchtung wurde zwar durch Gas hergestellt, doch in einer durchaus nicht verschwenderischen Weise, und an einigen Stellen, in den Ecken und Winkeln der oberen Galerien, brannten sogar noch Öllampen. Doch wie gemütlich war es dafür in dem alten Hause, trotz der engen, nicht allzu bequemen und recht harten Sitze! Toiletten mussten wohl für die Logen gemacht werden, doch deren Insassen waren daran gewöhnt, denn sie standen dem Hofe nahe, konnten während des Abends mit ihm in Berührung kommen. Für die Galerien aber genügte die Straßentoilette vollständig. Hätten die jungen Damen und Herren, welche sie benutzten, sich auch geputzt, jeden Abend frische Glaces angezogen – es wäre umsonst gewesen, man würde es kaum bemerkt haben können, denn das Licht des Kronleuchters spendete ihnen nur so viel Helle, als eben nötig war, um ihre Gestalten dem übrigen Publikum sichtbar zu machen. Doch dies war es ja gerade, was den Aufenthalt dort oben so angenehm machte. Ein zwangloses Erscheinen und Verkehren, ein lustiges Plaudern sogar während der Vorstellung, ohne Furcht zu stören, dabei die angenehmste Gesellschaft, die sich ohne Mühe zusammenfinden konnte, oder ein ungestörtes Alleinsein zu zweien, wenn man es beabsichtigte, oder der Zufall es herbeiführte – dies waren die Vorzüge des alten Hofopernhauses, welche mit noch vielen andern das neue überreiche Haus entbehren muss.

---

[74] [PAS-6], Seite 1ff.

> *So war es von jeher gewesen und geblieben, bis die Pforten des Hauses für immer geschlossen wurden; so war es besonders zu der Zeit, wo ich den Leser in dasselbe und auf die Galerie des vierten Stockwerks führen muss. ...*

Zusammenfassung: Wieder spielt die Handlung rund um die Oper und das Hofleben in der damaligen Zeit. Auf den 800 Seiten der drei Bände erfahren wir auch viel über den gesellschaftlichen Kodex jener Zeit, zu dem uns heute vielfach das Verständnis fehlt. Der Einblick in das Darmstädter Leben damals ist auf jeden Fall das Lesevergnügen wert.

5.4 Das Griesheimer Haus (Jagd- und Spuk-Geschichte)

Auch vor Überzeichnungen real existierender Personen machte Pasqué nicht Halt, mit Ausnahme der engeren Großherzoglichen Familie. In der Jagd- und Spukgeschichte *„Das Griesheimer Haus"* [PAS-5] von 1865 beschreibt Pasqué eine Geschichte rund um Griesheim bei Darmstadt, wo sich zu der Erzählzeit 1748 noch das Griesheimer Haus, auch *„Jagdschloss Louisburg Griesheim"* genannt, befand, das dem Landgrafen zu Darmstadt als einer seiner Jagdschlösser diente. Ein Wilderer mit Namen *„Schwärzelhans"* trieb dort sein Unwesen, durch verschiedene Umstände trägt er jedoch zur Rettung des Landgrafen und damit zu seiner Rehabilitation bei. Im dichten Geschehen, wo auch Hofbeamte und Dorfbeamte

Abb. 39: Das Griesheimer Haus 1865

veräppelt werden, wird auch der Kapellmeister, Komponist und Violinist Wilhelm Gottfried Enderle (1722-1790) beschrieben, wie er ein wenig unseliges Bild abgibt [75]:

> *... Was sollte das alles bedeuten, wie das gespenstische Abenteuer enden? Also dachte der fromme Herr, als ihm doch bedünken wollte, dass es wohl am besten sein dürfte, den Kapellmeister zu wecken, um mit ihm vereint zu überlegen, was nunmehr etwa zu beginnen sei.*
>
> *Der Schläfer gab einen unartikulierten, laut brummenden Ton von sich, über den der geistliche Herr nicht wenig erschrocken zusammenfuhr, vermeinend, jetzt die ganze schlummernde Hölle erweckt zu sehen. Jetzt richtete Enderle sich halb auf, gähnte einige Male,*

---

[75] [PAS-5], Seite 104.

rieb sich schlaftrunken die Augen, stierte dann einige Augenblicke im Gemach um mehr und fing endlich an zu brummen: „Zu Befehl, Durchlaucht; die Sarabande in C-Moll? – Zu Befehl, also gleich!" Wobei er sich mühsam vom Lager erhob und einige Schritte fortschwankte.

„Zum Teufel, wo ist meine Geige?" brummte der noch immer Halbschlafende – vielleicht auch noch nicht ganz nüchterne –, tappte suchend in der Ecke umher und erwischte endlich, zum Erstaunen, ja Entsetzen des Geistlichen, auch wirklich eine Geige, die er hervorlangte, emporhielt und dann ans Kinn setzte, ihr auch also gleich einige entsetzlich quiekend Töne entlockte, die dem Spieler selbst derart grässlich vorkommen mussten, dass er schaudernd zusammenfuhr und plötzlich um ein gutes Teil wacher oder vielmehr nüchterner wurde. ...

Wie schon im Märchen „*Die Goldene Orgel*"[76] hat Pasqué hier einen bekannten Musiker der Darmstädter Szene charakterisiert, in diesem Falle ein eher unedles Bild, im ersteren ein bedeutenderes. Unterstützt wurden Pasqués Bemühungen durch seinen Zugang zur Darmstädter Hofbibliothek, die damals zur Zeit des Großherzoges und noch unversehrt vom 2. Weltkrieg eine Quelle für seine vielseitigen musikalischen Interessen war.

Zusammenfassung: Die Geschichte mit dem Untertitel „*Eine Jagd- und Spukgeschichte aus dem 18. Jahrhundert*" beschreibt Pasqué eine Spukgeschichte im 18. Jahrhundert während der Regentschaft Ludwigs VIII. Sie vermittelt ein mit viel Lokalkolorit versehenes Sittenbild der gräflichen Jagdleidenschaft sowie des dörflichen Lebens im nahen Griesheim. Hauptperson ist der Griesheimer „*Schwärzelhannes*", der als wildernder Geist sein Domizil im Griesheimer Haus aufgeschlagen hat und von dort aus den Landgrafen und sein gesamtes Gefolge zum Narren hält.

5.5 Es steht ein Baum im Odenwald (Erzählung)

Im Ortsteil Auerbach der Stadt Bensheim gibt es eine Ernst-Pasqué-Straße. Pasqué hat mit seiner Erzählung „*Es steht ein Baum im Odenwald*" [PAS-4] dem Fürstenlager in Auerbach ein Denkmal gesetzt. Der Staatspark Fürstenlager (auch Fürstenlager Auerbach) ist die um 1790 errichtete ehemalige Sommerresidenz der Landgrafen und Großherzöge von Hessen-Darmstadt. Den Namen Fürstenlager erhielt die Anlage von der örtlichen Bevölkerung, da der Park nicht abgegrenzt ist.

---

[76] [PAS-7], Seiten 174-205.

Bei Aufenthalten der großherzoglichen Familie war er weiter zugänglich, Einheimische konnten so die Fürsten und ihre Gäste hier „auf Wiesen lagernd" beobachten. Pasqué beschreibt sowohl diesen Park als auch das Verhalten der Adeligen in dieser Erzählung:

... Heiter plaudernd, scherzend und lachend bewegen sie sich paarweise und in Gruppen der Quelle, den „guten Brunnen" zu, um dessen heilkräftiges Wasser zu trinken. Die Uhr des Wachthauses schlägt knarrend die 10. Stunde, und aus dem dunklen Inneren tritt ein ganzes Dutzend Soldaten – für jede Stunde des Tages einer – hervor, in roten, blau aufgeschlagenen Röcken, weißen Beinkleidern und schwarzgrauen Gamaschen, auf dem gepuderten Haupt den Dreispitz unter dem rückwärts ein wohl ellenlanger Zopf niederhängt. Jetzt öffnet sich auch weit der Eingang des Schlösschens und – nicht eine Prinzessin, sondern der Prinzessinnen neun, wenn auch noch im Kindesalter, brechen jubelnd daraus hervor. Doch kommen sie nicht allein; sieben junge Prinzlein, klein und groß, von allen Jahrgängen, befinden sich in der fröhlichen Schar. Mehrere Damen und ein Herr in einfacher, doch gediegener Tracht ihrer Zeit folgen Ihnen und geleiten die Kinder ebenfalls zu dem „guten Brunnen", zu einem gesunden Morgentrunk. Wie ehrerbietig und dabei doch wie zierlich werden sie von den Trinkern am Brunnen begrüßt, mit tadellosen Knixen durch die Damen in den weiten Reifröcken, mit tiefen zeremoniellen Verbeugungen der Kavaliere mit ihren niedlichen Galanteriedegen und den großmächtigen schwarzen Haarbeutel! Denn der ältere Herr und zwei seiner Begleiterinnen sind die allmächtigen Gebieter des lieblichen Talgrunds mit seiner Quelle, seinem zierlichen Rokokoschlößchen, und die Kinder, alle sechzehn, gehören den beiden fürstlichen Familien an... [77]

Zusammenfassung: Der Untertitel „*Eine Erzählung von der Bergstraße*" trifft nicht ganz den Inhalt, der sich um die Großherzogliche Familie von Darmstadt dreht, beginnend im schönen Fürstenlager in Bensheim-Auerbach. Durch seine Nähe zu Großherzog Ludwig IV (1837-1892) während seiner Tätigkeit als Ökonomie-Inspektor am Darmstädter Hof fließen von Pasqué viele Einzelheiten der Familiengeschichte und Eigenarten der Erzählzeit (beginnend 1778) in den Erzähltext ein. Naturschilderungen, Geschichten um Liebe und Pflicht und Bezüge zur Umgebung der Bergstraße von Bensheim bis Griesheim und Braunshardt versetzen den Leser in „die gute alte Zeit".

---

[77] [PAS-4], Seite 12.

5.6 Fest-Spiel zum 7. November 1869 (Huldigung mit Musik)

Wir können uns heute das Leben im 19. Jahrhundert kaum mehr vorstellen. Für uns ist der Bundeskanzler oder der Bundespräsident keine Person, der man huldigen oder für die man buckeln muss. Das war zu Pasqués Zeiten ganz anders. Der Großherzog in Darmstadt war vom Stand her eine Stelle unter dem König angesetzt und hatte ein Anrecht auf die Bezeichnung „*Königliche Hoheit*". Obwohl Pasqué ein Mitglied des Großherzoglichen Hoftheaters und der Hofmusik war, war dies für ihn kein Freifahrtschein für einen laxen Umgang mit seinen Vorgesetzten. In seinen Eingaben (siehe Seite 11) und vorhandenen Schreiben, lassen sich die Floskeln und Umstände der damaligen Zeit gut nachverfolgen.

Auch gab es eine althergebrachte Gewohnheit, dem Großherzog wie seinen Vorgängern, den Landgrafen, Huldigungen zu widmen; mitunter mit dem Hintergedanken, daraus einen Vorteil für sich zu ziehen. Schon Christoph Graupner hat im 18. Jahrhundert für seinen Landesvater, Landgraf Ernst Ludwig (1667-1739), über sechzig Kantaten zu Geburtstagen, Heiraten und Trauerfeiern schreiben dürfen bzw. müssen. Die Texte dafür lassen sich für uns heute inhaltlich nur schwerlich lesen.

Am 7. November 1869 jährte sich der Geburtstag des Großherzoglichen Theater, dem Mollerbau, zum 50. Mal. Dies wurde groß gefeiert und für diesen Tag schrieb Ernst Pasqué eine Huldigung an den Großherzog, untermalt mit Musik des Darmstädter Violoncellisten und Komponisten Georg Banger (1829-1892). Als Hintergrund gilt es zu verstehen, dass gerade – genau genommen 1866 – der „*Deutsche Krieg*" zu Ende ging, in dem das Großherzogtum Hessen Teil des Deutschen Bundes war, der gegen Preußen kämpfte. Schlachtfelder waren plötzlich in der Nähe von Darmstadt, Hessen verlor Gebiete an Preußen. Dies steckte noch in den Erinnerungen und Pasqué greift dieses am Anfang auf.

Weitere Einzelheiten über die Aufführung und deren Rezeption sind nicht bekannt. Es gibt jedoch im Hessischen Staatsarchiv ein gebundenes Exemplar mit der sauberen Handschrift Pasqués auf 21 Seiten. Er wollte sicher nicht nur mit dem Stück selbst, sondern auch mit der Art der Präsentation als in Rot gebundenes, handschriftliches Buch beim Großherzog Eindruck schinden.

Die Würdigung beginnt bei Kaiser Barbarossa, der im Kyffhäuser schläft und auf bessere Zeiten wartet. Dies wurde mit der Hoffnung auf die nationale Einheit verbunden, die sich erst 1871 mit der Bildung des Deutschen Reiches erfüllte. Dieser verweist unwirsch auf die deutschen Fürsten und damit schafft Pasqué den Weg zum Großherzog von Hessen und bei Rhein. Eine Odenwälder Familie, ein Darmstädter Bürger sowie als allegorische Figuren ein Zwerg und die Kunst bilden den Rahmen des huldigenden Textes, der zwischen Reimen in Strophenform und freiem Text wechselt. Die Musik dient der Untermalung der Szenerie. Hieraus ein kleiner Ausschnitt [78], wie Pasqué dem einfachen Volk die Verdienste der Großherzöge zusammenfasst:

- -

Die Frau (nach der Stadt aufschauend).

Das ist also die Stadt Darmstadt, in der unser Großherzog wohnt! Die sieht ein wenig anders aus, größer und schöner als unser Dorf, daheim im Odenwald.

Der Odenwälder.

Das will ich meinen! Und unser Großherzog will sie noch schöner und größer machen.

Der Sohn.

Das wäre ein rechtes Kunststück, Vater!

Der Odenwälder.

O, der hat noch ganz andere Kunststücke vollbracht! Doch jetzt öffnet Körbe und Ledertaschen und langt zu! Ich habe Appetit und, wenn ich den gestillt, so will ich euch mehr von unserm Großherzog erzählen.

(Alle sitzen, lagern und erquicken sich am Mitgebrachten.
Langsam tritt der Bürger auf und hört dem Gespräch zu.)

Der Sohn.

Es muss ein wackerer Herr sein und ich freue mich darauf, Ihn zu sehen.

Der Odenwälder.

Deshalb sind wir ja aus unserem Odenwald dahergekommen, und um Ihm zu danken. Denn Dank, Kinder, tausend Dank hat Er um uns und um das ganze Hessenland verdient.

(Alle stehen nach und nach auf.)

Hat Er uns doch aus hörigen und Leibeigenen zu freien Bauern gemacht, die Frohnden und Zehnten, die uns zu nichts kommen ließen, aufgehoben, wie auch den garstigen Mönchlein. Denn für Andere mussten wir arbeiten und was wir säten und bauten, war größten Theils wieder für Andere; was übrigblieb, fraß das Wild. Doch das hat nun auch aufgehört und was jetzt so eine wilde Sau oder ein Bock sich heimlich holt, wird uns reichlich vergütet. Die Ablösung der Grundlasten hat Er auch befohlen und so werden wir denn als freie Bauern auch wieder ein freies Eigentum bekommen. Er hat uns, so zu sagen, erst zu Menschen gemacht und das können wir und unsere Kinder und Kindeskinder Ihm nie genug danken, noch je wieder gut machen.

---

[78] [PAS-19], Seiten 11 und 20.

Der Sohn.

Ich werde es nie vergessen.

...

Ernst Pasqué stimmt dann am Ende eine reine „Huldigungsarie" an, wie sie über einhundert Jahre zuvor Christoph Graupner in seinen späteren Kantaten über seinen Textdichter und Schwager Johann Conrad Lichtenberg (1689-1751) bereits in ähnlicher Weise verwendete:

...

Die Kunst (zur Mitte tretend).

Dein schönes Werk wird nie vergehn!

Es soll in Herrlichkeit

Wie Ludewigs fürstlich Haus bestehn

Bis in die fernste Zeit.

Wie heute tönt es immer fort

In lautem Jubelton:

Heil Ludwig, Hessens Schirm und Hort,

Heil Seinem Enkelsohn!

Schluss-Chor. Alle.

Brausend, im Jubelton,

Dringt zu des Ewigen Thron

Ein Dankgebet.

Gib, Herr, dass allezeit

Dies Haus, der Kunst geweiht,

Des Friedens Hauch, wie heut,

Segnend durchweht.

Der es uns aufgebaut,

Ludewig preist Ihn laut,

Huldigt Ihm hier!

Heil Seinem würd'gen Sohn!

Heil Ihm, der uns zum Lohn

Nun zieret Hessens Thron.

Heil, Ludwig, Dir!

Zusammenfassung: Auch wenn wir heute so einen Vorgang mit seinem Werk nicht mehr recht verstehen wollen und können, so zeigte es uns doch wieder einmal, wie vielfältig Pasqué unterwegs war. Die Zusammenarbeit mit einem einfachen Darmstädter Künstler, Georg Banger, entspringt seinen kommunikativen Verbindungen und seinem Drang, sich in der neuen, hessischen Heimat einzubringen und dauerhaft zu verknüpfen. In 1869 sang er schon lang nicht mehr und war auch nicht mehr Mitglied des Hoftheaters, war diesem jedoch sehr verbunden und wir würden ihm sicher oft im Darmstadt begegnet sein. Leider es nicht erhalten, wie lange er an dem Text gearbeitet hat, es ist aber aufgrund seiner sonst dokumentierten Schreibtätigkeiten wahrscheinlich, dass er den Text binnen eines Tages verfasste.

5.7 Musikantengeschichten rund um Jacques Offenbach (Musikantengeschichte)

Eine wunderbare Geschichte weiß Pasqué auch nach Jahrzehnten eines Kontaktes noch daraus zu erzählen. 1841 lernte er in Paris den Komponisten Jacques Offenbach (1819-1880) kennen. Dieser war zwei Jahre älter als Pasqué und stammte ebenfalls aus Köln. Pasqué erzählt dann ein wenig über die Eigenschaften dieses Freundes und das Leben in Paris [PAS-1]:

... Hierdurch kam ich auch in Berührung mit Offenbach und mehrmals begleitete ich ihn zu Soiréen, um Mode-Romanzen oder Lieder von Schubert oder Proch zu singen, welch' letzter Komponist just von den Parisern entdeckt worden war und sehr goutirt wurde. Bei einer dieser Soiréen erlebte ich folgende Szene mit ihm. Von einem großen Kreise älterer und jüngerer Damen umgeben, die athemlos dem Gesang seines Cellos lauschten, spielte er eine seiner schmachtenden Piècen, als die außerordentlich magere, doch zierliche Gestalt des Virtuosen plötzlich zusammenklappte und wie von tiefer Rührung durch das eigene Spiel überwältigt, in eine malerische Ohnmacht fiel. Nun entstand ein wahrer Aufruhr unter der Damenwelt, und das glückliche kölnische Köbesche, das diese Szene noch vortrefflicher als sein Adagio gespielt hatte, wurde von allen Seiten umringt und zärtlich bearbeitet. Die feinsten beglacéhandschuten Händchen und Batisttücher, die modernsten Odeurs streichelten und umfächelten seinen interessanten Künstlerkopf (es war im Jahr 1848 und trug Offenbach damals weder einen Eulenkneifer noch die gewaltigen Bartkotelettes), um den interessanten Künstler wieder dem Leben zurückzugeben. Und wäre Offenbach nicht bereits ohnmächtig gewesen, so hätte er es bei all dieser zärtlichen Hülfe werden müssen, deßhalb fand er es für geraten, sehr rasch wieder zu erwachen und vor allen Dingen nach frischer Luft zu verlangen. Er war der Held

des Abends geworden und auf diese Weise vergrößerte und verbreitete sich sein Ruf als Virtuose immer mehr. ... [79]

Zusammenfassung: Pasqué erzählt in drei Geschichten seinen Kontakt und seine Verbindung zu Jacques Offenbach in Paris beginnend bis zum Jahre 1878.

5.8 In Paris (Heitere Geschichten aus den Lehrjahren eines Sängers)

Selbstreflektion und geschicktes Marketing waren Pasqué geläufig. Am Ende seines zweibändigen Werkes *„In Paris. Heitere Geschichten aus den Lehrjahren eines Sängers"* schreibt er dann selbstbewusst direkt an seine Leser [80]:

... Da ich dem Leser in den vorstehenden Blättern so viel von meiner Person erzählt, so hätte er wohl auch ein Recht zu fragen was denn eigentlich das Resultat all der Bemühungen und Entbehrungen des angehenden Sängers gewesen? Wollte ich hierauf antworten, so bliebe mir nur Ernstes zu berichten übrig, das in den Rahmen meiner heitern Geschichten wohl nicht passen dürfte. Da ich nun nicht mit einem Mißklang von meinen Lesern scheiden möchte, so muss ich diese Frage vorerst unbeantwortet lassen. Sollte indessen der Eine oder der Andere sich wirklich für die weiteren Erlebnisse und Abenteuer des `artiste chanteur` *und seiner Freunde der der* `rue des Martyrs` *interessieren, so verweist der Verfasser die Wißbegierigen auf seine früher erschienene Erzählung: „Drei Gesellen" (4 Bde. Jena, H. Gostenoble). In derselben findet man die ganze Kolonie der deutsch-pariser Musiker wieder und wird mit leichter Mühe auch den angehenden Sänger zu erkennen vermögen, zugleich auch erfahren wie dessen rosige Hoffnungen in Erfüllung, oder – auch nicht in Erfüllung gegangen sind.*

Nur flüchtig sei hier noch erwähnt, daß ich zu meinem Glück bei dem Gedanken zur französischen Bühne und Oper zu gehen, entsagt. Conradin Kreutzer, den ich im Jahre 1843 in Paris kennenlernte, zog mich wieder nach der deutschen Heimath und am 9. Mai 1844 machte der „Schüler des Pariser Conservatorium" in Mainz sein erstes Debüt als „Jäger" im „Nachtlager" unter des mir unvergesslichen Componisten Leitung. Was ich weiter als Sänger erlebte, gehört in ein anderes Kapitel, denn auf die Lehrjahre folgten die Wanderjahre, bis endlich die Zeit der Ruhe eintrat, wo die Erinnerung mir die Vergangenheit wieder vorführte

---

[79] [PAS-1], Seite 8.
[80] [PAS-18], Band 2, Seite 124.

und die früher mitgeteilten pariser Erlebnisse in die Feder dictirte – mich wohl auch noch veranlassen wird zu erzählen, was mir als Sänger Eigentümliches und Wissenswertes widerfahren.

Bis dahin – Gottbefohlen, lieber Leser! [81]

Zusammenfassung: Die eigene Jugend und das Erwachsenwerden zu betrachten und dann auch noch verbal zu vermitteln wäre heutzutage ein sehr gutes Ergebnis aus einer Therapie. Pasqué nutzt seine Erinnerungen, um daraus ein Sujet seiner Epoche entstehen zu lassen, die manchmal faszinierend, manchmal verstörend real klingt. So, als wenn sich im Grunde in der Welt nicht so viel geändert hatte. Nur Schauplätze, Beteiligte und Worte.

5.9 Der Karlsberg (Kulturhistorischer Roman)

Am 28. Juli 1793 wurde das Schloss Karlsberg zerstört [82], dass 1778–1788 von Herzog Karl II. August von Pfalz-Zweibrücken (1746-1795) auf dem 366 m hohen Buchenberg (heute Karlsberg) als großzügige Residenz bei Homburg errichtet wurde. Zu den überwachsenen Resten reiste Ernst Pasqué im Sommer 1874, damals 53 Jahre alt. Er hatte von diesem Ort gelesen und witterte mit der Spürnase eines Routiniers seine Chance für einen Roman mit dem Titel *„Das letzte Märchen des deutschen Rokokos"*. Ortskundige aus Homburg zeigten ihm den Weg zu den Überresten und Pasqué schrieb seinen Roman als Fortsetzungsroman in 28 Folgen ab 1875 in der *„Neuen Sonntagspost. Blätter zur Unterhaltung am häuslichen Herd"*. Erst nach seinem Tod wurde der Roman als Buch mit 451 Seiten von seiner Tochter Louise herausgebracht.

Gleich zu Beginn können wir seinen Schreibstil bewundern [83]:

... Mit Gewandtheit leitete der Jäger sein Pferd die bewaldete Höhe hinauf, durch Buschwerk, über Steingeröll ging es vorwärts, bis der Gipfel des Berges endlich erreicht war. Vor dem Reiter erhoben sich die Ruinen der ehemaligen Abtei Wörschweiler [84], hier mächtige Teile der Kirche mit einer zierlichen noch wohlerhaltenen Fensterrose, durch die der helle Morgenhimmel blickte, dort Reste von Klostergebäuden und überall, wie aus dem Boden

---

[81] [PAS-4], Seite 124 im 2. Band.

[82] https://de.wikipedia.org/wiki/Schloss_Karlsberg

[83] Zitiert nach der Neuauflage: Verlagsdruckerei W. Ermer, Homburg, 1953, Seite 24.

[84] https://de.wikipedia.org/wiki/Kloster_Wörschweiler; die Kirche weist eine Verwandtschaft mit der im Kloster Eußerthal auf (ebenfalls einer Tochtergründung von Villers-Bettnach), siehe Kapitel 7.

wachsen, einzelne Säulenstümpfe, die zu der Kirche, den Kapellen und dem Kreuzgang gehört haben mochten. Vor der Ruine hielt der junge Mann und stieg vom Pferd.

Dreimal ertönte der Schrei einer Eule – der Reiter im grünen Rock hatte ihn ausgestoßen – und in den Ruinen schien es lebendig zu werden. Hier und da, hinter dem Gemäuer, in den Öffnungen der teilweise verschütteten Gewölbe tauchten braune Gestalten mit blitzenden Augen und schwarzem, zottigem Haar auf, um ebenso rasch wieder zu verschwinden. Doch aus dem Eingang eines halb verfallenen Turmes trat eine Frauengestalt, in wenige bunte Lumpen gehüllt. In stürmischer Eile sprang sie auf den Jäger zu, schlang leidenschaftlich ihre nackten braunen Arme um ihn und wollte ihn küssen.

„Gemach, Jana!" Rief der Jäger fast unwillig. „Siehst du denn nicht, daß ich meine Forstlivre trage, gepuderte Locken und Haarbeutel. Also sauber seid ihr in euren Erd- und Mauerlöchern ja nicht, du, trotz deiner schwarzen Satansaugen, deiner Feuerlippen, ebenso wenig wie die anderen. ...

Zusammenfassung: Basierend auf kulturhistorischen Fakten wird eine wilde Geschichte erzählt, in der sich die Menschen einem zeitgemäßen Klischee folgend verhalten. Auch wenn uns diese Welt heute fremd ist, so gibt sie doch einen guten Einblick in eine vergangene Zeitepoche.

5.10 Wer hat dich, du schöner Wald ...? (Lieder-Erzählung)

In diesem kleinen Büchlein findet sich ein gutes Bild von dem Schriftsteller Pasqué, der vormals ein Sänger war. Er kann von seinem in den Knochen wohnenden Methoden des Musikers nicht loskommen und fügt Erlebnisse, Erfahrungen und Fiktives zu einem neuen Geflecht zusammen, dass – zumindest in der damaligen Zeit – sehr unterhaltsam war. Das folgende Beispiel ist auch noch 25 Jahre nach einem Tod im Verkauf und hat eine Auflage von 75. Tausend erreicht[85]. Die Kulisse bildet die Landschaft nordwestlich von Frankfurt, die Pasqué auch erwandert hat. Im Mittelpunkt steht der Komponist Felix Mendelssohn-Bartholdy (1809-1847), dem er damit ein kleines Denkmal für dessen Zeiten in und um Frankfurt setzt:

... Es waren zwei alte, doch gute Instrumente großen Formats, ein Wiener Flügel von Streicher und ein Flügel-Fortepiano von André in Frankfurt. Felix Mendelssohn hat beide oft und gern gespielt und seine musikalischen Gedanken mit Hülfe ihrer Tasten ins tönende Leben

---

[85] [PAS-12] Seite 7f, 14f.

gerufen; unter anderem auch das herrliche, wohlbekannt gewordenen Männer-Quartett: ‚Wer hat dich, du schöner Wald, aufgebaut so hoch da droben?'. Der Wiener Flügel stand im Saale des Gasthauses zur „Sonne" in Eppstein im Taunus, der Andrésche in der „Krone" des Städtchens Hofheim im Taunus. Der dortige Wirt Fach wußte wohl, was er an dem Instrument hatte und hielt seinen „Mendelssohn-Flügel" hoch in Ehren; er war die Freude seines Alters, der Stolz seines Gasthauses, und jedem Fremden, der dort einkehrte, wurde er zur stillen Bewunderung vorgestellt. Dem Sohne und heutigen Besitzer der „Krone" stand das altgewordene Instrument im Wege; er verkaufte den „Mendelssohn-Flügel" seines Vaters unbarmherzig dem Kleinwirt Peter Schäfer in dem nahen Lorsbach – für zwanzig Mark! – Die Tochter des Eppsteines Sonnenwirts heiratete nach Hofheim in die dortige Ziegelhütte, heute „Schützenhof"; den Eppsteiner „Mendelssohn-Flügel" nahm sie mit sich in ihre neue Heimat, wo ihn mit der Zeit ein noch schlimmeres Los ereilen sollte, als das seines Hofheimer Kollegen. Auf der Suche nach ihm fand ihn der Schreiber dieser Zeilen bei einer Wanderung durch das schöne Lorsbacher-Tal in dem genannten Schützenhofe mit abgeschlagenen Beinen in der Ecke eines zur Rumpelkammer gewordenen Tanzsaales, wohl nur noch des Verbrennens wert! – Das war das Ende der beiden „Mendelssohn-Flügel" im Taunus, - das Los des Schönen auf der Erde!" ...

... „Reden Sie, Herr Barthold", rief Peter mit heller Freude. „Verschaffen Sie mir eine richtige Guitarre-Begleitung zu meinen Liedern, dann dürfen Sie von mir verlangen, was Sie wollen, - nur nicht meine Marieken!"

„Das gönne ich Dir von ganzem Herzen, guter Peter", entgegnete Mendelssohn gerührt, „ich habe bereits mein Marieken gefunden, - wenn es auch einen anderen Namen trägt. Was ich von Dir verlange, ist weiter nichts, als daß Du mir erzählen sollst, wie Du aus dem Taunus an das Meer, aus Eppstein nach dem Gravenhage verschlagen worden bist."

„Das ist bald erzählt, Herr Barthold. Daheim in Eppstein diente ich in der „Sonne". Da kam im vorigen Jahr ein reicher Engländer, Herr Melton hieß er, dem die Gegend gefiel und der sich bei uns einquartierte. Er war ein großer Musikfreund, oder richtiger, mit Respekt zu sagen, ein wahrer Musiknarr, denn er fand an meinem simplem Guitarrenspiel und Singen einen solchen Gefallen, daß ich ihm fast den ganzen Tag vorklimpern und singen mußte. Als ich ihm aber Mendelssohnsche Lieder sang, da geriet mein Engländer außer sich vor Entzücken; er geberdete sich wahrhaft wie närrisch und sagte, daß Mendelssohn, den er in England gehört und gesehen habe, ein ‚Messiah of Music' sei. Er schlug mir vor, ihn mit meiner Guitarre auf seiner großen Reise durch Europa zu begleiten, um ihm Medelssohnsche Lieder zu singen. ... Meine Mutter war tot, mein alter Vater redete mir zu, und fort ging es, mit

meinem Klipperkasten auf dem Rücken und dabei auf dem Bock eines Reisewagens hinaus in die weite, schöne Gotteswelt, - denn auch auf der Landstraße mußte ich meinem neuen musiknärrischen Herrn vom Bock herab meine Lieder spielen und singen. Doch weit kamen wir nicht mit einander. Hier in Haag und im „Lion d'or", wo wir abgestiegen waren, sah ich mein Marieken, und da mir die ewige Singerei im Fahren, denn doch zu viel wurde, - ich hätte meine schöne Stimme dabei verlieren können, und das wäre schade gewesen, haha! – so kündigte ich meinem Herrn glattweg den Dienst. ...

Zusammenfassung: Auch hier findet man Anklänge an Pasqués eigene Geschichte: Das Singen an sich, das Touren durch Europa, das Kennenlernen seiner Frau in Leipzig, das Aufkündigen der Anstellung wegen des drohenden Verlustes der eigenen Stimme, ... Pasqué webt eine anschauliche, teils auf historischen Fakten beruhende Geschichte, zusammen, die auch heute noch nicht langweilig wirkt.

5.11　20 Opernerzählungen für die Jugend als Einführung in die Oper (Erzählung)

Auch pädagogisch hat sich Pasqué betätigt. Er hat mehrfach versucht, sein Wissen um die Musik neuen Leserschichten näher zu bringen. Als Vater von drei Kindern hat er vielleicht Vorkenntnisse in der Vermittlung seiner eigenen Arbeit als Sänger und Intendant an der Oper gehabt. Bereits 1882 in dem Buch „*Aus der Welt der Töne*" [86] erleben wir in verschiedenen Kapiteln versteckt Belehrungen des Protagonisten Reinhold über das deutsche Volkslied sowie die Oper in Italien, Frankreich und Deutschland. Die Details und historischen Kenntnisse sind dabei durchweg erstaunlich. Pasqué versucht auch hier nicht wissenschaftlich aufzutreten, sondern durch seinen Erzählstil eine persönliche Beziehung zum Leser aufzubauen.

In den „*20 Opernerzählungen für die Jugend.*" aus dem Jahre 1889 schreibt Pasqué über seine Motivation und Absicht selbst Folgendes:

... Durch leichte, anregende Unterhaltung eine Belehrung der Jugend zu erstreben, ist der Zweck dieses Büchleins. Es soll meine jugendlichen Leser und Leserinnen vorbereiten in reiferen Jahren die Opern-Aufführungen mit Verständnis und Nutzen zu besuchen und auf sich einwirken zu lassen. Zu diesem Behuf wird ihnen in erster Linie die Handlung der Oper in Form einer Erzählung so klar als nur möglich – und thunlich dargelegt, denn gerade ein

---

[86] [PAS-7], Kapitel 4, 11, 13 und 15.

solches Verständnis der Vorgänge auf der Bühne ist dem Neuling im Zuschauerraum erst recht notwendig und wird ihm, unvorbereitet, doppelt schwer werden. Er soll hören und sehen, die Schönheiten der Musik erkennen und zugleich die oft sehr verwickelte Handlung verstehen. O weh! Das ist zu viel verlangt! Und dennoch ist es eine Notwendigkeit, sollen die Aufführung ihm mehr als ein oberflächliches Vergnügen bereiten. Ist doch ohne ein klares Verständnis der Vorgänge auf der Bühne, ein richtiges Verständnis, ein Erfassen und Würdigen der Komposition so gut wie unmöglich. Hier soll und wird unser Büchlein vermitteln. Hat der Opern-Neuling es zu Hause mit Aufmerksamkeit gelesen, so wird er im Opernhause seine Aufmerksamkeit hauptsächlich der Musik zuwenden dürfen und das Vergnügen, welches sie ihm bereits, ungehindert genießen können.

Weiter werden unsere Unterhaltungen ihn nicht allein mit dem Komponisten und der Bedeutung des betreffenden Werkes bekannt gemacht haben, sondern wird ihm auch einigermaßen Kenntnis geworden sein von der Geschichte, der Entwicklung der musikalischen Bühnenwerke, die wir immer noch „Oper" nennen – soviel dies überhaupt die gegebenen Grenzen gestatten.

Denn erscheinen unsere Opern-Erzählungen auf den ersten Blick auch in einer willkürlichen bunten Reihenfolge, so entbehren sie doch keineswegs eines inneren Zusammenhanges, wie meine Jungen – auch die älteren Leser, dies klar bald erproben werden – und langsam, gleichsam Schritt vor Schritt, dringen wir immer weiter in das bunte Reich der Oper und ihre lehrreiche und fesselnde Geschichte ein.

Ob dieses schöne Ergebnis durch das vorliegende Buch wirklich erreicht werden wird? Der Verfasser hofft es zuversichtlich; er hat seine Aufgabe – dies darf er wohl sagen – mit wahrer Lust und Liebe erfaßt und durchzuführen versucht und glaubt zugleich durch seine langjährige Lebens-Thätigkeit als Opern-Sänger und Regisseur, musikhistorischer Schriftsteller und Verfasser von Opernbüchern auch die Berechtigung zu besitzen, um zu einer wißbegierigen musikalischen Jugend reden zu dürfen. –

Mit diesen vorliegenden 20 Opern-Erzählungen ist indessen das geplante Vorhaben noch nicht zu Ende geführt. Wird unserem Büchlein die gehoffte und – notwendige Teilnahme, soll sobald als thunlich eine weitere Reihe von 20 Opern-Erzählungen folgen, die unsere laufenden Opern-Repertoire in ihren Hauptwerken wohl erschöpfend vorführen wird. Somit glaubt der Verfasser denn seinen jungen Lesern und Leserinnen, sowie deren Eltern, Lehrern und Lehrerinnen schon jetzt ein „ *auf frohes Wiedersehen!* " zurufen zu dürfen.

Alsbach, an der Bergstraße, im Herbst 1889. [87]

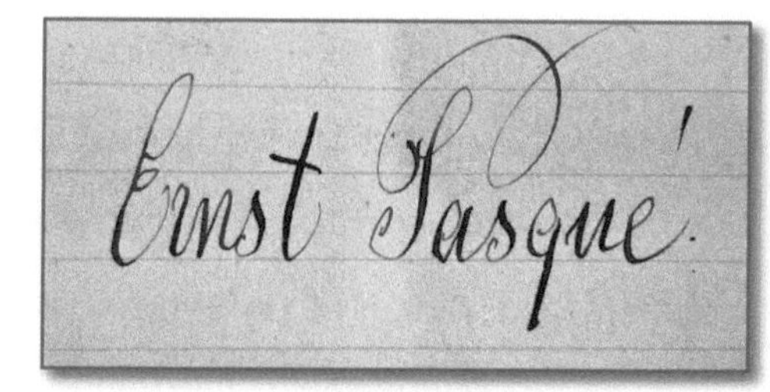

Abb. 40: Pasqués Unterschrift

Zusammenfassung: Pädagogische Absichten in freundlichen Tönen. Die jungen Menschen so direkt anzusprechen war vielleicht in seiner Zeit neu und sicher erreichte es nur eine gewisse Schicht der Bevölkerung. Die Absicht, junge Menschen für die Oper und die Musik zu begeistern, ist auch heute noch edel und notwendig. Dem ist wohl kaum etwas hinzuzusetzen. Freude, Liebe, Mut und Selbstbewusstsein klingen aus diesen Worten von Pasqués.

In einem Vortrag über Pasqué brachte ein Zuhörer dieses kleine Büchlein seiner Schwester mit, um es mir zu schenken. Nach dem Vortrag kam er auf mich zu und sagte: „*Ich kann es Ihnen nicht mehr geben, ich muss es behalten. Ich habe kurz hineingelesen und will es nun meiner Enkeltochter vorlesen und vererben. Die Texte waren so berührend!*" Also wirkte Pasqué noch heute.

5.12 Auf dem Dom-Krahnen (Erzählung)

Pasqué war in Köln geboren, verlebte seine Kindheit dort, bis er mit 17 Jahren nach Paris ging. Den Kontakt zur Geburtsheimat hat er nie verloren oder vernachlässigt. In späteren Jahren sind seine Reisen nach Köln nachweißbar. Da ist es fast selbstverständlich, dass er sich, der sich in Archiven und in der Historie auskannte, auch einen Beitrag zur Geschichte Kölns aufschrieb.

Dazu passt, dass es in Darmstadt einen besonderen Fund im Jahre 1814 gab: Im September fand der Umstädter Zimmermann Johannes Fuhrer auf dem Dachboden des Hotels „*Zur Traube*" am Luisenplatz in Darmstadt zufällig den Original-Bauplan des Kölner Doms, der irgendwie im Zuge der Zeit, eventuell durch die Französische Revolution, dorthin gelangt war und zum Bohnentrocknen missbraucht wurde. Dem Darmstädter Baumeister Georg Moller wurde diese Entdeckung gezeigt und er erkannte darin sogleich die Architekturpläne für den Kölner Dom. Diese wurden dann benutzt, um von 1842 bis 1880 nach über 300 Jahren Baustilstand die Fertigstellung des Domes in Angriff zu nehmen. Mit den neuen Baufortschritten entfiel dann der so lange typische Dom-Kran des Südturmes. Und auf den bezieht sich die Erzählung von Pasqué,

---

der also erlebte, das der Dom fertiggestellt werden konnte. Ihn interessierte die Geschichte seiner langen Bauzeit und die damit verbundenen Geschichten. Hieraus konstruiert er den Abbruch eines Altars und Tabernakels aus der gotischen Zeit um das Jahr 1766. Nennung der Namen und Funktionsbeschreibungen lassen ein realistisches Bild von der Zerstörung entstehen [88]:

An dem folgenden Sonntagmorgen laß der kurkölnische Rat und Stimmeister der Zunft Eisenmarkt, der Herr Doktor Konstatin Gruben, ein ehrwürdiger Herr von neunundsiebzig Jahren, recht gedankenschwer in seinem Kabinett, das mit den herrlichsten Altertümern, Kunstwerken und kostbaren Kuriositäten vollgepfropft war. Er achtete nicht auf solche Schätze, sondern horchte auf die Reden eines alten, geistlichen Herrn, der ihm gegenüber an dem Tische saß. Es war dies der ehrwürdige Dom-Kanonikus und Probst von St. Severin, auch Präsident des kurfürstlichen weltlichen Hofgerichts, Herr Thomas von Quentel, ein alter, treuer Freund des Herrn Doktors und, wie dieser, ein ausnehmender Liebhaber von Kunstwerken und Antiquitäten. Selbiger hielt ein beschriebenes Papier in Händen und schickte sich an, dem Hausherrn daraus vorzulesen. Doch sprach er vorher mit einem tiefen, kummervollen Seufzer:

Es ist nichts mehr zu machen, noch zu hoffen, verehrter, lieber Freund! Das hohe Domkapitel hat in seinem Ungeschmack den Untergang der beiden herrlichenKunstwrke beschlossen und morgen früh vor Tagesanbruch, damit es ja nicht gehindert werden könne, oder die Stadt den Vandalismus nicht sehe, sich seiner nicht zu schämen habe, soll das Urteil durch rohe Hände vollstreckt werden. Der herrliche Aufsatz des Hochaltars unserer hohen Domkirche, sein zierliches Tabernakel, das schönste Werk früherer, nunmehr leider verlorengegangener Steinmetzkunst, wie keine andere Kirche der Welt besitzt – morgen um diese Stunde werden sie gewesen sein. O, es ist um blutige Tränen über den Unverstand dieser Menschen zu weinen, die ihre französischen Perückenschnörkel höher halten, als die wunderbare Mystik des Kirchenbaustils de gläubig frommen Mittelalters! ...

Nur einen Auszug, doch dieser genügt leider vollständig, entgegnete der Herr Kanonikus von Quentel mit einem neuen, schweren Seufzer. Dann begann er zu lesen: [89]

"Es ist beliebt und beschlossen worden, einen neuen hohen Altar in hiesiger Domkirche, und zwar mit einem mittleren `taberacul`*, sonsten aber ganz offen und frei, auch ohne* `Colonnes à la papale`*, weniger nicht zwei neue Neben- und Seitenaltäre von Marmorstein fertigen und diese beiden überzweg stellen, sodann den mittleren Raum zwischen dem*

---

[88] [PAS-13], Seite 64-66.
[89] Pasqué zitiert: Kapitelbeschluß vom Jahre 1766, nach Dr. Lennard Ennen (1820-1880).

Presbyterio und Chor *vernichten und des Ends die beiden daselbst* itzo *vorseienden eisernen Gitter wegbringen und dahin gegen dem Volk unterher dem Chor einen anderen absonderlen Platz, um auf den Altar füglich sehen zu können, fördersams bestimmen, übrigens auch um diesen* prospect *annoch mehr zu veranlassen, sowohl an einen Seiten des hohen Altars dir Stühle* pro D. celebrante et D. D. diaconis *als auch zu anderen Seiten das daselbst stehende große* tabernacul *abbrechen, sofort anstatt gleich besagter Stühle drei Lehnsessel verfertigen und herstellen zu lassen."*

Die Blinden! Die Toren! Rief Doktor Gruben, den Lesenden unterbrechend. Berufen, die Schätze des Domes zu schützen, vermögen sie nur zu zerstören. Weh ihnen und unserer Zeit, in der solch vandalisch Werk möglich sein kann! ...

Zusammenfassung: Auch hier wird der Leser hautnah in die Geschichte geführt. Wir können uns hier kein Urteil über die Genauigkeit der Details erlauben, Pasqué verfügt jedoch über die Fähigkeit, den Leser in die Zeit mitzunehmen. In der Geschichte organisieren seine Helden beim Abbruch zumindest die Sicherstellung der Reste, auch wenn dabei eine Person zu Tode kommt.

5.13   Ein Briefmarkensammler (Erzählung)

In dieser kleinen Erzählung[90] verknüpft Pasqué eine aufkommende, moderne Leidenschaft jener Zeit – das Briefmarkensammeln – mit einer Liebesgeschichte im nahen Frankfurter Raum. Auch hier taucht er ganz in die Eigenschaften dieses Menschen, des Oberkellners Franz Kreide, ein und nimmt gleichzeitig die Lebensgewohnheiten jener Zeiten wie mit einer Lupe auf die Schippe, überzeichnet das Liebeswerben ebenso, wie die bürgerliche Gesellschaft in dem kleinen Ort Schlaberndorf rund um den Schlaberndorfer Hof, dem ersten Haus am Platze. Die Intrigen auf beiden Seiten der Parteien drehen sich um eine besondere Briefmarke, der „*Liechtensteiner*":

Frau Witwe Schnepfel, die Besitzerin des Schlaberndorder Hofes, des ersten Hotels in Schlaberndorf, war trotz der dreißig und einiger Jahre, die sie etwas zählen mochte, noch immer eine schöne, stattliche Frau, und doch gelang es ihr nicht, ihren zeitweiligen Oberkellner, dem eleganten Franz Kreide, welcher vor kurzer Zeit aus Frankfurt am Main, der hohen Schule der Hotelbeflissenen, im Schlaberndorfer Hofe als Lenker und Leiter der Table-

---

d'hôte und Verfasser der Fremdenrechnungen eingerückt war, eine Idee von ihren sprechenden und einleuchtenden Vorzügen beizubringen. ...

In Frankfurt war dieser neue Geist des Jahrhunderts über ihn gekommen. Bebrieftmarkte Kuverts von den Reisenden aus allen Weltgegenden in Papierkörben und anderen Orten zurückgelassen, hatte er sorgfältig gesammelt und aufgehoben. Vor den Stubenmädels war er Morgens schon in den von Reisenden verlassenen Stuben erschienen und hatte Kisten und Kasten durchstöbert und seine papiernen Schätze gehoben. So war er denn nach und nach in den Besitz einer fast unzähligen Menge jener kleinen, bunten, bedruckten Papierstückchen gekommen, die die Wonne eines Briefmarkensammlers bilden. Einen Katalog von Zschiesche und Köder aus Leipzig [91] hatte er sich für zehn Silbergroschen als Handbuch angeschafft, endlich ein elegantes, in rotes Schafleder gebundenes Album, dann mit Hilfe Zschieches und Köders eine Auswahl seiner angehäuften Schätze getroffen und solche in besagtem Album firiert, das heißt mit Kleister festgeklebt. ...

Frau Schnepfel, die ihn oft in solchen melancholischen Momenten überrascht, ihn dann teilnehmend ersuchte, sein Leid an einem mitfühlenden Busen auszuschütten, erfuhr denn auch endlich das schwere, drückende Geheimnis, des tiefen Kummers entsetzliche Ursache. Ihm, dem reichen Manne, der Inder und Amerikaner, Neufundländer in Hülle und Fülle besaß, ihm fehlte eine einfache, deutsche Briefmarke, die jedoch – wer sollte es glauben, in Deutschland für möglich halten! – zu den aller-aller-allergrößten Seltenheiten gehörte und im Zschiesche und Köder, als nie an der Börse vorkommend, weder P noch G notiert erschien. Ihm fehlte – ein L i e c h t e n s t e i n e r, oder vielmehr eine L i e c h t e n s t e i n e r i n! ...

Was war das? – Was hatte Franz Kreide da gelesen? – Frau Schnepfel liebte – ihn! Und hielt ihn für unfähig eines ähnlichen und doch so echt männlichen Gefühls, deshalb sollte ihr großer, schöner Schlaberndorfer Hof unter das Regiment eines Vaduzischen Ochsenfußes kommen, während er – „O ich Esel! Ich dreimal großer Hasenfuß!" also knirschte Herr Franz Kreide vor Entrüstung bei solchem Denken, indem er sich zugleich mit der flachen Hand und mit ziemlicher Gewalt vor die Stirne schlug, vor seinen Denk- und Laternenkasten, der bisher mit lauter Briefmarken zugeklebt gewesen sein mußte, in dem aber die einzige, braune Liechtensteinerin plötzlich ein so gewaltiges Licht angezündet hatte. ...

---

[91] Erstmals am 1. Mai 1863 vom Münzen- und Antiquitätengeschäft Zschiesche & Köder in Leipzig herausgegeben.

Zusammenfassung: Durch die List der Frau Schnepfel kommen beide doch noch zusammen, ein Happy End! Herr Kreide wurde Verlobter, dann Ehemann von Frau Schnepfel und sie trug die seltene Briefmarke wie ein Diadem in einer Brosche um ihren Hals. Er durfte seiner „*Markomanie*" weiter frönen und der Gasthof florierte wieder.

5.14   Die Mühle im Wisperthal (Opern-Libretto)

Ernst Pasqué hat eine Erzählung, die im Jahre 1882 als Fortsetzung in der Deutschen Romanzeitung erschien, inhaltlich zeitgleich in einen Operntext umgesetzt. Die Oper „*Die Mühle im Wisperthal*"[92] wurde von Wilhelm Freudenberg (1838-1928) komponiert und erlebte am 21.01.1883 ihre Uraufführung in Magdeburg. Das Wispertal ist ein wunderschönes Wanderziel zwischen Bad Camberg und Lorch am Rhein von ca. 40 Kilometer Länge. Die Oper spielt in der Nähe von Lorch, wo Pasqué auf seinen Heimatreisen nach Köln eventuell ja einmal vorbeigekommen war und den Sagen und den Märchen der dortigen Bevölkerung bei einem Glas Wein lauschte.

Aus dem Libretto zuerst einmal ein paar Regieanweisungen, die zeigen, dass Pasqué als Sänger und Regisseur sehr viel Erfahrung an praktischen Inszenierungen gesammelt hatte.

Freier Platz vor einer Mühle im Wisperthal, in der Nähe von Lorch.
Links, sich nach dem Hintergrund ziehend, die Mühle, aus mehreren aneinandergereihten kleinen ländlichen Bauten bestehen, Strohdächer etc.. Thüren und Fenster sind practikabel, desgl. das Mühlrad und die Wasserrinne, welche aus dem Hintergrunde, zur Seite links vorkommt. Das Rad steht stille, die Rinne ist trocken. Vor der Mühle eine alte Linde mit mächtigem Stamm, Steintisch, Bank und Schemel in deren Nähe. Rechts ein Stall und ein halbverfallener Backofen von alter Form, mit kurzem Schlot, ebenfalls practikabel. Ein lückenhafter Gartenzaun verbindet diese Theile mit einem weiten offenen Eingangsthor, dass im Hintergrunde die rechte Ecke der Scene abstumpft und als allgemeiner Eingang dient. Auf dem Prospekt: Felsen, Wald. Allerlei Geräte, zur Mühle und zur Oekonomie dienend, auf der Scene. Das Ganze stellt sich als eine lange verwahrloste, doch in dieser ihrer Verwahrlosung malerische Mühle mit ihrer Umgebung dar, die im Verlauf des ersten Chors wieder in etwas Ordnung gebracht werden. Sonniger morgen.

---

[92] [PAS-15] Seite 5f.

Scene 1.

Chor: männliche und weibliche Dienerschaft der Freiin;
einige Bewohner von Lorch; Mutter Waltraut; Meta.

Der Chor in buntem Durcheinander ist beschäftigt, Haus und Hof, Mühle und Rad wieder in Stand zu setzen, indes Mutter Waltraud anordnend und antreibend umhergeht. Mädchen putzen die kleinen runden Fensterscheiben der Mühle, hängen bunte Vorhänge auf. Männer sitzen auf der Wasserrinne, nageln lockere Bohlen fest (der Hammerschlag mischt sich dann und wann im Tact in den Chorgesang). Andere schleppen gefüllte Säcke herbei, die sie im Vordergrund (links) wider die Mauer der Mühle lehnen. Mädchen, an ihrer Spitze Meta, treiben lachend einen Esel in den Stall; Andere wieder thürmen Holz auf, bringen allerlei nothwendiges Geräthe, das sie so aufstellen, als hätte es zur Arbeit gedient. Zwei Lakaien tragen Körbe mit Kleidern in die Mühle. – Ein Bursche sitzt rittlings auf dem Strohdach und richtet einen umgesunkenen Wetterhahn auf der Giebelspitze wieder auf. Wie der Vorhang sich hebt, ist Alles in vollem Leben, doch ist die Arbeit beinahe gethan.

Chor, *Mädchen in und vor dem Hause.*

Rühret die Hände,
Und säubert das Haus,
Treibet behende
Jed' Stäubchen hinaus.

Chor, *Männer, bei dem Mahlwerk beschäftigt.*

Sichert dem Wasser
Den treibenden Pfad.
Lustig sich drehe
Das klappernde Rad.

Meta, *Mädchen und Bursche, dritte Gruppe, den Mülleresel in*
den Stall treibend.

Grauer, sei nicht träge,
Dort hinein, auf Deine Streu!
Oder sind Dir Schläge
Lieber noch als süßes Heu?
Mußt Dich wieder plagen,
Ohne Rast und ohne Ruh`,
Säcke schleppen, tragen –
(Langsamer.) Armer Mülleresel, Du!

Waltraut, dazwischen.

Beeilet Euch!

Chor (Alle).

Bald ist's gethan.

…

Zusammenfassung: Natürlich klingt ein Operntext aus jener Zeit nicht so „nett" wie eine Erzählung oder ein Roman, er hat ja auch eine ganz andere Funktion. Auch das gezwungene Reimen trägt nicht gerade für unsere Augen (und Ohren) zu einem Genuss bei. Allein Pasqués Beschreibungen der Personen, an die sich heutige Regisseure sicher nicht halten würden, geben einen besseren Einblick über den Schriftsteller Pasqué:

„Der Marquis, dürre Gestalt, übertrieben elegant gekleidet, eine Narbe quer über das ganze Gesicht, zierlicher Degen, die mit reichen Spitzenmanschetten umgebenen Hände in einem kleinen Muff, der an einem Bande ihm um den Hals es hängt, tritt tänzelnd, geziert und siegesgewiß, ganz im Vorgrunde rechts auf."

Und immer wieder flicht Pasqué bei Gesangseinlagen des Marquis ein paar französische Worte oder Floskeln ein. Seine Pariser Lehrjahre haben ihn deutlich geprägt.

5.15 Auf den Spuren des Französischen Volkslieds (Historische Geschichten)

Pasqués Neigung zum Französischen zeigt sich immer wieder. Die sechs Jahre in Paris müssen ihn grundlegend geformt haben. In den Büchlein *„Auf den Spuren des Französischen Volkslieds"*, das erst sieben Jahre nach seinem Tod in einer Überarbeitung von Eduard von Bamberg erschienen ist, werden 13 französische Volkslieder, verpackt in historische Geschichten, in ihrer Entstehung und Verbreitung erzählerisch beschrieben. Verblüffend dabei ist, wie viel Wissen Pasqué über die französische Geschichte des 18. Jahrhunderts besitzt und wie viele Einzelheiten er über die Verbreitung der Lieder, insbesondere auch in darüber geschriebenen Opern, vorzuführen vermag. Nach seinen Anfangsjahren in Paris ist er erst später nachweislich nach dem Deutsch-Französischen Krieg 1870/71 in den Jahren 1878 und 1880 wieder in Paris zu finden. Er wird dort auf jeden Fall, wie wir ihn in Darmstadt und Weimar schon erlebt haben, in Archiven,

Bibliotheken und anderen Quellen wie den Opernhäusern gewühlt und gearbeitet haben. Aus dem ersten Kapitel „*Das Milchmädchen von Trianin*"[93] hier das Entré von Pasqué:

Versailles mit seinen Gärten, Wasserkünsten und den beiden Trianon ist als Schauplatz weltgeschichtlicher Ereignisse, fantastischer Feste und bekannter Scenen aus der Zeit des »Roi solei« und seiner Nachfolger für den Fremden von ausserordentlichem Reiz, besonders hat man sich aber um »Petit Trianon«, das mit seinem »Hameau« fünfzehn Jahre (1774– 1789) der Lieblingsaufenthalt der unglücklichen Königin Marie Antoinette war, ein Sagenkreis gewogen, der einen Geheimnis von Zauber ausübt.

Als ich im Sommer 1880 das letzte Mal in Paris weilte, verbrachte ich mehrere Tage in diesem kleinen Paradies, das in liberalster Weise täglich geöffnet war und doch so gut wie nicht besucht wurde. Für mich war dieser Umstand indess nützlich, denn ungestört durfte ich meinen Träumen nachhängen, ja es gelang mir sogar, den rothhosigen Troupier im Wächterhäuschen durch freundliche Worte und einige Regiecigarren zu bewegen, dass er mit mir die verbotenen Bauten des arkadischen Dörfchens durchwanderte. In der Mühle setzte er das Rad in Schwung, und es sang sein melancholisches Klippklapp wie damals, als Ludwig XVI. das Müllerhandwerk hier betrieb; in der Laiterie stand die weisse Marmortafel, auf welcher Marie Antoinette ihren Gästen die Milch auftischte, ich sah die Futterspeicher, zu denen man auf Mahagonileitern hinanstieg, die Wirtschaftsräume, in denen man mit Bläueln von Ebenholz die Wäsche schlug und die Schäfchen mit goldenen Scheren schor. Auch das Schulhaus inspizierte ich, in welchem der junge Graf von Provence (später Ludwig XVIII.) den Bakel schwang, während sein Bruder, der Graf von Artois (später Karl X.) als Flurschütz in dem jetzigen Wächterhäuschen residierte; dann kam die Wohnung des Bailly an die Reihe, den meist der gewandte Graf d'Ahémar vorstellte, der Marlboroughthurm, das Pfarrhaus und endlich das schönste und größte Gebäude des Dörfchens, die Wohnstätte der königlichen Pächterin mit ihren Lauben und Gängen.

Als sich mein freundlicher Führer verabschiedet hatte, warf ich mich am Ufer des kleinen Sees auf den Rasen nieder und versenkte mich in die alten Zeiten. Soweit mein Auge drang, auf den grünen Auen, in den besonnten Baumgruppen, dem lauschigen Wäldchen, tiefe Stille; der See lag wie ein glitzernder Spiegel da, und die Häuschen am Ufer beschauten sich lächelnd darin mit ihren bunten Farben. Da erblickte ich die jugendschöne Königin in ihrem weißen Kattunkleid mit dem gekreuzten Florhalstuch und den breitbandigen Strohhut, bald ein Chanson, bald ein Liedchen ihrer Heimat trällern, durchstreifte sie Arkadien. Vom Pachthof

---

ging es zur Melkerei, dann klang es »Madame à sa tour monte, Mironton, ton, ton, mirontaine!«, und eilands flog sie die Wendeltreppe des Marlboroughthurm hinan; ich sah sie im gewohnten Kreise ihres engeren Hofstaates, dann wieder im glänzenden Treiben der Feste – am Ende kamen trübe, es kamen entsetzliche Bilder. Doch still davon; nur von einem Idyll aus ihren sonnigen Tagen will ich erzählen. ...

In dieser Geschichte erzählt dann Pasqué weiter, wie ein unglückliches Milchmädchen aus der Schweiz, die dort arbeitete, nach ihrem geliebten Jacques sich verzehrte, und dies mit dem Lied „*Pauve Jacques*" von Jeanne Renee de Bombelles, Marquise von Travanet (1753-1828) besingt. Zum Abschluss hier noch die ersten beiden Verse des Liedes:

Pauvre Jacques, quand j'étais près de toi,	*Armer Jacques, als ich in deiner Nähe war,*
Je ne sentais pas ma misère ;	*Ich habe mein Elend nicht gespürt;*
Mais à présent que tu vis loin de moi,	*Aber jetzt, wo du weit weg von mir lebst,*
Je manque de tout sur la terre (bis).	*Mir fehlt alles auf der Erde (bis).*
Quand tu venais partager mes travaux,	*Als Sie gekommen sind, um meine Arbeit zu teilen,*
Je trouvais ma tâche légère,	*Ich habe mein Arbeitslicht gefunden,*
T'en souvient-il ? tous les jours étaient beaux.	*Erinnerst du dich daran? Jeder Tag war wunderschön.*
Qui me rendra ce temps prospère ?	*Wer wird diese Zeit für mich erfolgreich machen ?*
...	...

In einem weiteren Volkslied aus Frankreich („*Malbrough s'en va-t-en guerre*" [94]) beschreibt Pasqué auch genauestens den Ablauf einer Schlacht, so wie er sie sich auf Basis historischer Fakten vorstellte. Wenn uns heute auch diese Art der Beschreibung zumindest eigentümlich vorkommt, so kann man derartiges in jener Zeitepoche häufig vorfinden. Deshalb auch hiervon ein kleiner Ausschnitt:

... Vor mir lag Malplaquet, in diesem Umkreis sich Villars verschanzt hatte, während Prinz Eugen und Marlborough durch die beiden Lichtungen denselben attaquiren mussten und somit stets den Kugeln ausgesetzt waren. Je mehr ich hinschaute, umso deutlicher wurde es mir, wie die Schlacht sich entwickelt, hin und her geschwankt und geendet hatte. Villars Instruction lautete auf Schonung der Armee, denn eine zweite hatte Frankreich nicht mehr zu verlieren; deshalb hatte er sich zunächst – und zwar ganz gegen seine eigene Herzensneigung – in Douai festgeschanzt, indes die Gegner Tournay nahmen. Als diese sich darauf unter dem tapferen Prinzen Friedrich von Hessen-Kassel, späteren König von Schweden, seine

---

[94] Zu deutsch: Malbrough zieht in den Krieg.

Stellung umgangen hatten, zog er ihnen wohl entgegen, nahm aber vor Malplaquet wieder seine frühere Taktik auf und führte seinen Linien umso fester aus, je mehr jene durch Heranziehung ihrer Völker an Zeit verloren. »Wir werden gegen Maulwürfe kämpfen müssen,« schalten sie, als sie seine Vorbereitung sahen; in der Schlacht erfuhren sie aber, dass die Schaufel eine ebenso gute, dazu unheimliche Arbeit verrichten kann wie Flinte und Degen. ...

Zusammenfassung: Auch hier zeigt sich Pasqué als gewandter, historisch gebildeter Schreiber und fasziniert immer wieder durch ungewohnte Beiträge.

5.16 Zwei Eleven Worths (Novelle)

In diesem Werk von Pasqué aus dem Jahre 1884 will ich nicht Pasqué selbst sprechen lassen, sondern aus dem Vorwort zu dem Buch [95] Joseph Kürschner (1853-1902) zitieren, wie er in der Einleitung ein persönliches Treffen mit Pasqué erlebt hat. Dies gibt ein sehr lebhaftes Bild über die Persönlichkeit Pasqués.

Über dem kleinen hessischen Dörfchen Alsbach erhebt sich auf sanft ansteigender Höhe ein schmuckes Landhaus, in dessen Garten ich am Morgen eines zweiten Septembers eintrat. Die Luft war lau und weich, die Sonne lag mit vollem Glanz über der lachenden Landschaft und alles prangten noch in vollem Sommerschmuck. Zahlreiche Vögel jubelten in den Morgen hinaus und es war als ob jeder Zweig und jedes Blatt an diesen schönen Erdenfleck mir ein „herzliches Willkomm" zurief. Und als ich eben darüber nachdachte, warum wohl die Deutschen so viel nach der Schweiz und noch weiter nach dem Süden pilgern, bevor sie noch ihr ureigenes Vaterland recht kennen und würdigen gelernt, klang es plötzlich deutlich und voll, mit einer Stimme, die so ganz in diese frohmachende Umgebung hineingehören schien, leibhaftig ein mein Ohr: „Herzlich Willkommen !" Da stand er vor mir, die beiden Hände ausgestreckt zum Empfang, mit seinem guten, vom weißen Bart würdig eingerahmten Gesicht, in dem Liebenswürdigkeit mit dem lustigen Schalk um die Herrschaft ringen – der Erzähler der nachfolgenden Geschichte. Wir waren einander fremd gewesen, zudem durch Jahre verschieden, dann hatte mit einemmal eine gleiche literarische Liebhaberei Vermittlerdienste übernommen, Briefe waren hin- und hergegangen und nun war ich selbst gekommen, mündlich zu sagen, was das Papier nicht alles fassen konnte. Die eigentümliche Lebhaftigkeit, die nie müde Elastizität, seine Vorliebe für Paris konnten mich im Verein mit dem Namen nur daran

---

[95] [PAS-16], Seiten 5-6.

bestärken, Pasqué müsse ein Franzose sein, wenn auch die Erscheinung nicht recht zur Vorstellung eines solchen passen wollte. Als aber dann der Abend sich über die Fluren senkte und wir beschaulich bei einem Glase guten deutschen Weines auf der Veranda neben seinem Arbeitszimmer saßen und die Feuer von den Bergen ringsherum große Erinnerungen wachriefen, aus dem Dörfchen drunten der Wind die Klänge der „Wacht am Rhein" zu uns herauftrug, da konnte er nicht müde werden, von den unvergesslichen Ereignissen der Jahre 1870-71 zu erzählen, und es zeigte sich, dass trotz des fremden Namens Pasqué ein gutes deutsches Herz in seiner Brust schlägt.

Dennoch ist der längere Aufenthalt Pasqué in Paris auf ihn nicht ohne Einfluß geblieben; er liebt es, seine Erzählung auf französischen Boden zu verlegen, und auch die Leichtigkeit und das Flotte seines Erzählens dürfen wohl zum Teil auf französische Einflüsse, namentlich auf seine reiche Beschäftigung mit der französischen Literatur zurückzuführen sein. Noch weniger verleugnet Pasqué, der Schriftsteller, die einstige theatralische Persönlichkeit. Der Mann, der Jahre lang, teils mitwirkend, teils leitend und immer nach Erkenntnis ihrer Wirkungen trachtend, der Bühne nah gestanden hat, zeigt sich an zahlreichen Stellen seiner literarischen Schöpfungen, und gerade in der nachfolgenden Erzählung werden die Leser eine Probe davon erhalten, wie geschickt Pasqué Situationen vorzuführen weiß, wie er stets zur rechten Zeit das Wirkungsvolle vortreten und befriedigend das Ganze abschließen läßt. Dieser rasch vorwärtsschreitende Gang, die nie um eine Ueberraschung verlegene Erfindung, das lustige Durcheinander mit seiner endlichen glücklichen Entwirrung – alles das fordert gewissermaßen auf, die Novelle ins Dramatische zu übertragen. Man kann an der Wahrscheinlichkeit zweifeln, wird aber darum dem Autor nicht gram sein, sondern sich mit Behagen seiner weiteren Führung anvertrauen. Es ist ein großer Vorzug Pasqués, dass er, der keine Prätention kennt, der nur einem inneren Drang nach Mitteilung der Gebilde seiner regen, stets beschäftigten Phantasie folgt, immer zu interessieren und in großen und kleinen Erzählungen jenen angenehmen Erzählton anzuschlagen weiß, der eine genussvolle Unterhaltung verbürgt. ...

Zusammenfassung: Dem Autor geschieht es immer wieder, dass beim Blättern durch Bücher oder Artikel von Pasqué sich zum einen eine Wohlvertrautheit zeigt und sich zum anderen ein Erstaunen breit macht, was dieser Mensch in seinem Leben aus seiner Fantasie so alles erschaffen hat. Und in seinem Vermächtnis an der Bibliothek [ULB] lässt sich noch manches, nicht mehr Beendete finden.

5.17 Unveröffentlichtes in Handschriften und Kreativität in Collagen

In seinem Nachlass finden sich aus seiner schriftstellerischen Tätigkeit viele Fragmente, die meisten bisher unerforscht. Seine Handschrift lädt nicht gerade zum einfachen Lesen ein. Aus diesem großen Werkzeugkasten wurden beispielsweise folgende Werke identifiziert, weitere warten noch auf eine genaue Analyse [96].

Werk	Seiten / Entstehung
Lully *Der Kampf des Weines und der Liebe.* *Die Gründung der französischen Oper.*	12 Seiten, 12. Juni 1872
Eine Freundin, die vorüber ging (Donizetti)	62 Seiten, 1875
Konradin Kreutzers letzte Komposition und sein Tod	4 Seiten, 9. August 1881
Die Meistersinger von Straßburg	2./3. Juni 1882
Die Zukunfts-Musik *Ein Märchen*	3 Seiten, 2./3. März 1883
Nur ein Pferdeknecht	64 Seiten, Beginn: 23. Juli 1883
Fauchou das Lagermädchen	6 Seiten, 5. Januar 1884
Kölner Männergesangsverein	23. November 1884
Drei Meisterwerke unter einem Dach	7 Seiten, 7. April 1886
Polichinell als Opern-Komponist	4 Seiten, Beginn: 3. März 1886, Ende: 4. März 1886
Meine wunde Stelle in Mozarts Don Juan	7 Seiten, Anfang: 12. März 1887, Ende: 14. März 1887
Seltene Gäste zum Schützenfest	6.Seiten, 2. Juli 1887
Rose und Lorbeer	13 Seiten, 29. Januar 1888
Das Dessert	8 Seiten
Die fünf Sinne *Volksstück in 4 Akten*	
Die Herrschaft der Mode *Lustspiel in 4 Aufzügen*	

[96] Alle Werke sind handschriftlich, mit vielen Veränderungen markiert. Ob ein Text vollständig ist oder schon veröffentlicht wurde, lässt sich ohne ausführliches inhaltliches Lesen kaum ermitteln. In den allermeisten Fällen hat Pasqué die Dokumente mit Datum (Beginn, Ende) versehen.

Werk	Seiten / Entstehung
Die Reise zum Nordpol	
Ein Abschied von den Ardennen *Genrebild, frei nach dem Französischem*	
Marianne *wahrscheinlich auf Marianne Schönberger-Marconi bezogen*	256 Seiten
Zwei königliche Wiegenlieder	18 Seiten
Zwei Symphonien	6 Seiten
Zwei Wanderungen	33 Seiten

Tabelle 9: Handschriftliche Manuskripte

Pasqué hat in seinem Nachlass zu Lebzeiten eine Unordnung insofern geschaffen, als er seine Werke nicht „säuberlich" und „geordnet" hinterlassen hat. Viele seiner handschriftlichen Seiten sind mit Korrekturen versehen, die den Lesefluss erheblich hindern. Heute würden wir sagen: *First Draft*. Und, nicht zu übersehen, hat er an den Rändern der Manuskripte kleine Zeichnungen eingefügt, die auf den ersten Blick mit dem Inhalt meist nichts zu tun haben. Zeitvertreib? Spieltrieb? Intuitionsmotor?

Wir wissen es nicht, geben Ihnen jedoch mit nebenstehender Zusammenstellung ein kleines Puzzle über den Künstler Ernst Pasqué anheim. Wenn wir uns den Gesamtumfang von Pasqués schriftstellerischer Arbeit anschauen, kann schon Erstaunen und Respekt entstehen. Mit den Mitteln des 19. Jahrhunderts hat er ungefähr folgende Werke (über 19.000 Seiten) erschaffen[97]:

Abb. 41: Zeichnungen von Ernst Pasqué

---

[97] Stand: April 2024.

Werkkategorie	Anzahl
Opern-Libretti	60
Zeitungsartikel	87
Erzählungen	44
Romane	15
Novellen	5
Schauspiele, Gedichte, Reden, Prologe, Nachrufe, Wissenschaftliches, sonstiges	13
Unveröffentlichtes Material aus unterschiedlichem Genre	> 80

Tabelle 10: Genre-Auflistung für Pasqué-Werke

Daneben finden wir auch in seinen gesammelten Handschriften als Teil eines Romans ein Gedicht. Da dies so selten beziehungsweise einmalig ist, kommt es hier zum Vorschein:

> *Wie des Lebens Wonne,*
>
> *Stolz und Zier.*
>
> *Bet' ich zur Madonna*
>
> *Seh ich Dich,*
>
> *Und nur Liebesworte*
>
> *Stammle ich.*
>
> *Wenn im Kuß Dein Odem*
>
> *Mich umweht,*
>
> *Wird mein werbend Kosen*
>
> *Zum Gebet.*
>
> *Bist mir Erdenfreude,*
>
> *Himmelsruh:*
>
> *Mein Einziges und Alles,*
>
> *Maria, bist Du!*

So lernen wir eventuell den Ernst kennen, wie er zu seiner Frau Pauline und zu seinen Kindern war. Viel Persönliches ist in den Unterlagen nicht zu finden, zu sehr war Pasqué mit seiner Wirkung nach außen und schreiben für die Menschen beschäftigt.

5.18 Die Goldene Orgel (Märchen)

Ganz anders und im großen Stil kommt sein Märchen „*Die Goldene Orgel*" daher. Neben vielen Einzelheiten aus dem Leben des Barock-Komponisten Christoph Graupner (1683-1760) entstehen Lebensumstände aus der Zeit von 1723 vor unseren Augen, Details von der Landschaft der Bergstraße und immer wieder spannende Details in märchenhaften Schilderungen. In der geänderten Version in Pasqués Sammelband „*Aus der Welt der Töne*" [98] umfasst die Erzählung 33 gedruckte Seiten. Lassen Sie sich von der spannenden und ausführlichen Schilderung des Abenteuers in die Welt der Töne entführen.

Aber wer war dieser Christoph Graupner [99] ? Als Komponist und Zeitgenosse von Johann Sebastian Bach und Georg Philipp Telemann war er von 1709 bis zu seinem Tod 1760 am Darmstädter Hof vor allem als Kirchenmusiker beim Landgrafen Ernst Ludwig angestellt. Darmstadt kann stolz sein, sein (fast) komplettes Vermächtnis im Gegensatz zu vielen seiner Zeitgenossen auch über die Kriegswirren und -zerstörungen hinweg gerettet zu haben und sie heute digital zur Verfügung zu stellen. Pasqué hat als Hofmusikbibliothekar offensichtlich die in der Hofbibliothek lagernden Autographen gefunden und sichten können.

Allein der schiere Umfang von über 1.400 Kantaten und Hunderten anderer Werke muss ihm imponiert haben. Ungewöhnlich für seine Zeit, hat er versucht, diese zu katalogisieren. Eine erneute Nutzung und Aufführung dieser wunderbaren Musik, nach vielen Jahren Lagerung in den Archiven, war für Pasqué um 1850 noch keine Möglichkeit. Aber wie dann diesem großen Sohn Darmstadts ein Denkmal setzen?

So mag die Idee und die Geschichte mit dem Märchen über Christoph Graupner entstanden sein, von dem leider kein Bildnis überliefert ist. Erst im Jahre 2018 hat die Stadt Darmstadt eine Gedenktafel für Christoph Graupner am Stadthaus am Luisenplatz anbringen lassen. Weitere Informationen über diesen großen Komponisten, der eigentlich vor Johann Sebastian Bach 1723 Thomaskantor in Leipzig werden wollte und konnte und den der Landgraf aus Darmstadt nicht hat gehen lassen, können Sie der Webseite der Christoph-Graupner-Gesellschaft, e.V. [CGG] entnehmen.

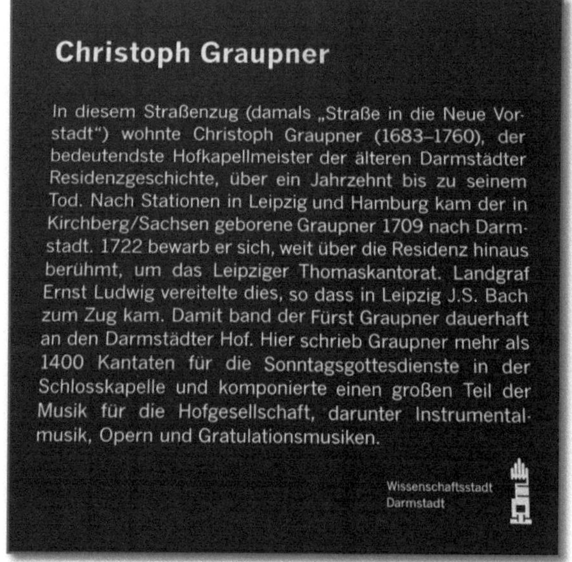

Abb. 42: Gedenktafel für Christoph Graupner

---

[98] [PAS-7], Seiten 174-205.

[99] https://christoph-graupner-gesellschaft.de/christoph-graupner/biographie

Da das Märchen „*Die Goldene Orgel*" kaum bekannt ist, wird es hier zum ersten Male in uns bekannter Schrift komplett abgedruckt. Es enthält neben vielen Informationen zu Christoph Graupner intersannte Schilderungen der Bergstraße und aus Rheinland-Pfalz. Am Ende des Märchens wird erforscht, inwieweit die Informationen im Märchen den realen Lebensumständen von Graupner entsprachen. Der Wanderweg der beiden Protagonisten wird in der heutigen Realität geprüft und geschildert. Pasqué beherrscht in diesem frühen Werk aus dem Jahr 1864 bereits die ganze Palette von spannenden Schilderungen und die Erzeugung von Spannungsbögen.

Genießen Sie nun das vollständige Märchen „*Die Goldene Orgel*" auf über 31 Seiten! Damit ist es als Gute-Nacht-Geschichte für die Enkel sicher zu lang, für Sie jedoch mit einem schönen Glas Wein genüsslich im Sessel eventuell eine Wohltat.

Und wem das Lesen nicht gefällt, der kann sich auf der Webseite www.ernst-pasque.de das Märchen auch im Audio anhören, eingesprochen von der Schauspielerin Kanella Baleka. Aber auch dafür braucht es insgesamt fast ca. 1 ¾ Stunden Hörgeduld für die vier Kapitel. Mit einem Glas Rotwein, anstoßend auf Ernst Pasqué, können Sie dieses Ereignis als persönlichen Respekt für den Ehrenbürger von Alsbach gestalten.

6.   Das große Märchen: Die Goldene Orgel

I. Ein fürstlicher Hofkapellmeister des vorherigen Jahrhunderts

Vor mehr denn hundert Jahren lebte in der damals landgräflichen Residenz Darmstadt ein Musikus mit Namen Christoph Graupner. Selbiger war ein ganzer Meister in seiner Kunst, nicht allein ein fruchtbarer und gründlicher, oder wie man Anno dazumal sagte, „reinlicher" Komponist, sondern auch ein gewaltiger Spieler und Virtuos auf dem herrlichsten Instrument, der Orgel. Er hatte seine Lehr- und Wanderjahre in der Stadt Hamburg als Sänger, Komponist und Kapellmeister bei den dortigen Opern zugebracht und dabei ein recht heiteres, lustiges Leben geführt. Der Landgraf Ernst Ludwig von Hessen-Darmstadt, ein großer Freund der edlen Musica, lernte ihn in jener großen Handelsstadt kennen und zog ihn dann nach Darmstadt, wo er ihn zu seinem Hof- und Leibkomponisten und Kapellmeister machte. Anfänglich gab's auch in Darmstadt Opern zu komponieren und zu dirigieren, doch verlor der Fürst bald die Lust an der gar kostspieligen Unterhaltung und gab sie wohlweislich und noch zur rechten Zeit auf. Nun hatte Graupner nur noch mit den Kammer- und besonders den Kirchenmusiken zu tun, und je mehr er sich damit, besonders mit letzteren, befasste, je mehr veränderte sich sein ganzes Wesen, sein Charakter. Aus dem lustigen und leichten Musikanten wurde ein ernster und gesetzter, doch dabei froher und glücklicher Künstler, der seine Kunst, seine Familie über alles liebte, und sich nach und nach ein kleines Paradies auf der Erde schuf. Sein Glück wäre vollkommen gewesen, wenn nur ein Übelstand sich nicht immer von Neuem eingefunden und dasselbe getrübt. Dieser hieß „Nahrungssorge". Graupners Besoldung als fürstlicher Kapellmeister war klein, seine Familie aber ziemlich groß und demgemäß die Ausgaben. Also entstand in seinem Hauswesen zeitweise eine falsche Harmonie, die noch weit störender und herzzerreißender wirkte als ohrenzerreißend eine solche in einer stümperhaften Komposition.

Graupner hatte aus Liebe ein braves, aber armes Bürgermädchen geheiratet und war nach und nach von seiner Eheliebsten mit just einem halben Dutzend Kinder beschenkt worden. In einem kleinen Hause in der engen Schlossgasse wohnte der landgräfliche Kapellmeister mit seiner großen Familie, zu der noch seine alte Mutter zählte. Sie schlugen sich nun durch die Sorgen des Lebens so gut es eben gehen wollte, und wollte es einmal nicht recht mehr gehen, so fügten sie sich, duldeten und darbten. Dann flüchtete der Musiker sich in sein kleines Dach- und Kompositionskämmerchen, und schaute hoffend zu dem Konterfei des Königs David auf, das in schwarzem Rahmen über seinem Arbeitstisch hing. Was dann seine bedrängte, doch gläubige Seele erfüllte, warf er in Noten auf das Papier, die sich an einem der nächsten Sonntage in der Schlosskirche, und zur größten Erbauung des Hofes und der Gemeinde, in helle Töne und Gesänge verwandelten, die entweder inbrünstig zum Herrn der Welt um Erlösung aus schwererer

Pein und Not flehten, oder gläubige Hoffnung auf seine Allmacht und Güte in frömmster, ergreifendster Weise ausdrückten. Oder der Meister eilte auch sofort zu seiner Orgel und erging sich in dem Zauberreich der Töne, so lange bis aller Kummer aus seinem Herzen verschwunden war, und die Ruhe, die Hoffnung aufs Neue eingezogen.

Also gewährte ihm seine schöne hohe Kunst, die edle Frau Musica, eine siegreiche Waffe gegen allen Kummer dieser armen Erde; sie sollte dem wackeren Meister noch mehr gewähren. Hört nur weiter!

Das zweite Quartal des Jahres ging zu Ende und Graupner hatte die fällige Besoldung zu erwarten. Doch ging zur Stunde der Herr Kabinettskassierer mit außergewöhnlich ernstem Gesichte an den Hofbediensteten vorbei und beantwortete ängstlich fragende Blicke mit einem vielsagenden, doch wenig versprechenden Achselzucken. Graupner war es nicht wohl zu mute. Daheim lag seine alte Mutter auf dem Siechbett, und sein ältestes Kind, ein hoffnungsvoller Knabe von etwa zehn Jahren war ebenfalls und nicht unbedenklich erkrankt. Die verordneten Medikamente, die Pflege der Kranken und Bedürfnisse des großen Haushalts erheischten Geld, und zum Übermaß war noch die halbjährige Miete der Wohnung fällig und musste bezahlt werden. Was sollte der arme Musikus machen, wenn die erwartete spärliche Besoldung, die das Notdürftigste kaum zu decken im Stande war, noch über die Zeit ausbliebe? Es waren traurige Aussichten, und recht trübe Gedanken füllten die Seele Graupners, als er am Sonntagnachmittag zur Schlosskirche schritt, um den musikalischen Teil des Gottesdienstes durch sein Spiel auf der Orgel auszuführen. Je näher er jedoch der Kirche und seinem Lieblingsinstrument kam, je ruhiger wurde es in seinem Innern und er ahnte, dass Hoffnung wie Zuversicht schon wieder bei ihm einkehren, dass Alles sich noch zum Guten wenden würde.

Zu seinem Orgelspiel wählte Graupner diesmal das kräftige Lied des alten prächtigen Gambisten Neumark *„Wer nur den lieben Gott lässt walten.“* Aus einem überaus künstlichen und reich figurierten Präludium ließ er plötzlich die einfache, wohlbekannte Melodie in ernster, feierlicher Weise hervortreten, so dass sie ergreifend durch den kleinen Kirchenraum tönte. Er war so durchdrungen von der Wahrheit dessen, was die Worte des Liedes sagten, dass sich dieses zuversichtliche gläubige Fühlen und Denken in seinem Spiel mitteilte und letzterem eine wahre Weihe gab. Die Zuhörer groß und klein, hoch und niedrig, in den fürstlichen Kirchenstühlen und abgesonderten Räumen sowohl als auf den bürgerlichen Bänken, merkten staunend auf und folgten dem Gesange der Orgel mit solcher Andacht, als ob es der schönsten Predigt gelte.

Wie ein einfaches und gläubiges Gebet erklang das Lied in den Mittelstimmen der Orgel. Jetzt gesellten sich andere, hellere Töne und kleine, leichte melodische Gänge dazu: sie tauchten hie und da auf und vereinigten sich endlich zu selbstständigen Melodien, die das Hauptlied gleich wie Kränze von Gesängen umgaben, sich dann mit ihm wie zu einem gemeinsamen Gebet vereinigten. Es war schier, als ob eine Schaar Kinder verschiedenen Alters, verschiedenen Geschlechts, groß und klein, mit ihrem Vater vereint, gleiches Wünschen und Bitten, doch ein Jedes nach seiner Weise, seinem Fühlen und begreifen in Gebeten nach oben sendeten. Immer gewaltiger, eindringender ertönten die Melodien, immer lauter und beredter sprach das Spiel der Orgel die feste Zuversicht aus auf des Herrn Gnade, auf seine Hilfe zur rechten Zeit in schwerer Erdennot. Fest und siegesgewiss schritt dabei das majestätische Hauptmotiv einher, die übrigen Töne und Gesänge haltend, anfeuernd und mit sich emporhebend.

Alle Anwesenden waren aufs Tiefste ergriffen und im Herzen vereinten sie ihr brünstiges Bitten und Beten mit dem gewaltigen Tönen und Singen der Orgel. Jetzt endlich schien das Bitten Gewährung gefunden zu haben, denn die Melodien gingen nach kurzem, gleichsam freudigem Aufjauchzen in einen Hymnus über, der dem Dank froher Gläubiger ausdrückte, und zugleich die Güte und Gnade des Allerhöchsten aufs Herrlichste pries. Es war ein gewaltiges, melodisches Singen und Jubilieren, das die Zuhörer wahrhaft [hin]riss und Ort und Zeit vergessen machte. Doch nun kam die Krone des ganzen Spiels. Motive des ersten Liedes dienten als Thema und Gegenthema zu einer freien Fuge, deren Zwischenharmonien der Organist dem früher improvisierten Hymnus entnahm. Durch die kunstreichsten Gänge und Wendungen führte er die beiden Hauptgedanken durch alle Stimmen und immer größer und überwältigender baute sich das ganze kunstreiche Werk des begeisterten Musikers aus, bis er endlich alle Themata ineinander aufgehen ließ und mit einem höchsten Aufjauchzen der Freude und des Dankes sein Spielen endigte.

Lautlos und stumm saßen die Zuhörer da, ergriffen von dem Gehörten wie noch nie. Das Spiel des Organisten hatte lange Zeit in Anspruch genommen und die Dämmerung war bereits hereingebrochen und hüllte die Räume der Schlosskirche in ihre leichten heimlichen Schleier. Alle hatten der Zeit vergessen und nur dem Gesange der Orgel gelauscht, sich ihm mit ganzer Seele hingegeben. Doch mehr als alle übrigen Anwesenden schien Einer von dem gewaltigen und kunstreichen Spiel des Meisters ergriffen.

Dieser Eine war ein seltsamer Geselle. An dem Pfeiler zunächst der Tür, gerade der Orgel gegenüber, stand er. Es war eine schmächtige Gestalt in einem fadenscheinigen dunkeln Bratenrocke, der wie seine übrigen Kleidungstücke sich sehr vernachlässigt und herabgekommen darstellte. Sein hageres bleiches Gesicht war von einem gewaltigen Wust blondgrauer Haare umgeben, die tief auf Schulter und Nacken fielen und, obwohl in ziemlicher Unordnung, dennoch für eine natürliche Allonge passieren konnten. Ein Paar große dunkle Augen traten scharf aus dem blassen Antlitz hervor und gaben der ganzen eigentümlichen Gestalt etwas recht Absonderliches, ja Unheimliches. Während dem Spiele Graupners hatte er die Kirche betreten und war sofort wie gebannt am Pfeiler des Eingangs stehen geblieben. Mit größter Aufmerksamkeit und Spannung schien er dem Gesange der Orgel zu lauschen; sein ganzer Körper geriet nach und nach dabei in Tätigkeit und empfand wohl auch zugleich eine gewaltige Erschütterung, denn sein bleiches Antlitz rötete sich unmerklich und die Augen begannen zu glühen, indem sie schärfer und schärfer durch die hereinbrechende Dämmerung nach der Orgel schauten. Sein Mund öffnete sich und schloss sich, als ob er die herrlichen Töne mitkosten wollte, und auf seiner Stirne quollen unter den grauen Haaren große Schweißtropfen hervor, die dann und wann von den langen magern, sich zuckend bewegenden Fingern entfernt wurden. War dies geschehen, so sanken Arme und Hände wieder zurück auf die Schöße seines Habits, dort ihr eigentümliches Zucken und Bewegen fortsetzend. Es sah fast aus, als ob die langen Finger das Spiel des Meisters auf der Orgel imitieren, eine gleiche Musik auf der stummen, tuchenen Klaviatur des Bratenrockes ausführen wollten. Als aber Graupner endlich die gewaltige und künstliche Fuge ausführte, da hörte dies Klavierspiel auf und starr und bewegungslos blieben Arme und Hände, nur neigte sich die ganze Gestalt mehr nach vorne, wohl um die Töne der Orgel so früh als nur möglich zu erhaschen und in sich aufzunehmen, während die Augen immer mehr in der Dämmerung erglühten, und das ganze Gesicht sich zu einem freudigen Grinsen verzerrte. Endlich, da das Spiel der Orgel verstummte, die letzten Töne langsam verhallten, warf der sonderbare Geselle sich tief aufatmend auf eine ihm zunächst stehende leere Bank, mit Hand und Ärmel den Schweiß abwischend, der sein ganzes Gesicht bedeckte. Nicht kümmerte er sich bei solchem Thun um die nun die Kirche verlassenden, die den Fremden, der sich recht behaglich auf seinem Sitz streckte, als ob er in seiner Stube wäre, neugierig und staunend betrachteten.

Solchen Blicken begegnete der Geselle nur dann und wann mit keckem, freundlichem Grinsen. Er schien sich äußerst wohl auf seiner Bank zu fühlen, und machte durchaus keine Anstalt, die Kirche zu verlassen wie die übrigen Anwesenden. Endlich war er in der Tat der Letzte und der Hofkirchendiener, eine behäbige, runde Gestalt, schritt mit amtlich wichtiger Miene auf den sonderbaren Fremdling zu, um ihn aufzufordern, nunmehr seiner Wege zu gehen.

Doch auch solche Aufforderung beantwortete der Hagere mit gleicher grinsender Miene und ohne seine bequeme, halb liegende Stellung aufzugeben. Als das Erstaunen der würdigen Amtsperson jedoch in gerechte Entrüstung überzugehen drohte, wandte der Fremde den Kopf nach der Orgel hin und sprach mit recht keck klingendem Tone:

„Ich warte auf den Cantor, Organisten, oder welchen Titel sonst Derjenige tragen und führen mag, der so eben auf das Allervortrefflichste die Orgel dort traktiert."

„Fürstlich Hessen-Darmstädtischer Hofkapellmeister und Director Musicis ist der Titel des sehr ehrenwerten Herrn Christoph Graupner, der soeben –" sprach der Hofangestellte mit wachsender Entrüstung. Doch der Andere ließ ihn nicht ausreden, sondern freundlich grinsend wie vorher, fiel er ihm in die wohlgesetzte Rede:

„Nun so warte ich auf den Fürstlich Hessen-Darmstädtischen Hofkapellmeister und Director Musicis, den sehr ehrenwerten Herrn Christoph Graupner, der jedoch nebenbei ein gar rarer und gewaltiger Organist ist."

„Bedaure, dass sothanes Warten all hier nicht vor sich gehen kann, sintemalen der Herr Hofkapellmeister schon vor einer Weile Kirche und Schloss durch den oberen Gang verlassen haben." Also erwiderte der Amtliche ziemlich von oben herab und mit sehr bezeichnender und einladender Gebärde auf die noch offene Kirchentür.

Doch solche Andeutung war vollständig überflüssig, denn der Hagere sprang von seiner Bank auf und eilte ohne Weiteres hinaus. Kopfschüttelnd folgte ihm der Hofkirchen-Diener, um seine letzte sonntägliche Amtshandlung zu verrichten, nämlich die Kirchentür von außen sorgfältig zu schließen. Doch während er bei solch' wichtigem Thun war, sah er dem Fremden schon wieder auf sich zueilen, und zwar in größter Hast. Schon hielt er den gewaltigen Kirchenschlüssel schützend vor sich hin, nicht anders vermeinend, als dass er einen mörderischen Angriff des fremden Gesellen zu gewärtigen habe, als dieser jedoch höflich den kleinen Dreimaster abzog und den Herrn Hofkirchen-Diener in geziemender Weise um die Adresse besagten Herrn Hofkapellmeisters Graupner ersuchte.

Als er diese vernommen, erfolgte von Seiten des Fremden eine zierliche Verneigung des Hauptes, begleitet von Blicken der großen Augen, die in ihrer Freundlichkeit nicht wenig Spott zeigten, worauf er sich dann rasch durch das Schlosstor entfernte, während der Hofkirchendiener ziemlich verblüfft und recht ärgerlich, sich in seiner Würde gekränkt fühlend, einem der Eingänge des Schlosses zuschritt, in dessen dunklem Schlunde er verschwand.

II. Der fahrende Musikant

Mit froher Zuversicht und selbst wahrhaft gehoben durch die Macht seines Spiels, langte Graupner in seiner Wohnung an. Er fand seinen kranken Knaben in ruhigem Schlummer, bewacht von der sorgenden Mutter. Die kummervollen Züge der Frau heiterten sich etwas auf, als sie in das frohe, leicht gerötete Antlitz des Gatten schaute, der sie mit Gruß und Kuss herzlich willkommen heißt. Seine Worte und Blicke sprachen Zufriedenheit und Hoffnung aus, und was sie sagten, fand willigen Eingang in ihr Herz. Die übrigen Kinder saßen um eine große Schüssel mit Weckmus, der sie vor dem Schlafengehen noch den Garaus zu machen eifrigst und in lauter Fröhlichkeit beschäftigt waren. Der Musiker verweilte nicht lange bei seiner Familie; er fühlte sich in der rechten Stimmung zu arbeiten, zu komponieren, wie er übrigens alltäglich abends tat und tun musste. Er sagte daher bald Frau und Kindern einen guten Abend und stieg hinauf in seine Dachkammer, in sein stilles Studierstübchen.

Es war ein kleines Gelass, dessen Hauptmöbel aus einem alten Clavicimbal, das hoch auf mit geschriebenen Partituren und Stimmen bepackt war, und einem langen und breiten hölzernen Tisch bestand, dessen einzige Zierrat das schon früher erwähnte Konterfei des Sängerkönigs David bildete. Auf diesem Tische lag ebenfalls eine Menge beschriebene, doch noch weit mehr unbeschriebene Notenblätter; ferner befanden sich da noch ein gewaltiges hölzernes Tintenfass und eine Sandbüchse von gleich dickbäuchigem Umfang. Die ursprünglich weiße Naturfarbe des Tisches war schier vollständig verschwunden unter einer wahren Sintflut von Tintenflecken und Spritzern, die hie und da mit Sandschichten bedeckt, förmliche Hügel bildeten und sich besonders dicht und hoch um das gewaltige Tintenfass lagerte. Alles deutete darauf hin, dass hier viel und tüchtig gearbeitet worden war und noch immer gearbeitet, komponiert und geschrieben wurde. Also war es auch. Graupner war nicht allein ein tüchtiger Musiker, sondern auch ein überaus fleißiger Mann. Ganze vollständige Jahrgänge von Kirchenmusiken, die zurzeit schon weit über das erste Dutzend hinausgingen, hatte er nicht allein komponiert, sondern auch eigenhändig und höchst zierlich in Stimmen gebracht, und in der Schlosskirche aufgeführt. Seine heutige Arbeit sollte dahin bestehen, eine größere Komposition für den bevorstehenden fünften Sonntag nach Trinitatis und über das Evangelium „vom reichen Fischzuge" zu fertigen, oder vielmehr zu vollenden.

Doch war besagter großer Tisch noch mit anderen, auf leiblichen Genuss deutenden Gegenständen verziert und geschmückt. An einer Stelle war aller überflüssige Sand, der der gewaltigen Sandbüchse stets in wahren Strömen zu entquellen schien, sauber weggefegt, und da stand eine große zinnerne Kanne, ganz im Verhältnis zum Tintenfass und zur Sandbüchse, nebst einem schmucken geschliffenen Kelchglase, und daneben auf einem Teller von gleichem Metall wie die Kanne, der hell wie Silber blinkte, lag ein Leibchen Brod nebst mehreren großen Stücken Schinken, der gar saftig ausschaute, und dem nötigen Messer. Ein hoher Lehnstuhl mit geschnörkelten Füßen und Armen, dessen lederner Überzug durch Alter, Gebrauch und den nötigen Tintenflecken dunkel und gar schwarz dreinschaute, befand sich just vor dieser einladenden Stelle des Arbeitstisches und deutete sattsam an, dass der Inhaber des Stübchens hier nicht allein tüchtig komponierte und arbeitete, sondern auch des Leibes in entsprechender Weise pflegte.

Wenn auch der fürstliche Kapellmeister nicht allzufrieden mit dem gestrengen Herrn Kabinettskassierer sein mochte, so war er dafür desto zufriedener mit den übrigen „Meistern" der fürstlichen Hofhaltung als mit den Herrn Küchen-, Keller-, sogar Confectmeistern, welche letzterem denn auch aus persönlicher Vorliebe für den tüchtigen Musicus und wackeren Mann, sein Arbeitsstübchen, aus dem so Schönes zu ihrer Erbauung hervorging, auf die oben angedeutete Art ausstaffierten.

Herr Graupner achtete aber diesmal kaum auf so kostbare und schmackhafte Liebesgebaren, und obschon es vollständig und gerechte Zeit zum Abendimbiss und Nachttrunk war, so ging er doch kalt und ungerührt an dem hübschen, einladenden Plätzchen vorüber, schob den hohen Lehnstuhl vor seine unbeschriebenen Notenblätter und schickte sich an, rasch auf das Papier zu werfen, was ihm wohl seit seinem Spielen im Kopfe herum gegangen sein mochte. Schon tunkte er die breitgeschnittene schwarze Feder in den dunkeln Schlund des Tintenfasses, als er plötzlich schwere ungewohnte Schritte die Treppe zu seiner Wohnung heraufpoltern hörte. Horchend hielt er die vollgesogene Feder über der schwarzen Flut. Wer konnte das sein? – Wer zu solcher Stunde und so laut, an dem Eingang seiner mit Kranken so reich gesegneten Familienwohnung pochen?

Die Tür unter ihm hatte sich geöffnet. Einige Zwiegespräche zwischen seiner Frau und einer ihm vollständig fremden Stimme waren gehalten worden, und wieder erdröhnten die Schritte, doch diesmal auf der Treppe, die zu seinem bescheidenen Museum führte. Jetzt pochte es laut an der Türe und auf des Meisters „Tretet ein!" öffnete sich der Eingang und der uns schon bekannte fremde Geselle stand auf der Schwelle. Herr Graupner legte die um ihre schöne Bestimmung gekommene Feder bei Seite, wandte seinen Stuhl dem Eingange zu und musterte staunend die fremde, wahrhaft ungewöhnliche, doch durchaus nicht freundliche und Vertrauen erweckende er schloss die Tür sorgfältig und trat auf den Sitzenden zu und seine beiden Hände ergreifend und kräftig schüttelnd, ihn dabei mit seinen Erscheinung. Jedoch der Fremde ließ dem Kapellmeister wenig Zeit zu weiterem Erstaunen, er schloss die Tür sorgfältig und trat auf den Sitzenden zu und seine beiden Hände ergreifend und kräftig schüttelnd, ihn dabei mit seinen großen Augen froh und lächelnd anschauend, sprach er:

Abb. 43: „Die Goldene Orgel": Der fahrende Musikant

„Ihr seid es also Meister, der so herrlich spielt! Endlich und noch in letzter Stunde habe ich gefunden, was ich seit Jahren suchte, und nun lasse ich nicht mehr ab von Euch!"

„Wer seid Ihr, und was wollt Ihr von mir?" sagte Graupner, nicht wenig erstaunt über solch sonderbares Reden und Gebaren des Fremden.

„Das sollt Ihr Alles erfahren, so viel als Ihr nur wollt, und noch Anderes, was Euch sicherlich freuen wird. Denn wie ich aus Allem ersehe, seid Ihr nicht allzu reich mit irdischen Glücksgütern gesegnet, trotz Eurer herrlichen Kunstfertigkeit und Eurem hochklingenden Titel als fürstlicher Kapellmeister."

„Weil es also ist," entgegnete der Musiker etwas verletzt, „so muss ich die Zeit gebrauchen. Und gerade jetzt habe ich eine Komposition zu vollenden, die am nächsten Sonntag executirt werden soll. Deshalb fasst Euch kurz; oder noch besser, verschiebt Euer Anliegen bis morgen."

„Nichts da, lieber Meister!" rief der Andere laut. „Ich lasse Euch nimmer! Und werft Eure Notenblätter nur flugs bei Seite, denn ich bringe Euch mehr goldene Dukaten, als Ihr heute noch Notenköpfe zu schreiben im Stande wäret, und wenn Ihr auch bis nach Mitternacht, bis zum Morgen arbeiten und komponieren würdet!"

Das war eine Rede, welche die Aufmerksamkeit des Kapellmeisters fesseln musste. Doch Zweifel erhoben sich sofort in ihm ob der Zurechnungsfähigkeit seines sonderbaren Besuches. Er konnte sich nicht enthalten, Derartiges zu äußern, meinend, dass der Sprecher wohl nicht recht bei Sinnen sei.

„Vollständig bei Verstand und bei Sinnen bin ich, wie Ihr bald sehen werdet", warf der Fremde gar listig hin. Doch ernster, ja düster setzte er hinzu: „Aber verrückt, wahnsinnig würde ich werden, wenn Ihr mich nicht hören, mir nicht folgen wolltet!"

Dabei entfernte er mit rascher Bewegung einen Haufen Partituren von einem Schemel und rückte diesen dicht vor den Meister hin, welcher staunend den Worten des Fremden horchte, seinem dreisten Thun zusah. Doch legte Graupner dabei die Feder, die er schon wiederergriffen, auf's Neue bei Seite und die beiden Hände auf die Lehnen des Sessels gestützt, sah er erwartungsvoll und fragend dem fremden Gesellen in das bleiche Antlitz.

Der Fremde sprach: „Also Ihr wollt mich hören. Ich muss dazu etwas weit ausholen und versichere Euch nur noch vorher, dass es mit den Dukaten seine vollständige Richtigkeit hat. Tut Ihr, was ich von Euch verlange, so mache ich Euch reicher als irgendeinen Eurer Kollegen im ganzen Heiligen Römischen Reich – Einen ausgenommen! Doch erlaubt vorher, dass ich mich zu meiner Erzählung etwas stärke und auch Ihr müsst einen kräftigen Trunk tun, und wenn dort in der Kanne Euer letzter Tropfen wäre; bald könnt Ihr ja Fässer vom Allerbesten im Keller haben!"

Dabei schenkte er flugs und ohne langes Besinnen das geschliffene Kelchglas voll, schob es dem

Kapellmeister hin, und er selbst nahm die große, doch handliche Kanne und tat einen langen gewaltigen Zug.

„Jetzt hört, Meister! Hört mir ruhig zu und wenn's auch wunderbar und unglaublich klingt, was ich Euch erzählen und sagen werde, so urteilt nicht eher, als bis ich mit meinem ganzen Bericht zu Ende bin. Künde ich Euch doch, wie Ihr ganz Wahrsehen werdet, die vollste und lauterste Wahrheit und so wahr Ihr der tüchtigste Meister auf der Orgel seid, den ich bis jetzt gehört!"

Bevor Graupner nur etwas entgegnen konnte, fuhr der Andere fort:

„Ich bin aus dem Elsass, der Stadt Straßburg, daheim und ein Musikus. Beim dortigen Stadtpfeifer hielt ich meine Lehrzeit aus und übte mich tüchtig aufblasenden und streichenden Instrumenten, auch ein Weniges auf der Orgel. Als ich endlich freigesprochen worden war, nahm ich den Stock in die Hand, hing den ledernen Quersack mit meiner Geige und anderem Notdürftigem um, und trat meiner Wanderschaft an. Weit aber sollte ich vor der Hand nicht kommen. In Weissenburg fand ich bei dem dortigen Stadt-Cantor Kondition und da selbiger kränklich war, durfte ich statt seiner der Jugend die neuen französischen Liedlein eingeigen, die anstatt des bisher üblichen „Pumpernickel" in der Kirche gesungen werden sollten. Es war dies ein trübseliges Amt und wenn ich nicht die Orgel des alten Künstlers gehabt hätte, auf der ich mich in freier Zeit ergehen konnte, so würde ich es nicht lange ausgehalten haben. Noch etwas Anderes fesselte mich. Wir wohnten in einem alten Gebäude neben dem Künstler, welches ehemals zum Kloster gehört hatte. In diesem befanden sich große Säle, in denen eine Menge alter Bücher und Scripturen wirr durcheinander aufgestapelt lagen. Dort weilte ich gerne und blätterte in den alten Chroniken und Schriften. Da fand ich denn auch ein Buch, welches mich plötzlich Alles, Amt, Orgel und Geige vergessen machte. Es waren Aufzeichnungen eines ehemaligen Insassen der Abtei, allerlei seltsame Vorfallenheiten, unter denen eine mich besonders und derart anzog, dass ich sie Tag und Nacht nicht loswerden konnte. Der alte Mönch erzählte Folgendes:

In der Pfalz, im Sülzbacher Tale, nicht weit von den prächtigen Burgen Triefels und Scharheneck, stand ehemals die überaus reiche und große Abtei Eußerthal, deren Mönche die Hüter der Reichskleinodien waren, so auf dem festen Triefels aufbewahrt wurden. Der Abtei gehörten alle Ländereien, alle Höfe rings herum und sie war der seltensten und kostbarsten Schätze voll.

Unter anderen besaß sie auch eine Orgel, deren Pfeifen und Röhren von gediegenem lauterem Golde waren und die gar wundersame schöne Töne hervorbrachten. Diesen Stolz hatten die Mönche lange Zeit sorgsam zu hüten verstanden, und viele Fehden und Kriege waren an der Abtei vorübergegangen, ohne ihn zu vernichten, oder dem Kloster zu rauben. Einst aber, also ein gewaltiger Krieg das Kloster und seine Habe ernstlich bedrohte, wussten die Mönche kein anderes

Mittel, ihren goldenen Schatz zu bergen und zu retten, als ihn in den nahen, kleinen, aber tiefen See zu versenken. In stiller Johannisnacht zogen sie in langem Trauerzuge aus der Klosterpforte, das goldene Werk auf einem Rädergestell mit sich führend, und bei dem ruhigen tiefen Wasser angekommen, senkten sie die goldene Orgel unter stillem Wehklagen und Beten in die Fluten. Am tiefsten ergriffen von diesem Verlust wurde der Pater, welcher bisher das Werk gehandhabt und gespielt. Es überkam ihn eine solche Verzweiflung, dass er Alles vergessend, zeitliches und ewiges Heil, sich seinem Lieblings-Instrumente nachstürzte und sich mit ihm in den grünen Fluten des Sees begrub.

Abb. 44: „Die Goldene Orgel": Mönche versenken die goldene Orgel in den Fluten

Doch Ruhe fand der Unglückselige nicht, eben so wenig wie sein goldenes Pfeifenwerk. Alle sieben Jahre, in gleicher Nacht und zu gleicher Stunde, taucht die goldene Orgel aus dem Wasser auf, und der Mönch sitzt daran und spielt wundersame Melodien, die geisterhaft durch Tal und Wald tönen, bald leise klagend, bald lieblich klingend, also dass Mancher es gehört und schier geglaubt, es sei eine Musik der lieben Englein im Himmel droben. Zur selben Zeit nun darf Jeder, der es versteht und sich dazu unterfängt, sich an die Stelle des gespenstischen Mönches setzen und das goldene Werk spielen. Wird er ihm dann gerecht, spielt er also tüchtig und vortrefflich, dass der Mönch ihn als seinen Meister anerkennt, so darf er weiter und als Lohn einen Teil der Orgel zu Eigen verlangen. Doch wenn er unterliegt, den gespenstischen Meister in seinem Spielen nicht überbietet und übertrifft, so verschwinden Orgel und Mönch und der Letzterer wagt Leib und Leben. Also kündete die alte Handschrift."

Hier machte der Erzähler eine Pause und wandte sich ohne Weiteres wieder zu dem Kruge, um einige kräftige Züge zu tun, sich nicht im Mindesten um das ungläubige Lächeln kümmernd, das auf dem Gesichte seines Zuhörers aufgestiegen.

Dieser Hatte dem wundersamen Bericht des fahrenden Musikanten von der goldenen Orgel mit rechtem Wohlgefallen gelauscht. Konnte die sagenhafte Begebenheit auch nicht verhehlen, auf eine solche echte Künstlerseele einen anregenden und großen Eindruck zu machen. Doch an die Wahrheit des Gehörten vermochte er nicht zu glauben. Schon wollte er diesem Zweifel Worte geben, sogar schon wieder voll Unmut auf seine kostbare Zeit hindeuten, als sein Gast just die Kanne hinsetzte und ihn mit seinen großen blitzenden Augen ernst anschauend, sprach:

„Ich weiß, was ihr sagen wollt: „Das klingt Alles recht schön, ist aber ein Märchen, wie es deren so viele gibt und das durchaus keinen Einfluss auf mein Leben und Schicksal haben kann." Nicht wahr, also wolltet Ihr sprechen? Ich kann und will es Euch nicht übelnehmen, denn genau dasselbe dachte ich, da ich die fabelhafte Geschichte zuerst las. Doch hört nur den zweiten Teil, meine eigenen Erlebnisse, und Ihr werdet anders denken und reden!"

Graupner war durch diese frisch vorgebrachten Worte, die noch vielerlei Seltsames ahnenließen, wieder ruhiger und auch bereit geworden, weiter zuzuhören. Er nickte lächelnd bejahend mit dem Kopfe, machte sich's in seinem ledernen Sorgenstuhl recht bequem und der fahrende Geselle fuhr also fort:

„Ich betrachtete das Gelesene Anfangs als ein Märchen, doch hatte ich meine Freude daran und las es oftmals, besonders in stiller, einsamer Nacht. Nach und nach aber stieg der Gedanke in mir auf, dass am Ende doch etwas Wahres daran sein könnte, und – wenn es also wäre, sich also verhielte, Derjenige ein reicher Mann werden würde, der das Abenteuer in der Johannesnacht glücklich bestände. Solches Denken nahm mich bald dermaßen ein, dass ich für nichts Anderes mehr Sinn hatte. Nur mein Orgelspiel betrieb ich noch und zwar auf das eifrigste, wohl wissend, dass ich vorerst ein Meister auf dem königlichen Instrument werden müsste, bevor ich an ein glückliches Bestehen des Abenteuers denken könne. So ging der Winter vorüber, der Frühling kam, und mit ihm nahte der Johannistag. Nun hielt es mich nicht länger in Weissenburg. Ich verlangte meinen Abschied und Lohn, und gerne ließ mich der alte Cantor ziehen, denn ich hatte ihm in letzter Zeit wenig gute Dienste mehr getan. Aufs Neue wanderte ich nun südbaß, dem Laufe des Rheines nach und bald langte ich denn auch in der Stadt Landau an, von wo ich den Weg nach dem Sülzbacher Tal und den Ruinen der alten Abtei suchen wollte.

Die Gegend, die durch die jüngsten Kriege schwer gelitten hatte, war öde und trostlos. Ich begegnete ausgebrannten Dörfern und gebrochenen Burgen und Schlössern, bist ich endlich in das Dorf Ramberg einzog, wo die Bewohner sich wieder gesammelt und angefangen hatten, ihre zerstörten Hütten und Häuser aufzubauen, die verwüsteten Felder wieder zu bestellen. Unter der gewaltigen Linde vor der alten Dorfschenke setzte ich mich nieder und labte mich an einem Glase frischer Milch, das die Frau des Wirths mir gebracht. Ein alter Mann, den die Kriegsläufe zum Krüppel gemacht, gesellte sich zu mir, und da er mein Gewerbe an meiner Kleidung, an meinem Geigensack erkannte, verlangte es ihn zu wissen, was ich in den Bergen der Pfalz zu tun gedenke. Ich wandere durch die schöne Gotteswelt, hierhin, dorthin, wie es mir eben gefällt, antwortete ich ihm, und da mir das Tal zusage, sei ich eben hier eingekehrt, um zu ruhend und zu rasten für einige Tage. Das gefiel dem Alten wohl und er plauderte mir Allerlei von der gebrochenen Burg Ramberg, zu der wir just von unserm Platz unter der Linde aufschauten. Ich brauchte nicht lange herumzufragen, und bald erzählte er mir auch die geheimnisvolle Geschichte von der goldenen Orgel im Eußerthal, dort, über dem vor uns liegenden Hinterwald, genau also wie ich sie in der alten Weissenburger Handschrift gelesen, die dem Bauer, der gewiss nicht einmal lesen konnte, wohl nie zu Gesicht gekommen war, von deren Vorhandensein er nicht die entfernteste Ahnung haben mochte. Dies entschied mein Schicksal. Ich beschloss zu bleiben und mein Glück mit dem gespenstischen Orgelspieler zu versuchen.

Um kurz zu sein, teile ich Euch nur mit, dass ich in Ramberg blieb. Ich bot mich den Bauern als Schullehrer und Cantor an, was von allen Seiten mit Freuden auf- und angenommen wurde. Eine herrenlose Hütte war bald hergerichtet, und da die Kirche nur zum Teil zerstört war, so sollte auch diese wieder geflickt und hergestellt werden; dann machte ich mich an die Orgel. Diese war glücklicherweise so ziemlich dem Verderben entgangen, und eine Untersuchung zeigte mir, dass ich das Werk mit einiger Mühe wieder in brauchbaren Stand bringen könne. Hiermit beschäftigte ich mich angelegentlich und wartete mit Ungeduld des bevorstehenden Johannistages.

Ich hatte mich unter der Zeit auch in der Gegend umgesehen und kannte die Örtlichkeit des Eußerthahls genau. Als nun endlich der langersehnte Johannistag erschien, zog ich, fest entschlossen, das Abenteuer zu bestehen, abends hinaus durch den Hinterwald und suchte mir eine passende Stelle an den Ufern des kleinen Sees, zunächst den Überresten der alten Abtei. Der hatte sich jedoch in einen Sumpf verwandelt, hochbedeckt von Schilf und Rohr. Mit gewaltig klopfendem Herzen lagerte ich mich unter den mächtigen Kiefern auf einem der Bergabhänge, von wo aus ich den Sumpf, der so Köstliches bergen sollte, vollständig überschauen konnte. Mit welcher Sehnsucht ich die Mitternacht erwartete, vermag ich nicht zu beschreiben. Endlich wurde es Nacht in dem kleinen Tal und unheimlich stille war es rings um mich her. Mitternacht musste da sein und noch immer hörte ich nichts anderes, als das einförmige Rauschen der gewaltigen Kiefern und das scharfe schneidende Singen und Zischen des im Hauche des Nachtwindes sich bewegenden Schilfes und Röhrichts. Das Herz wollte mir fast die Brust zersprengen vor Aufregung und Erwartung. Doch es nutzte nichts. Alles blieb ruhig und stille, und weder Mönch noch Orgel wollten erscheinen. Da brach der junge Tag an und mit schweren Seufzern musste ich meinen Posten aufgeben und mich heimwärts schleppen. Ein Fieber war die Folge dieses ersten unglücklichen Abenteuers. Die gewaltige Aufregung, die Frische der Nachtluft in dem Tal hatten mir's angetan, und Wochen lang musste ich dem Siechbett liegen bleiben, gepflegt von mitleidigen Händen. Doch mein Unternehmen hatte ich nicht aufgegeben. Ich durfte und wollte es nicht aufgeben, denn Nichts bewies die erlebte Erfolglosigkeit der vergangenen Johannisnacht. Erschien der gespenstische Mönch mit seiner goldenen Orgel doch nur alle sieben Jahre auf der Erde, und das siebente Jahr konnte noch just das folgende sein! Und wenn ich noch sechs volle Jahre hätte warten müssen, ich beschloss zu bleiben! Hatte doch Jakob zweimal sieben Jahre um Rahel gedient, warum sollte ich nicht die Hälfte dieser Zeit daranwenden, um zu meinem goldenen Ziele zu gelangen?"

Abermals hielt der Erzähler inne und stärkte sich durch den Rest des Inhalts der Kanne, dann führ er fort:

„Wieder erschien der Johannistag und wieder ging es mir wie das erste Mal; ich erlebte nichts! Und also geschah es noch weitere zwei Jahre. Unter der Zeit hatte sich unser Dorf wieder tüchtig gehoben, die Kirche war hergestellt worden und meine Fertigkeit im Spielen hatte sich bedeutend vermehrt. Mit Zuversicht glaubte ich dem Gelingen meines abenteuerlichen Unternehmens entgegenschauen zu dürfen. In der Nacht des fünften Johannistags, den ich im Eußerthal erlebte, lag ich wieder auf dem alten Fleck, auf dem moosigen Abhange unter den Kiefern, doch im Gegensatz zum ersten Male ruhig und auf Alles gefasst. Es war eine dunkle Nacht und nicht das Geringste vermochte ich zu unterscheiden. Da schlugen sonderbare, zauberhafte Töne an mein Ohr. Auf dem Sumpfe tauchte eine Helle auf und dort – mitten in dem bleichen Lichtschimmer stand die goldene Orgel, umgeben von allerlei buntgeschmückten Figuren, Englein und anderen Zierraten. Ein Mönch mit fahlen, hohlen Zügen saß vor den Tasten und eine wundersame Musik, wie ich sie nie gehört, entstieg leide den goldenen Pfeifen und Röhren, und durchzog die Luft, allerlei fremdartige Echo weckend in Tal und Wald!"

Der Erzähler war aufgesprungen. Seine großen dunkeln Augen glühten, sein bleiches Gesicht hatte sich gerötet und mit fieberhafter Hast sprach er weiter. Graupner, dem es ganz sonderbar und unheimlich zu Mut wurde, dabei krampfhaft bei der Hand fassend.

„Ich hatte also soweit mein Ziel erreicht. Es war kein Märchen, die Geschichte von der goldenen Orgel. Da stand sie vor mir, leibhaftig wie Ihr selbst. Einen Augenblick blieb ich starr, dann aber sprang ich auf und mir zuflüsternd „In Gottes Namen voran!" schritt ich auf die Erscheinung zu, keinen Blick von ihr abwendend. Der Mönch wandte langsam das fahle, eingefallene und knochige Gesicht zu mir hin und schien mir zu winken. Durch Schilf und Röhricht schritt ich voran. Und siehe da! der sumpfige Boden war fest unter meinen Füßen und ungefährdet erreichte ich das goldene Werk. Ach, wie sehnsüchtig schaute ich nach den goldenen Pfeifen, die in dem matten Lichtschimmer so zauberhaft glänzten und funkelten! Die Töne waren verstummt und der gespenstische Spieler hatte mir schon Platz gemacht. Ich weiß nicht, wie es geschah – ich saß an seiner Stelle, meine Hände berührten die kalten beinernen Tasten des Instruments, während meine funkelnden Augen sich nicht von den goldenen Schätzen, die bald mein Eigen sein würden, so dachte ich, trennen konnten. Jetzt begann ich zu spielen. Doch ich war verwirrt; mein Herz, mein Sinn war von dem Golde geblendet und ich fühlte mich unfähig, das Instrument zu regieren und zu handhaben. Mit Gewalt nahm ich mich zusammen und präludierte so gut ich konnte. Jetzt traf mein Blick die gespenstische Gestalt neben mir. Mein Blut gerann, eiskalt lief es mir den Körper herab, denn der Mönch schaute mich mit seinen starren Augen durchdringend an, während seine bleichen Lippen sich unmerklich zu einem mitleidigen Lächeln verzogen. Unbeholfen, hölzern war mein Spielen und matte Töne und Weisen entstiegen den goldenen Pfeifen, und je mehr, je fieberhafter ich mich anstrengte, je weniger wollte es mir gelingen, auf der Orgel hervorzubringen, was ich unter anderen Umständen wohl hätte hervorbringen können. Mein Herzschlag stockte; jetzt machte ich einen verzweifelten Versuch. Doch nur schrille Töne wurden laut. Da erhob der Mönch langsam und drohend den Arm. Das Licht erlosch plötzlich und ein Sausen ging über die sumpfige Wasserfläche, die gewaltig anschwoll, mich emporhob und in das nasse Schilf schleuderte. Dann vergingen mir die Sinne. Was weiter geschehen, weiß ich nicht!".

Erschöpft hielt der Erzähler inne und von dem lautlos und aufs Höchste aufgeregt horchenden Kapellmeister ablassend, warf er sich auf den Schemel zurück, sich mit dem Rücken an den Schreibtisch lehnend und den Schweiß abtrocknend, der während dem letzten Teil seiner unheimlichen Mittheilung ihm Stirn und Gesicht reichlich bedeckt hatte.

Auch Graupner musste aufstehen und um seine nicht geringe Aufregung zu bekämpfen, einige Male in der kleinen Stube auf- und abgehen. Die Erzählung des fahrenden Gesellen hatte ihn in mehr als einer Hinsicht tief ergriffen. Wenn er auch einen seltsamen abenteuerlichen Menschen vor sich hatte, so musste er doch an die Wahrheit des Gehörten glauben, denn es waren ja einige wirkliche Erlebnisse, so wundersam sie auch klangen, die sein Gast ihm erzählt und in so ergreifender Weise erzählt. Der Fremde hatte sich endlich wieder vollständig erholt und mit dem früher kecken und sichern Blick schaut er den noch immer aufgeregt und sinnend umherwandelnden Kapellmeister an, sprechend:

„Ihr zweifelt wohl immer noch an der Wahrheit des Gehörten? Wahrheit ist es, was ich Euch erzählt, traurige Wahrheit! Ich wollte das Abenteuer wäre anders, glücklicher abgelaufen, dann brauchte ich Euch nicht damit zu plagen. Doch hört meinen Bericht nur zu Ende und was ich Euch weiter noch zu sagen habe.“

Nachdem Graupner sich wieder gesetzt, führ der Andere fort:

„Am Tage nach jener entsetzlichen Nacht fanden mich durch einen glücklichen Zufall die Bauern bewusstlos in dem Röhricht des Sumpfes, fast bis an die Schultern im Schlamme steckend. Wäre dies nicht geschehen, so hätte ich meine Kühnheit mit dem Leben gebüßt! Ich erholte mich glücklicherweise bald von dem gehabten Schreck und Anfall und überlegte, was nun weiter zu tun sei. Von dem Vorhandensein des goldenen Schatzes hatte ich mich hinlänglich überzeugt und ich musste jetzt auf sichere Mittel sinnen, ihn zu heben. Ich hatte ja volle sieben Jahre Zeit dazu. Bald wusste ich, was ich tun müsse, um zu dem so heiß ersehnten Ziele zu gelangen. Ich musste mir entweder eine außergewöhnliche Fertigkeit auf der Orgel aneignen, oder einen tüchtigen wirklichen Meister auffinden, der Willens sei, mit mir das Abenteuer nach sieben Jahren aufs Neue zu bestehen, dann den goldenen Lohn mit mir zu teilen. Zu Ersterem fühlte ich schließlich weder die rechte Kraft noch die rechte Lust in mir, und so entschloss ich mich denn zu dem zweiten Mittel. Ich verließ meinen traurigen Aufenthalt in dem Dorfe und wanderte wieder als fahrender Musikant hinaus in die Welt, den Meister zu finden, der im Stande sei, das seltene goldene Instrument würdig zu traktieren. Ich zog nach Frankreich, nach Paris, fristete mein Leben so gut es gehen wollte, und wo ich von einem tüchtigen Orgelspieler vernahm, eilte ich hin, um ihn zu hören. Ich lernte große gewaltige Organisten kennen, doch schien mir ihnen hier Dies, dort Jenes zu fehlen, was mir jedes Mal die Hauptsache zu sein dünkte. So prüfte und wählte ich fort und fort, ohne zu irgendeinem Entschluss kommen zu können. Von Frankreich zog ich nach Italien, von Stadt zu Stadt, von Kirche zu Kirche, bald bettelnd, bald musizierend. Jahre vergingen, ohne dass ich fand, was ich so sehnlichst suchte. Endlich wandte ich mich wieder nach Deutschland. Auch hier hörte ich vortreffliche Spieler doch nimmer einen wie ich ihn brauchte. Die Zeit ging zu Ende und verzweifelnd trat ich den Heimweg an, fest entschlossen, nochmals selbst mein Heil zu versuchen, das Geträumte zu erringen oder – unterzugehen. Da führt mich mein Geschick hierher und in Eure Kirche. Und hier, einige Tage vor dem Ablauf der letzten Frist, finde ich in Euch den Meister, den ich sieben lange Jahre vergebens gesucht. Hier bin ich nun und frage Euch, wollet Ihr mit mir das Abenteuer, das ich seit so langen Jahren vorbereitet, dessen Gelingen mir durch Eure Kunst vollständig gesichert erscheint, wollet Ihr es mit mir bestehen, um den hohen goldenen Lohn?“

„Es sei, ich ziehe mit Euch!“ – sagte Graupner, nachdem er lange in tiefem Sinnen dagesessen, „und sei es nur um das Wunderbare, was ich von Euch vernommen, leibhaft zu sehen und zu hören! Ich will das Abenteuer bestehen, und kann die Kunst vollbringen, was Ihr erwartet – so soll es an mir nicht fehlen!“

„Topp!“, rief der Fahrende mit vor Anstrengung heiserer Stimme und rasch in die dargebotene Rechte des Kapellmeisters einschlagend, „Ihr werdet schon vor dem gespenstischen Orgelspieler bestehen. Als Lohn verlangt Ihr dann kecklich die goldenen Pfeifen, und Beide sind wir geborgen bis auf Lebenszeit!“

Noch lange sprachen die beiden Männer zusammen über das sonderbare Unternehmen, bis sie sich endlich spät nach Mitternacht trennten. Der fremde Musicus brachte die Nacht im Lehnstuhl der Studierstube zu, und am andern Morgen saß er vor der von Graupner rasch vollendeten Partitur eifrig beschäftigt, die Stimmen für die Instrumentalisten und Vokalisten aufzuschreiben. Es war Beiden als eine gar günstige Vorbedeutung erschienen, dass gerade dieser letzten Komposition, vor dem großen Unternehmen, Worte des Evangeliums „vom reichen Fischzug“ zu Grunde lagen. Sobald er es hatte wagen können, war Graupner zum Landgrafen Ernst Ludwig, seinem gnädigen Herrn, gegangen, um ihn um sofortigen Urlaub zu einer Reise zu Familien-Angelegenheiten zu bitten, welches Gesuch ihm denn auch von dem Fürsten gewährt worden war. Dann kehrte der Kapellmeister in seiner Musikstube im Schloss ein und übertrug dem fürstlichen Konzertmeister die Leitung der Musik für den folgenden fünften Sonntag nach Trinitatis, mit dem Bemerken, dass ihm Partitur und Stimmen der aufzuführenden Komposition noch heute zugestellt werden würden. Jetzt aber hatte er den letzten und schwersten Gang vor sich, nämlich zu dem fürstlichen Kabinetts-Cassirer, denn ohne Geld war die mehrtägige Reise nach der Pfalz nicht wohl auszuführen. Doch auch dieser Gang war von besten Erfolgen gekrönt, denn nach allerlei bedenklichen und bedächtigen Worten und unter verschiedentlichen schweren Seufzern hatte Herr Chrummelbach, denn also hieß der Vielvermögende, seine gewaltige eiserne Truhe aufgeschlossen und mit tiefhineinlangendem Griffe vom Boden des festen Behälters ein Päckchen mit zwanzig Brabänter hervorgelangt und solche dem wahrhaft aufatmenden Musiker eingehändigt.

Jetzt stand der wichtigen Reise keine Hindernisse mehr im Wege. Zu Hause versorgte Graupner sein Weib mit dem nötigen Gelde, damit sie die Haushaltung für die Zeit seiner Abwesenheit führen könne, seine eigenen Taschen aber mit den klingenden und sonstigen Bedürfnissen für die Reise, als einem Dutzend blanker Kronenthaler und etlichen gewaltigen Schnitten Wildbret-Pastete, so ihm sein Gönner, der landgräfliche Hofküchenmeister – natürlich auf Kosten seines fürstlichen Herrn – verehrt und zugesteckt. Dann nahm er zärtlichen Abschied von Weib und Kind, eine baldige recht frohe Heimkehr versprechend, und vieles und seltenes Glück in Aussicht stellend. Die arme Frau blickte zwar bei solchen ihr unerklärlichen Reden zweifelnd und recht traurig drein, doch hatte sie immer Vertrauen zu ihrem Gatten gehabt und seine frohe und zuversichtliche Miene konnte sie nur in ihrem Glauben bestärken. So ließ sie ihn denn endlich ziemlich beruhigt und von ihren Segenswünschen begleitet ziehen und vollständig für die gar weite Reise vorbereitet und ausgerüstet, verließ der fürstliche Kapellmeister am Nachmittage Haus und Wohnung, um seine abenteuerliche Fahrt aufzunehmen.

III. Die St. Johannisnacht

Den fahrenden Gesellen hatte Graupner, um Aufsehen zu vermeiden, voraus ziehen lassen; vor der Stadt holte er ihn ein und vereint wanderten beide Männer weiter, die Bergstraße entlang und der Stadt Heidelberg zu. Der fremde Musikus erwies sich nunmehr als ein gar lustiger Patron. Er kehrte fleißig in den Schenken am Wege ein und erlabte sich nach Herzenslust an dem kostbaren Wein des Landes. Jetzt, wo er sein unheimliches Unternehmen für gesichert halten konnte, sich am Ziele seiner goldenen Wünsche sah, meinte er, dass es auf einen Brabänter mehr oder weniger nicht ankomme; bald würde ja Geld in Menge die Taschen füllen und sie Beide reicher denn alle Musikanten der Erde sein. Dann aber wollte er ein lustiges Leben führen und besonders den goldenen Wein, den er über Alles verehrte und liebte, hoch in Ehren halten.

Solche Gespräche erfreuten den würdigen Kapellmeister nicht allzu sehr und doch konnte er dem so lustig gewordenen Gesellen nicht recht gram sein, es erzählte derselbe doch auch wieder allerlei drollige Stücklein von Musikanten und Organisten, die Graupner gar nicht übel behagen konnten. Unter anderen musste der ernste Mann recht herzlich lachen über einen Cantor und Organisten, den sein Reisekumpan auf seinen Fahrten getroffen und kennen gelernt hatte, und der dem goldenen Rebensaft außerordentlich, selbst mehr als billig, zugetan gewesen.

Selbiger weinselige Organist, so erzählte der Fahrende, hatte sich eine förmliche Sauf-Orgel an- und zugelegt. Diese bestand aus sechs unterschiedlichen Gläsern in Gestalt von Orgelpfeifen, die er mit den gebräuchlichen musikalischen Zeichen: UT, RE, MI, FA, SOL und LA benannte! Diese Pfeifen trank er denn gewöhnlich allabendlich mit seinen gleichgestimmten und gesinnten guten Freunden, oder auch mit denen etwa zugereisten Musikanten und Kollegen aus und leer, und zwar mit der drolligen und lustigen Bemerkung, dass es geschehe: **UT**iliter, mit Nutzen, nicht sowohl seiner als anderer und absonderlich der Weinbauern und Wirthe; **RE**aliter, in der Tat und wahrhaftig; **MI**rabiliter, auf eine wunderbare Art und Weise, **FA**ciliter, ganz leicht und ohne sonderbare Mühe; **SOL**enniter, mit großer Freude und Jauchzen, und endlich auch **LA**crymabiliter, dass ihm die Tränen der Lust und des Dankes darüber aus den Augen in die Wangen herab fließen, wie es allen Denjenigen zu gehen pflegt, so einen wackeren tüchtigen Zug guten Weines tun!

Just also, meinte der Fahrende lustig, wollte er es auch halten, wann einmal die goldenen Orgel-Pfeifen sein Eigen wären. Doch dann hielt der lachende Kapellmeister inne und entgegnete ernsthaft warnend, dass ein solches Trinken doch am Ende tränenreich und gar kläglich für ihn ablaufen würde, wie es auch wohl bei einem solchen Leben und Saufen nicht anders möglich sei.

Also plaudernd und parlierend verkürzten die beiden Männer die lange Wanderschaft. Bei der Stadt Mannheim ließen sie sich über den Rheinstrom setzen und zogen dann den Bergen der Pfalz, des alten Wasgaues zu. Mehrere Tage vergingen und absichtlich richtete der fahrende Geselle es also ein, dass sie erst am Tage vor Johanni in der Nähe des Sülzbacher Tals anlangten, wobei er vorsichtig vermied, dasselbe von der Seite des Dorfes Ramberg zu betreten. Je näher sie jedoch dem Ziele ihrer Fahrt kamen, je ernster wurde der fahrende Geselle. Seine großen Augen begannen wieder unheimlich und unruhig zu leuchten und umherzuschauen, und seine Züge, die sich auf dem Wege stets heiter und leicht gerötet gezeigt, nahmen wieder ihre frühere starre Blässe an. Auch Graupner war ernst und stille geworden; wusste er doch nicht, wie das seltsame Abenteuer, in das er sich so unwillkürlich eingelassen, für ihn und überhaupt endigen würde.

Im tiefen Walde, bei einer kleinen verlassenen Hütte, einem ehemaligen Wildwärterhäuschen, das ein gewaltiges zerfallenes hölzernes Kreuz zierte, wohl als Zeichen einer geschehenen Mordtat oder eines Unglücks, machten beide Männer Halt und ruhten von den letzten zurückgelegten Wegstunden aus, sich zugleich stärkend und vorbereitend auf die etwaigen Vorkommen der Nacht. Doch weder der unterwegs eingekaufte Wein, noch sonstiger Imbiss wollte munden. Ein Jeder von ihnen war in seiner Weise zu sehr aufgeregt und mit den Gedanken an das, was nun kommen würde, beschäftigt, wozu auch wohl hinlängliche Ursache vorhanden war.

Es war ein trüber Tag, Wolken bedeckten den Himmel und bald hüllte die Dämmerung den dichtbewachsenen Waldplatz ein. Graupner mahnte zum Aufbruch, weil es ihn drängte, den Ort, wo sich das Wunderbare ereignen sollte, noch beim Lichte des Tages schauen zu können. So machten Beide sich denn endlich wieder auf den Weg, und nach kurzer, etwa einstündiger Wanderung traten sie auf einen mit gewaltigen Kiefern bestandenen sanften moosigen Abhang, der in ein kleines an drei Seiten von hohen bewaldeten Bergen eingeschlossenes Tal führte.

Der fahrende Geselle warf sich auf den weichen Boden nieder und sein glühender Blick, womit er in das Tälchen schaute, seine heftig arbeitende Brust, kündeten Graupner genugsam an, dass sie am Ziele ihrer Wanderung seien. Auch dem Kapellmeister wurde es recht sonderbar um's Herz und schwer, ja sogar ein weniges bänglich schaute er in die Gegend hinaus, die in trübem abendlichem Dämmerschein sich seinen Blicken zeigte.

Just vor ihm, im Kessel des Tals, lag der gespenstische See, ein stilles sumpfiges Wasser, rings von einem breiten dichten Gürtel von hohem Schilf und Röhricht umgeben. Den Namen See verdiente es nicht – er hätte denn in früherer Zeit von größerem Umfang sein müssen. Eine Menge Wasserpflanzen bedeckten noch seine Oberfläche, die ruhig und unbeweglich schien. Seitwärts schauend sah Graupner die gewaltigen hochemporragenden Trümmer und Überreste der alten Abtei, fast die ganze Breite des Tals einnehmend, die von einer düstern über ihnen lagernden Wolke beschattet, schon in tiefes Dunkel gehüllt, erschienen. Durch die oberen Theile der byzantinisch gewölbten Fenster des Chors und andere Mauerrisse und Lücken blickte jedoch noch in matter Helle der ferne noch wolkenlose Abendhimmel, wodurch die Düsterheit des Vordergrundes noch wirklich vermehrt wurde. Noch konnte man durch die Helle der Ferne erkennen, dass sich das Tal hinter der Abtei erweiterte, und einige zerfallene Hütten, wie die Ruinen einer Ortschaft, die bis jetzt noch nicht wieder zu neuem Leben hatte erstehen können. Das also war der Schauplatz, auf dem sich so Wunderbares begeben sollte.

Zweifel begannen nun wieder in Graupner aufzusteigen, da er sich an Ort und Stelle befand. Doch wurden sie durch einen Blick auf seinen Gefährten sofort wieder verscheucht. Dieser lag am Boden, mit glühenden Blicken nach jener Stelle des sumpfigen Wassers schauend, und seiner heftig arbeitenden Brust entsprangen sich einzelne, heiser tönende Worte und Reden.

„Dort – sah ich sie – vor sieben Jahren! – Dort, über den Wassern stand sie – von purem, lauterem Golde – die versunkene Orgel! – Ich sah sie – ich konnte sie fassen und – sie entging mir doch! Verflucht!" –

Ein ernstes strafendes Wort des Kapellmeisters hemmte diesen gewaltsamen fieberhaften Erguss eines gierigen Herzens.

„Hierher zu mir!" rief der Andere darauf, seine langen grauen Haare unwillig schüttelnd. „Jetzt ist keine Zeit mehr zum Predigen und Moralisieren. Wir müssen ihn erlangen, den goldenen Schatz; nur darauf lasst uns denken, nur darüber reden. Legt Euch zu mir auf das weiche Moos und lasst uns nochmals genau festsetzen, wie wir es beginnen, halten wollen."

„Darüber ist nicht viel zu reden und festzusetzen. Erscheint das goldene Wunderwerk wirklich in dieser Nacht, wie Ihr angegeben, so will ich mit Gottes Hilfe wagen, es zu spielen, wenn es überhaupt unter Menschenhänden erklingt, und weder der Blick des gespenstischen Mönches soll mich irremachen noch irgend andere spukhafte Erscheinungen. Ich will meine Gedanken nur meiner Kunst und Dem dort oben zuwenden, wie ich es tue, wenn ich auf meiner Orgel, daheim in der Kirche, spiele."

Also sprach der Kapellmeister ruhig und warf sich auf den Boden nieder. Und der Andere entgegnete hastig:

„Und habt Ihr sie gespielt, die goldene Orgel, und habt Ihr vor dem gespenstischen Mönch – mit dem starren tödlichen Blick – Eure Meisterschaft dargetan und bewährt, dann verlangt Ihr die goldenen Pfeifen alle! – Alle, ohne Ausnahme! – Und wir teilen sie redlich, nach Übereinkunft, nicht wahr?"

Graupner antwortete auf diese, von glühenden gierigen Blicken begleitete Rede nur durch ein bejahendes Kopfnicken. Er dachte dabei an Weib und Kinder, und dass er wohl einen Lohn verlangen könne, wenn die gespenstische Erscheinung überhaupt einen solchen zu gewähren habe. Beide Männer verfielen hierauf, ihren wohl verschiedene Wege wandelnden Gedanken nachhängend, in das frühere Schweigen.

Stunden vergingen. Der Himmel verdunkelte sich über der Gegend immer mehr und hüllte bald Tal und Sumpf in dustere Schleier, während der ferne Horizont noch in matter Heller erschien. Auf ihm traten die Ruinen der Abtei in seltsam geformten Umrissen rabenschwarz hervor, wodurch die Unheimlichkeit des Ortes nicht wenig erhöht wurde. Ein Wetter schien sich zu nähern, denn ein scharfer Luftzug durchfuhr, stets stärker werdend, das Tal. Immer mächtiger bewegten sich die Äste und Kronen der gewaltigen Kiefern, also dass ein eigentümliches Singen und Rauschen über den Häuptern der beiden Männer laut wurde. Bald klang es zischend und in aufsteigend tönender Weise, bald tief und gewaltig wie ein fernes herannahendes Sturmgebraus. Ruhig und bewegungslos lag der fahrende Geselle am Boden, sich nicht kümmernd um das, was um und über ihm vorging; doch wandte er keinen Blick von dem spukhaften Sumpf zu seinen Füßen ab, während Graupner tief erregt dem Tönen und Rauschen des Windes und der Bäume lauschte, mehr denn einmal wähnend, dass diese ihm fremde und so ergreifend und gewaltig klingende Musik von der erwarteten spukhaften Orgel herrührte.

Doch diese ersehnte Stunde war noch nicht da. Die Zeit bis Mitternacht verstrich langsam. Das drohende Wetter hatte sich verzogen und endlich ließ der Wind nach; er hatte den Himmel von der über dem Tale hängenden Wolkenmasse reingefegt und hinter den bewaldeten Spitzen der Berge erschien der Mond und warf sein bleiches Licht nach und nach über das ganze Tal. Wahrhaft gespenstisch erschienen nun die Kloster-Ruinen in der so eigentümlichen Beleuchtung des Mondes, während andere Theile derselben in tiefem unheimlichem Dunkel blieben. Auf der stillen Wasserfläche, durch das einzelne Röhricht und zerstreute Blätterwerk, tauchte ein silbernes Glitzern und Blinken auf, als ob die Pfeifen des erwarteten kostbaren Werkes endlich, nach langjährigem Schlummer aus der Tiefe zu Tage treten wollten. Doch Nichts erfolgte. Still und ruhig blieb es auf dem Wasser und im Tale, selbst das Rauschen der Kiefern war zu kaum hörbarem Flüstern herabgesunken.

Graupner, der anfänglich von dem neuen überraschenden Bilde, das sich ihm bot, wahrhaft gefesselt worden war, wandte nun den Blick zu seinem Gefährten hin und erschrak zusammen über dessen Aussehen. Zugleich begann das Rauschen und Tönen wieder, doch diesmal eigentümlicher, reicher und harmonischer. Der fremde Geselle lag gekrümmt auf der Erde, den Oberleib nach dem Sumpfe hingestreckt. Sein Mund war weit geöffnet, seine großen glühenden Augen traten fast aus ihren Höhlen hervor und schienen den Anblick, der sich ihnen bieten mochte, verschlingen zu wollen. Endlich hob er den rechten Arm und nach dem Sumpfe deutend, keuchte er mit heiserem Flüstern:

„Dort! – dorthin sieh!“ – –

Graupner wandte den Blick nach der Stelle. – O Wunder! – Da war die spukhafte, gespenstische Erscheinung, wie der Fahrende sie ihm beschrieben! –

In einem Lichtkranze, der golden gegen den bleichen Schein des Mondes abstach, schwebte auf der Wasserfläche des Sumpfes die gespenstische Orgel. Die goldenen Pfeifen groß und klein, erglänzten in der doppelten Beleuchtung. Bunte Gestalten umgaben das Werk als Zierrat. Beim Basse stand eine lebensgroße Figur in altem kriegerischem Gewande, eine Tuba haltend und blasend.

Graupner erkannte in ihm sofort den gewaltigen Waffenträger Moses und Heerführer der Israeliten Josua, der durch den Schall seiner Trompeten die Mauern Jericho's gestürzt. Und auf der anderen Seite, beim Diskant, stand König David im reichen Kleide, mit der Krone auf dem Haupte, mit dem goldenen zierlichen Saitenspiel im Arm. Allerlei Englein, verschiedene Instrumente haltend und gleichsam spielend, umgaben das goldene Werk von allen Seiten und verliehen ihm ein so überaus köstliches Ansehen, dass das Herz des ehrlichen Musikers und Organisten vor staunender Freude erbebte.

Doch vor dem kleinen Manuale saß ein Mönch, den beiden Männern zur Hälfte den Rücken zuwendend, und ließ die Finger langsam und leicht über die Tasten gleiten. Sein Antlitz, so weit es zu sehen war, zeigte knochige Umrisse und erschien, vom Monde hell beleuchtet, von fahler entsetzlicher Blässe. Tief in seiner Höhle lag das Auge, das auf die Tasten niederschaute, und ein Kranz von grauen Haaren umrahmte den nackten Schädel.

Gebannt von der wundersamen Erscheinung vermochte der Musiker anfänglich nicht auf das Tönen und Singen des goldenen Werkes zu horchen. War er auch nicht so furchtbar aufgeregt wie sein bleicher Gefährte, welcher sich, wie eine Schlange windend, dem gespenstischen goldenen Orgelwerk zu nähern suchte, und dasselbe mit unbeschreiblich gierigem Ausdruck seiner glühenden Augen anstarrte, so fühlte er doch auch sein Blut, seinen Herzschlag fast stocken und

Abb. 45: „Die Goldene Orgel": Das Märchen der Johannisnacht

wie ein kalter Schauer ihn überkam und schüttelte. Endlich aber vermochte er sich in etwas zu sammeln und nun sog sein Ohr gierig ein, was da so wundersam tönend und singend die Luft durchzog.

Es war kein gewöhnliches kunstreiches Orgelspiel, was er vernahm; es waren keine Töne, wie er sie bis jetzt von diesem königlichen Instrument, noch von irgendeinem Andern gehört. Es war ein tönendes Säuseln, als ob eine milde Frühlingsluft durch die wohlgestimmten reichen Saiten einer Harfe führte, bald stärker, bald schwächer, bald rascher, bald langsamer. Darein erklang ein sanftes Flötenspiel, doch in ihm unbekannten Intervallen; und andere Klangfarben vernahm sein geprüftes Ohr, die er keinem der ihm bekannten Register zuerkennen konnte. Es war schier, als ob Frühlingsluft und Mondschein, Bäume und Gräser um die Wette flüsterten, tönten und zusammen musizierten, und zugleich allerlei Vöglein ihr sanftes, süßes Jubilieren erklingen ließen. Dann wieder ertönte ein tiefes Rauschen, bald steigend, bald fallend, als ob die Quellen und Felsen der Erde auch mitsingen und klingen wollten. Doch wurden dann die Töne und Harmonien ernster und klagender. Das tiefe Rauschen glich schwerem Seufzen und Stöhnen, wie sie sich belastender Menschenbrust entringen, während das Jubilieren der Oberstimmen in ein mitfühlendes Weinen und Klagen überging, bis endlich all' dieses klagende Tönen und Rauschen, dies lange Flüstern und Singen, sich wieder in die früheren wunderbaren Harmonien auflöste. Es war dem hochaufhorchenden Musiker nicht anders, als hörte er ein himmlisches Concert, aufgeführt von den lieben Englein dort Oben und dem Saitenspiel seines Patrons, des Sänger- und Harfenkönigs David. Wie gebannt, festgezaubert saß er auf seinem Platze und horchte mit gefalteten Händen dieser, so himmlischen Musik, nicht achtend auf das heisere, heftige Flüstern seines Gefährten, der ihn drängen wollte, durch Worte und Gebärden andeutete, zu dem Wasser, dem goldenen Werk, hinunterzusteigen, ehe es verschwinde, zu spät sein würde.

Jetzt ruhten die Hände des gespenstischen Mönches und während die letzten Töne und wundersame Harmonien langsam die Luft durchzitterten, wandte er das bleiche Gesicht den beiden Lauschern zu und seine dunklen Augen schienen eine Aufforderung zum Näherkommen auszudrücken.

Mit einem aus tiefster Seele kommenden „Mit Gott!" erhob sich nun in rascher Bewegung Graupner. Begeisterung, nie gekannte, himmlische Begeisterung für seine hohe und schöne Kunst war mit dem Gehörten in sein Herz eingezogen und erfüllte mächtig sein ganzes Wesen, zugleich das brünstige und glühende Verlangen, das kostbare seltene Werk zu spielen. Festen Schrittes, während sich der Brust seines Gefährten ein leuchtendes freudiges Atmen entrang, stieg er den Abhang hinunter und ging, die Seele voll Glauben an die Wahrhaftigkeit der Erscheinung, auf das Röhricht des Wassers zu. Und siehe da, zu beiden Seiten bog sich das Schilf auseinander, ihm eine Gasse machend, und sicher wandelte sein Fuß auf der Wasserfläche, als ob es ein fester weicher Boden gewesen wäre.

Schon hatte der gespenstische Mönch sich von seinem Sitz erhoben, und ohne ihn anzuschauen und zu beachten, setzte sich Graupner an die leere Stelle vor das Manual und legte die kundigen Finger auf die zierlichen elfenbeinernen Tasten des Werkes. Wie schaute ihn der König David mit seiner goldenen Harfe so freundlich an! Der Musiker vermochte nicht den Blick von der Figur abzuwenden und aus tiefster Seele betete er zu dem königlichen Musiker, den er ja sein ganzes Leben lang als Patron so hoch in Ehren gehalten, ihm diesmal beizustehen. Es schien, als ob die tote, geschnitzte Gestalt sein Bitten und beten vernehme, denn ihre Züge dächten Graupner immer freundlicher und aufmunternder zu werden, und nur sie im Auge haltend, begann er sein Spiel.

Wie senkten und hoben sich die Tasten unter seinen Fingern! Doch, nicht kam zu Gehör, was Graupner nach seinem Spielen zu hören erwartete. Alle kunstreichen und schönen Formen und Harmonien, durch die er sein begeistertes Fühlen und Denken verkörpern wollte, gingen auf in einem Tönen und Singen der Orgel, das gar seltsam und wunderbar klang und sein Herz, sein ganzes Wesen auf's Mächtigste ergriff und hob. Es war, als ob sein eigenes Empfinden, alles Frohe und Schöne, was ihn erfüllte, zu Tönen und Klängen werde, die in keinem Zusammenhang mit dem künstlichen Werk, unmittelbar aus seinem Herzen als schöne, himmlische Musik emporsteige. Das klang und jubilierte durch die Lüfte, durch die Wipfel der Bäume des Waldes, als ob die ganze Erde in Freud und Lust aufgehen wollte, genauso, wie sein Herz es empfand. Immer erregter, freudiger spielte Graupner mit Ohr und Seele lauschend, auf sein Musik-werdendes inneres Leben. Immer lustiger schienen die beiden, dem König David zunächst sitzenden Engelein zu musizieren; immer freundlicher, zufriedener schaute ihn der königliche Harfenspieler an, von dessen edlen Antlitz Graupner seinen Blick nicht abzuwenden vermochte und dessen freundliches Lächeln und Nicken immer neue Quellen der Freude in seinem Herzen hervorzauberte, die sofort in dem wunderbarsten und herrlichsten Tönen und Singen des von dem wackeren Musiker gespielten Werkes aufgingen.

Doch die Zeit verstrich. – Plötzlich fühlte Graupner eine eisig kalte Berührung seiner Schulter, und wie er den Kopf wandte, blickte er in das bleiche Antlitz des gespenstischen Mönches. Der starre Blick schien Zufriedenheit aussprechen zu wollen und zugleich die Aufforderung, dass der Spieler nunmehr seinen Lohn verlangen sollte. Also dünkte es Graupner. Und auch dem dort auf dem Rasen, ganz nahe dem Schilf des Wassers lauschenden Gesellen musste es also dünken, denn vom Lande erklangen mit gieriger Hast und heiserem Tone hervorgestoßene Worte Deutschland: „die goldenen Pfeifen verlange! die goldenen Pfeifen!"

Doch Graupner hörte die Worte nicht. Sein Herz war zu voll, zu freudig erregt durch die vernommene himmlische Musik. Er ließ ab von den Tasten des Werkes, und kühn dem Mönch in das bleiche Antlitz schauend sprach er:

„Wenn ich denn etwas für mein Spielen verlangen darf, und Ihr mir etwas geben könnt und wollt, so bitte ich Euch um meinen Patron, den König David, und die beiden musizierenden hölzernen Englein dort!"

Kaum hatte er diese Worte ausgesprochen, als vom Lande her ein entsetzlicher, mit heiserer keuchender Stimme hervorgestoßener Fluch ertönte, worauf ein dumpfer Schlag erfolgte, als ob ein schwerer Gegenstand in das Wasser des Sumpfes gefallen.

Zugleich erhob sich ein Stürmen und Brausen, welches im Augenblick zur gewaltigen Windsbraut anschwoll, die wirbelnd den erstarrenden Graupner erfasste und mit furchtbarer Gewalt darnieder warf, also dass es Nacht vor seinen Augen wurde und die Sinne ihm vergingen.

IV. Der König David

Hoch am Himmel stand die Sonne und sandte ihre warmen Strahlen herab in das kleine Tal, als Graupner aus tiefem Schlaf erwachte. Er befand sich an derselben Stelle, wo er sich am Abend niedergeworfen, auf dem moosigen Abhange unter den Kiefern. Vor ihm lag der Sumpf mit seinem Schilf und Blätterwerk, und seiner stillen trüben Wasserfläche. Zur Seite erblickte er, von der Sonne golden beschienen, die Kloster-Ruinen, während hinter denselben das Tal sich zu einem frischen grünen Wiesengrunde erweiterte. Erstaunt richtete sich der Kapellmeister auf und seine Augen reibend und um sich blickend, suchte er gewaltsam seine Gedanken zu ordnen. Alles, was er erlebt und gesehen, war wohl nur ein Traum gewesen? Also war sein erstes Denken. Dann sah er sich nach seinem Gefährten um, doch dieser war nicht mehr da. Er konnte indessen nicht ferne sein, denn dort im Grase, nicht weit von ihm, lag sein Stock und kleines Hütchen. – Jetzt traten alle seltsamen Ereignisse der vergangenen Nacht wieder lebhaft und klar vor seine Seele. Dort hatte die spukhafte goldene Orgel gestanden, die er gespielt, dort hatte ihn die Windsbraut ergriffen, emporgehoben, höher, immer höher bis – in den blauen Himmel hinein, und dort war der kunstreich geschnitzte König David, den er an der Orgel gesehen, und so kecklich von dem gespenstischen Mönch zu Eigen verlangt, samt den beiden hölzernen Englein zu ihm getreten. Ersterer hatte ihm sein Saitenspiel gereicht, das aus purem, lauteren Golde gewesen, auf dem er dann fort und fort gespielt! – ach, so herrliche wunderbare Liedlein, bis – er erwacht! – Ja, er hatte geträumt; es war nicht anders, es konnte nicht anders sein! War er doch erwacht auf derselben Stelle, wo er sich am Abend niedergelegt! Und doch stand auch wieder der Anfang seines seltsamen Erlebnisses so klar und lebendig vor seiner Seele – noch immer wähnte er die wunderbaren Töne und Harmonie der goldenen Orgel zu hören – dass er an die Wirklichkeit des Erlebten glauben musste. Wer konnte ihm Gewissheit geben, all' diese Rätsel lösen? – Nach einer Weile tiefen, fruchtlosen Sinnens erhob sich endlich Graupner und begann laut seine Stimme durch Tal und Wald ertönen zu lassen, um seinem Gefährten ein Zeichen zu geben, ihn wenn möglich herbeizurufen. Doch nur das schwache Echo der Bergwände antwortete ihm und stille blieb es im Tal wie auf den Abhängen. Recht ängstlich begann nun der Kapellmeister um sich zu schauen. Da erblickte er an einem Ende des Sumpfes, nach den Ruinen der Abtei zu, mehrere Gestalten, die bei dem Röhricht beschäftigt schienen. Rasch nahm er Hut und Stock, schob seine lederne Tasche auf den Rücken und schritt auf die Stelle zu, wo er die Leute entdeckt. Je näher er kam, je deutlicher vernahm er Stimmen, die in ihm unverständlichen Lauten wirr durcheinanderschrien und sprachen. Jetzt hatte er die Gruppe erreicht. Es war ein altes zerlumptes Zigeunerweib mit einem braunen, fast nackten Knaben und dort – entsetzlicher Anblick! – dort an den Ufern des Sumpfes, noch halb im Schilfe verborgen, lag die entseelte Gestalt seines Gefährten, die die beiden Zigeuner unter lautem Kreischen und Reden vollends aus dem Wasser zu ziehen beschäftigt waren.

Die langen nassen Haare des Unglücklichen bedeckten teilweise sein auf das Fürchterlichste verzerrte Gesicht, während auf den blauen Lippen noch der Fluch zu schweben schien, mit dem er in das Wasser gestürzt, um vielleicht in seinem gierigen Wahnsinn nach den goldenen Pfeifen zu greifen, die Graupner nicht begehrt. – Es war also kein Traum gewesen, was er erlebt, so dachte der entsetzte Musiker. Doch den furchtbaren Anblick, der sich ihm bot, vermochte er nicht zu ertragen und erfüllt vom Schauder und Entsetzen floh er den Bergen zu.

So also hatte das Abenteuer geendet, das er, wenn auch mit unbestimmten Hoffnungen, doch immer mit Hoffnungen unternommen. Es war entsetzlich, und das traurige Schicksal des armen fahrenden Gesellen schnürte dem wackeren Manne schier das Herz zusammen. Und durfte er die

Leiche des Unglücklichen jetzt verlassen, sie den Händen jener Zigeuner preisgeben? Dies Denken quälte ihn mehr und mehr und wurde endlich so peinigend für ihn, dass er umzukehren entschlossen war. Da stieß er im Walde auf einen Trupp Bauern, die sich eben zum Holzfällen anschickten. Das war Hilfe für den armen Mann. Er erzählte ihnen, was dort unten im Tal sich zur Stunde ereignete, und dass der Verunglückte lange Jahre Cantor des nahen Dorfes Ramberg gewesen sei. Wie staunten die Leute, da sie Solches hörten. Es waren just Ramberger Bauern, die sich des Cantors erinnerten, und wie er vor etwa sieben Jahren heimlich auf und davon gelaufen. Sie ließen ihre Arbeit stehen und liegen, nahmen ihre Hacken und schlugen den Weg nach dem Tal ein, um den Unglücklichen ein ehrliches Begräbnis zu besorgen und recht getröstet setzte Graupner seinen Weg, den man ihm angedeutet, fort.

Es war eine traurige Wanderung, die der arme Kapellmeister zu vollbringen hatte, und mehrere Tage dauerte sie. Je näher er seiner Heimat kam, je trauriger wurde es ihm um's Herz. Was sollte er nun beginnen? Der größte Teil seiner Quartalbesoldung war ausgegeben – von den vielen schönen Brabäntern, die er mit auf die Reise genommen, brachte er kaum noch einige nach Darmstadt zurück, und was hatte der geplagte Haus- und Familienvater nicht noch alles zu bezahlen! Endlich stand er vor seiner kleinen Wohnung in der engen Schlossgasse. Da tönte ihm lauter Kinderjubel entgegen und der Erste, der an seinem Halse emporsprang, war sein ältester Knabe, den er krank und siech vor mehr denn acht Tagen verlassen, und der ihn nun munter und gesund mit Küssen begrüßte. Wie froh wurde der Kapellmeister ob solchem Willkommen! Tränen der Freude traten ihm in die Augen und umringt von seinen Kleinen, den Größten und Kleinsten auf den Armen, stieg er die Treppe hinauf und trat in seine stille einfache Wohnung, wo ihn Frau und Mutter, die auch wieder so ziemlich genesen, ebenfalls auf's Herzlichste und mit den freudigen Mienen und Worten willkommen hießen.

Alles war daheim gut gegangen, viel besser, als man erwartet hatte. Der Rest der Quartalsbesoldung war richtig gefallen und hatte gerade zur Miete gereicht. Auch war noch einiges Geld für Lektionen und Kompositionen eingelaufen, und die Frau hatte als treffliche Wirtschafterin Alles eingeteilt und das Nötigste bezahlt. So war weder Mangel noch Not bei den Seinigen eingekehrt, wie der Musiker gefürchtet und aus tiefstem Herzen dankte er Gott, dass er ihm so väterlich beigestanden und geholfen.

Doch noch eine ganz andere Freude wartete seiner!

Nachdem die wechselseitigen Begrüßungen vorbei, der heimgekehrte Wanderer auch ein Weniges seinen Leib erquickt und erlabt, sollte er denn nun auch erzählen, was er auf seiner Fahrt erlebt und ausgerichtet. Das aber hatte seine richtigen Hacken. – Graupner hatte sich wohl gehütet, seinem Weibe beim Abschied etwas von seinem abenteuerlichen Unternehmen zu verraten, sondern ihr alle Aufklärungen für seine Rückkehr versprochen. Jetzt aber, nachdem das Abenteuer so kläglich abgelaufen, konnte und mochte er nicht mehr davon reden, und doch verlangten die Seinigen Auskunft; er musste ihnen solche geben. Der arme Musiker geriet in wahre Bedrängnis und fand endlich kein anderes Mittel, um sich dieser schlimmen Lage zu befreien, als davonzulaufen. Er beschloss daher, sich in sein Studierstübchen zurückzuziehen, dort zu überlegen, was er sagen wolle und könne, und indem er aufstand, vertröstete er die Seinigen auf den Abend, wo er Alles erzählen wollte, jetzt aber ein höchst wichtiges Geschäft beenden müsse, das eben keinen Aufschub erdulde. Damit langte er den Schlüssel zu seinem Dachkämmerchen, den er immer bei sich trug, als Schirm und Schutz seiner Kompositionen gegen den Reinlichkeitsteufel seiner gar zu gerne putzenden Eheliebsten, – wie er oftmals schmerzend zu sagen pflegte – und stieg die kleine Treppe hinauf, seine Frau, sein Mütterchen unaufgeklärt und nicht wenig neugierig zurücklassend.

Jetzt öffnete Graupner die Tür seines kleinen Heiligtums und wollte eintreten. Doch anstatt vorwärtszuschreiten, machte er vor Schreck und Staunen einen gewaltigen Schritt rückwärts, während sich zugleich ein lauter Aufschrei seiner Brust entwand.

Und er hatte Ursache, vollkommene und gerechte Ursache dazu, denn mitten in seiner kleinen Stube stand in Lebensgröße der geschnitzte König David mit seinen prächtigen farbigen Kleidern und dem blinkenden Saitenspiel im Arme, wie er ihn bei der goldenen Orgel geschaut und dann von dem gespenstischen Mönche zu Eigen verlangt hatte. Und dort – dort auf seinem Arbeitstisch, zu beiden Seiten des gewaltigen Tintenfasses, standen auch richtig die beiden kleinen, so lustig musizierenden hölzernen Engelein!

Wer malt sein Staunen, seine Freude? Das Erlebte war Wahrheit gewesen, und hätte er die goldenen Pfeifen als Lohn verlangt, er hätte sie wohl auch jetzt in seiner Stube vorgefunden, also dachte er und schickte sich endlich an, die Schwelle seines Stübchens zu überschreiten. Doch auf's Neue fuhr er zusammen, denn just hinter ihm erklang ein lauter Aufschrei. Etwas erschrocken wandte er sich um und erblickte seine würdige Hälfte, die durch den Laut des Staunens, den ihr Gatte ausgestoßen, aufmerksam geworden und neugierig die Treppe hinaufgestiegen war, um nun, beim Anblick der prächtigen glänzenden davidschen Figur, die ja ohne ihr Vorwissen, und ohne, dass sie das Geringste davon gemerkt, in ihre Wohnung gekommen war, ihrerseits einen gleichen Schrei der Überraschung auszustoßen.

Rasch zog Graupner seine Eheliebste in die Kammer, schloss die Tür und erzählte ihr in einem Atem sein ganzes gehabtes Abenteuer, ohne irgend etwas davon wegzulassen, sich dabei fast anklagend, dass er die goldenen Pfeifen der Orgel, wegen derer er doch eigentlich ausgezogen, nicht verlangt habe. Die wackere Frau, die anfänglich staunend auf den merkwürdigen Bericht gehorcht hatte, begnügte sich indessen nicht mit dem Hören allein. Während der Musiker forterzählte, betrachtete sie sich die schöne Figur etwas näher. Sie war von Holz geschnitzt und mit bunten Farben und Gold bemalt, wie die kleine zierliche und handliche Harfe, die auch golden glänzte – „Herr, Du mein Gott, was ist das?" – schrie sie urplötzlich auf, ihren gestrengen Eheherren mitten in seinem Vortrage höchst respektwidrig unterbrechend. Dieser stand auch schon im nächsten Augenblicke neben seinem Weibe und als er den Gegenstand ihres Staunens ebenfalls in Augenschein genommen, fehlte nicht viel und er hätte einen noch lauteren Aufschrei getan – wenn ihm seine Hälfte nicht noch zur rechten Zeit und wohlweislich daran gehindert. Denn was braucht man das ganze Haus darauf aufmerksam zu machen, wenn man in seiner eigenen Stube einen – Schatz findet!

Und so war es auch. Die glänzende Harfe des Königs David war keineswegs von Holz geschnitzt und vergoldet und bemalt, wie der Sängerkönig selbst, sondern fühlte sich fest und metallic an und war vielleicht – nein, ganz gewiss! – wie die Pfeifen und Röhren des wunderbaren Werkes – von purem, lauteren Golde! – Es konnte, konnte nicht anders sein!

– –

Und es war nicht anders. Davon hatten sich die beiden Gatten bald des Näheren überzeugt. Von purem Golde war die Harfe und der Frankfurter Juwelier, dem der Kapellmeister das extra rare Stück in den nächsten Tagen höchst eigenhändig, doch auch ganz in der Stille überbrachte, zahlte ihm zweitausend blanke Kaiserdukaten dafür aus und machte bei solchem Handel – ich wette Hundert gegen Eins! – doch noch einen gewaltigen Profit!

Jetzt war Freude und Glück in der Familie des wackeren Musikers eingekehrt. Jetzt konnte er sagen und laut verkünden, dass seine Reise einer Familien– und Geld-Angelegenheit gegolten, und dass sie gut und vorteilhaft für ihn ausgefallen. Und man glaubte ihm aufs Wort.

Der Landgraf Ernst Ludwig baute zur selbigen Zeit eine neue Vorstadt zu seiner etwas engen und kleinen Residenz. Auch der fürstliche Kapellmeister Graupner erhielt einen Platz zu einem Hausbau in der neuen Straße, die jetzt die Luisenstraße heißt. Dort baute er sich ein stattliches Haus, das heute noch steht; ein großes Studier- und Musikzimmer richtete er sich darinnen ein, und an den Ehrenplatz dieser Stube stellte er den prächtigen, hölzernen David, dem er in der Stille eine neue Harfe, doch wahlweislich aus gleichem Stoff, wie der König selbst, hatte anfertigen lassen. Auch die beiden Engelein, die sich indessen samt ihren Instrumenten als von Holz erwiesen, wurden dort angepflanzt; und wie früher an dem gemalten Konterfei seines Patrons, des hohen Sänger-Königs, so erfreute und begeisterte sich jetzt der wackere Meister noch lange, lange Jahre an dem fast lebensfrischen, geschnitzten, gar köstlichen Bilde.

Als Graupner endlich das Zeitliche gesegnet, gingen Haus und Figuren an seine Erben über, um schließlich in unseren Tagen in fremde Hände zu gelangen. Da hat denn der Schreiber dieser Geschichte bei dem jetzigen Eigentümer des Hauses den hölzernen, geschnitzten, bemalten und vergoldeten König David samt den beiden musizierenden Englein noch gesehen und bewundert, und in einer stillen heimlichen Stunde hat die prächtige Figur ein neues Wunder verübt, indem sie ihm haarklein alles das zuflüsterte und erzählte, was er in diesen Zeilen zum Andenken an den würdigen und wackeren Kapellmeister und Organisten niedergelegt.

Das Märchen „*Die Goldene Orgel*" über den Komponisten Christoph Graupner (1683-1760) wurde in der Originalfassung am Freitag, den 11. März 1864 von Ernst Pasqué begonnen und am Dienstag, den 15. März 1864 vollendet [100]. Erst drei Jahre später erscheint das musikalische Märchen in den lokalen Zeitungen „*Der schwäbische Postbote*" und in einer Beilage zur „*Augsburger Postzeitung*". In den Jahren 1878 und 1882 wurde eine leicht geänderte Version in Pasqués Sammelband „*Aus der Welt der Töne*" gedruckt [PAS-7].

Die vorliegende Fassung orientiert sich an der Fassung von 1878 und wurde in der Sprache dem heutigen Lesefluss der Wörter angepasst, der Satzaufbau und die Struktur des Textes sind original. Das Märchen wurde komplett eingelesen von Kanella Baleka auf der Webseite für Ernst Pasqué (www.ernst-pasque.de/Das-Maerchen.html).

---

[100] Universitäts- und Landesbibliothek Darmstadt, Nachlass Pasqué, K. 143, Nr. 181, Blatt 1

7.   Wahrheit oder Fiktion im Märchen?

Die folgende, stark gekürzte Beurteilung des Märchens über Graupner basiert auf dem Beitrag von André Muth aus dem Jahre 2014 [101]. Der Autor hat der Verwendung seines Beitrages für dieses Buch dankenswerterweise zugestimmt. Es wurde um eine Bestimmung der Reiseroute und ergänzender Details vervollständigt.

Noch während seiner Zeit als Bariton-Sänger hatte Ernst Pasqué begonnen, sich für die Musikgeschichte Darmstadts zu interessieren, und vor Ort Quellenstudien betrieben, die die Sichtung von Musikalien ebenso einschlossen wie das Studium von historischem Archivmaterial. Damit markiert Pasqué nicht zuletzt auch den Beginn der Graupner-Forschung; in verschiedenen Zeitschriften veröffentlichte er Fortsetzungsbeiträge über die Geschichte der Musik am Darmstädter Hof und empfahl – ein Novum für die damalige Zeit – die Wiederaufführung Graupnerscher Musik.

Aus seinen späten Jahren datieren zahlreiche belletristische Arbeiten, Erzählungen und Romane, die durchaus in Verbindung mit seinen eigenen biographischen Stationen stehen. Im Mittelpunkt der Geschichte von der goldenen Orgel steht der Kapellmeister Christoph Graupner (1683-1760) und damit die zentrale Frage: Wieviel historischer Graupner steckt in dieser Fiktion?

Im Jahre 1867 veröffentlichte Pasqué erstmals eine Erzählung über Christoph Graupner. „*Die goldene Orgel*" erscheint in ihrem Kern als ein märchenhaftes Lehrstück über das Zusammenspiel von Gottvertrauen und Lohn, Maßlosigkeit und Verdammnis. Obgleich Graupner in der Erzählung auch übernatürliche Taten vollbringt, verankert ihn der Autor signifikant in einem konkreten historischen Kontext und widmet sich darüber hinaus auch akribisch und detailreich seinen familiären und finanziellen Verhältnissen.

Das Spannungsfeld zwischen Fiktion und historischen Fakten

Über mehrere Abschnitte hinweg setzte bei Pasqués Arbeit offenbar der Schriftsteller den Historiker hintan. Dieser (der Historiker) hält sich im Idealfall an die Tatsachen, jener (der Schriftsteller) mag seiner Fantasie freien Lauf lassen.

„*Die goldene Orgel*" ist zweifellos fiktive Erzählliteratur, doch kann sie mit Blick auf die historische Person des Christoph Graupner nicht nur als solche behandelt werden. An dieser Stelle folgt nun der Versuch einer vorsichtigen Trennung von Fiktionalität und geschichtlichen Fakten zur Person Christoph Graupners.

---

[101] [AMU], Seite 59-69.

Die geschichtlichen Angaben zu Graupner – Eine zeitgeschichtliche Einordnung

Pasqué veröffentlichte seinen ersten wissenschaftlichen Aufsatz über Graupner 1854 in der Zeitschrift *„Die Muse"*. Die dortigen Ausführungen veranschaulichen Pasqués intensive Recherchen um Graupners Leben und Werk, welche er in der Erzählung nun literarisch verarbeitet. Der Autor gibt zu Anfang der Handlung einige Ausführungen über das familiäre Umfeld des Hofkapellmeisters, die als Hinweise auf einen bestimmten Abschnitt im Leben von Christoph Graupner gedeutet werden können:

In einem kleinen Hause in der engen Schlossgasse wohnte der landgräfliche Kapellmeister mit seiner großen Familie, zu der noch seine alte Mutter zählte.

Die von Pasqué erwähnte Mutter des Hofkapellmeisters, Margarethe Maria Graupner geb. Hochmuth (2.9.1653 - 15.5.1731), zog nach dem Tode ihres Mannes vom sächsischen Kirchberg in die landgräfliche Residenzstadt Darmstadt zu ihrem Sohn Christoph und dessen Familie. Fest steht, dass sich Margarethe Maria Graupner im Oktober 1723 in Darmstadt befand und bis zu ihrem Tode 1731 dort lebte. Die erzählte Handlung kann also nicht vor diesem Zeitraum eingeordnet werden. Es bleibt zunächst das Jahr 1723 als frühestmögliches Datum festzuhalten.

Pasqué thematisiert ebenso die Größe der Graupnerschen Familie und spricht von sechs Kindern, wobei Graupners Frau Sophie Elisabeth in den Jahren 1713 bis 1732 sieben Kinder gebar. Der Autor verschweigt hier den eigentlichen ersten Nachkommen der Familie: Maria Elisabeth Graupner wurde am 9. März 1713 geboren und war das einzige Mädchen neben sechs nachfolgenden Jungen. Bestätigung findet diese Variation in der Formulierung, Graupners „ältestes Kind" sei ein „hoffnungsvoller Knabe von etwa zehn Jahren". Eine zufällige Verwechslung der Geburtenreihenfolge kann aufgrund der genauen Geschichtskenntnis des Verfassers nahezu ausgeschlossen werden. Er selbst nennt die Kinder der Familie mit genauem Namen und der Geburtenreihenfolge:

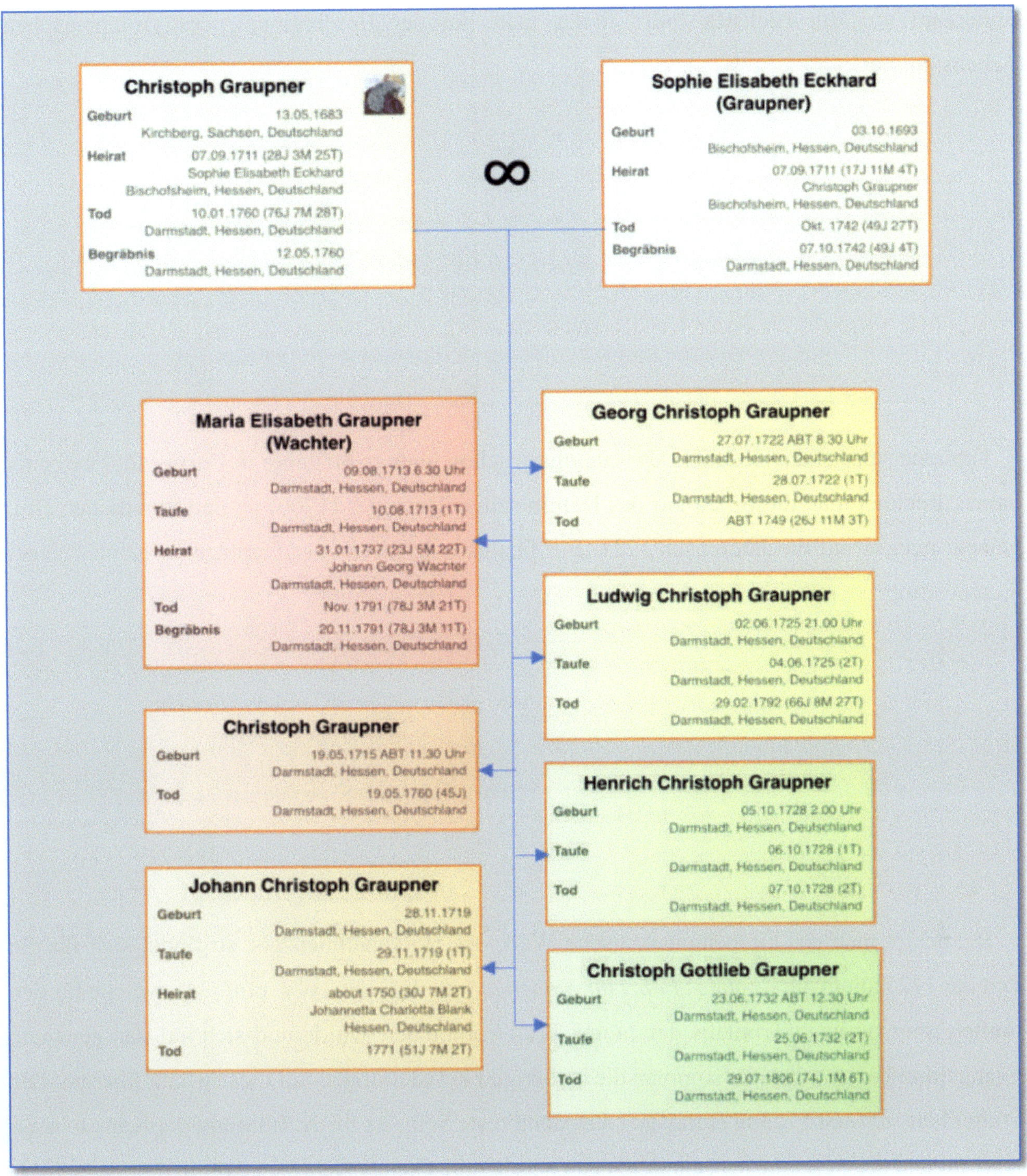

Abb. 46: Nachfahrenstammbaum von Christoph Graupner

Vielmehr zeigt sich hier eine erste Modifikation bei der Übertragung des historischen Lebenslaufes in die prosaische Gestalt: Die weibliche Erstgeburt wird bewusst durch einen männlichen Nachkommen vertauscht und somit möglicherweise an das damalige Gesellschaftsideal angepasst.

Für eine zeitliche Einordnung der Handlung sind zwei Zahlen aus dem Text von Bedeutung: Graupner hat sechs Kinder und der älteste Sohn ist zum Zeitpunkt der Handlung ca. zehn Jahre alt. Da dieser 19. Mai 1715 geboren wurde, wird das Geschehen also um das Jahr 1725 spielen. Pasqués Formulierung „von etwa zehn Jahren" lässt hier allerdings einen gewissen zeitlichen

Spielraum zu. Ein nächstes Indiz findet man bei der Beschreibung des Graupnerschen Arbeitszimmers:

> *Graupner war nicht allein ein tüchtiger Musiker, sondern auch ein überaus fleißiger Mann. Ganze vollständige Jahrgänge von Kirchenmusiken, die zurzeit schon weit über das erste Dutzend hinausgingen, hatte er nicht allein komponiert, sondern auch eigenhändig und höchst zierlich in Stimmen gebracht, und in der Schlosskirche aufgeführt.*

Graupner muss zum Zeitpunkt der Handlung schon über zwölf Jahre in Darmstadt gearbeitet haben. Rechnet man diese Zeit auf das Datum seines Umzuges (1709) an den Fürstlichen Hof, gelangt man so auf die Jahre nach 1721. Ein finales Indiz liefert der Erzähler im Kontext einer Komposition:

> *Graupners heutige Arbeit sollte darin bestehen, eine größere Komposition für den bevorstehenden fünften Sonntag nach Trinitatis und über das Evangelium „vom reichen Fischzuge" zu fertigen, oder vielmehr zu vollenden.*

Betrachtet man das kirchenmusikalische Werk des Hofkapellmeisters, so findet sich für die Zeit um 1725 allein die Kantate „*Fahrt ihr Sinnen auf die Höhe*" (GWV 1146/24), welche für den fünften Sonntag nach Trinitatis des Jahres 1724 komponiert wurde und sich auf das genannte Evangelium bezieht. Wieder stimmen die bisherigen Feststellungen mit diesem Jahr überein: Die Mutter hält sich seit 1723 in Darmstadt auf, der älteste Sohn ist zur Aufführung der Kantate neun Jahre alt und die Nennung der Jahrgänge von Kirchenmusiken bezieht sich auf die Zeit nach 1721. Somit kann der zeitliche Ausgang der Handlung nun bis auf den Tag und sogar die Tageszeit genau bestimmt werden: Graupner überträgt vor Anbruch seiner Reise dem fürstlichen Konzertmeister die Leitung der Musik. So beginnt die Handlung aufgrund der dargelegten Erkenntnisse am Nachmittag des 9. Juli 1724.

Umsetzung und Variation biographischer Angaben und historischer Fakten

Die obigen Ausführungen stützten sich hauptsächlich auf den familiären Aspekt von Pasqués literarischer Einführung in das Leben des Darmstädter Hofkapellmeisters. Der Erzähler eröffnet Graupners musikalische Biografie mit dessen Tätigkeit an der Hamburger Oper und vernachlässig seine Grundausbildung in Kirchberg und an der Thomasschule in Leipzig. In Hamburg sollte nun die entscheidende Begebenheit stattfinden, die Graupner bis an sein Lebensende nach Darmstadt binden wird und mit der Pasqué seine expliziten biographischen Ausführungen beginnt: Landgraf Ernst Ludwig von Hessen-Darmstadt bereiste zur damaligen Zeit verschiedene Länder und Städte. Unter anderem logierte er zeitweilig in Hamburg, wo er auf den jungen Cembalisten und Komponisten Graupner aufmerksam wurde und ihn an seinen Hof als Vizekapellmeister verpflichtete.

Die Übersiedelung Graupners geschah im Januar 1709. Somit beginnt in dieser Zeit auch die Retrospektive des Erzählers. Dieser fährt nun chronologisch mit den Handlungsräumen in Darmstadt fort:

> *Anfänglich gab's auch in Darmstadt Opern zu componiren und zu dirigiren, doch verlor der Fürst bald die Lust an der gar kostspieligen Unterhaltung und gab sie wohlweislich und noch zur rechten Zeit auf.*

Ernst Ludwig beabsichtigte, die Residenzstadt mit Graupner zu einem musikalisch-kulturellen Zentrum zu entwickeln. Im Januar 1711 rückte Graupner nach dem Tode des Hofkapellmeisters Briegel (1626-1712) an dessen Stelle auf. Wenige Wochen später konnte das neue Opernhaus mit Graupners Oper „*Telemach*" (GWV 1010) eröffnet werden. Schon 1719 wurde dieses allerdings in Folge von finanziellen Nöten wieder aufgegeben. Der Erzähler würdigt das Opernschaffen Graupners nicht. Die überaus prekäre finanzielle Situation der Landgrafschaft von 1719 wird beschönigt bzw. unterschlagen. Die Schließung der Oper und des Theaters war eine direkte Folge dieses Ereignisses.

Die nachfolgenden Ausführungen des Erzählers lassen sich auf die Jahre vor 1723 datieren. Der Leser erfährt von der Besoldung Graupners, welche ungleich im Verhältnis zu seiner großen Familie steht.

> *Sein Glück wäre vollkommen gewesen, wenn nur ein Übelstand sich nicht immer von Neuem eingefunden und dasselbe getrübt. Dieser hieß „Nahrungssorge". Graupners Besoldung als fürstlicher Kapellmeister war klein, seine Familie aber ziemlich groß und demgemäß die Ausgaben.*

Mit dem Wort „Nahrungssorge" wird der Leser auf das vorbereitet, was den Hofkapellmeister später zu seinem Unternehmen mit der goldenen Orgel veranlassen wird. Das Abenteuer wird dann als einzige Möglichkeit erscheinen, dass Graupner für seinen Fleiß, seine Redlichkeit und sein Können die gerechte Entlohnung erhält.

Der Erzähler fährt nun mit der Schilderung einer Darbietung an der Orgel in der Schlosskirche fort. An dieser Stelle wird nun auf das eingegangen, was nach dem Spiel in Graupners heimischem Arbeitszimmer geschieht:

Der Musiker verweilte nicht lange bei seiner Familie; er fühlte sich in der rechten Stimmung zu arbeiten, zu komponieren, wie er übrigens alltäglich abends tat und tun musste.

Es wird in den letzten Worten des Zitates Bezug auf Graupners enormes musikalisches Werk genommen. Als Kapellmeister oder Kantor musste er für jeden Sonn- und Feiertag genauso eine neue Kantate komponieren, wie der Pfarrer seine Predigt verfasste. Die Beschreibungen seines Arbeitszimmers scheinen den Fleiß und die Sorgfalt des Hofkapellmeisters ebenso zu unterstreichen. Hier erfährt der Leser von großen Sandhäufen, Notenblättern, Tintenflecken und diversen Schreibutensilien.

Christoph Graupners Bewerbung um das Leipziger Thomaskantorat

Hier lassen sich nun wiederum Parallelen von der Historie zur literarischen Handlung ziehen. Die Ohnmacht vor dem Geldgeber findet sich auch in Pasqués Erzählung wieder. Die ersten beiden Handlungsabschnitte wirken dem ähnlich: Der arme und von Sorgen geplagte Hofkapellmeister erfährt von einem möglichen Weg aus seiner prekären Lage. Es folgt nun die Annahme der Herausforderung und der Antritt einer Reise unter Angabe von falschen Gründen. Bei Pasqué heißt es da:

Sobald Graupner es hatte wagen können, war er zum Landgrafen Ernst Ludwig, seinem allergnädigsten Herrn, gegangen, um ihn um sofortigen Urlaub zu einer Reise in Familienangelegenheiten zu bitten, welches Gesuch ihm denn auch von dem Fürsten gewährt worden war.

Am Schluss der Erzählung wird berichtet, wie Graupner in Darmstadt seinen Lohn für das Abenteuer erhält bzw. auf wundersame Weise in seinem Studierstübchen auffindet. Eben dieser Ort ist charakteristisch für Graupners musikalisches Schaffen und den späteren Ruf als einer der größten Komponisten seiner Zeit. Hier, direkt am Ursprung seiner Werke, wird ihm nun die symbolische Apanage des gespenstischen Mönchs zuteil, mit der er seine Lebensverhältnisse grundlegend verändern kann. Was Graupner von seinem Fürsten bis dahin nur ungenügend erhalten hat, suchte er sich erfolgreich an anderer Stelle: Wertschätzung und finanzielle Aufbesserung. Ebenfalls in Darmstadt sollte auch die Bewerbung um das Leipziger Thomaskantorat entschieden werden.

So beweist auch der letzte Handlungsabschnitt der Erzählung über Graupner und die goldene Orgel einen Bezug zur realen Welt. In Darmstadt erhält er nun dank der Avancen durch den Leipziger Rat einen angemessenen Lohn und erwirkt zudem die finanzielle Konsolidierung und Absicherung seiner Familie. Dies alles geschah im Jahre 1723 und somit in unmittelbarer zeitlicher Nähe zur obigen Datierung der historisch belegbaren Fakten aus Graupners Biografie.

Die damalige Reiseroute: Verortung im Heute

Die Orte der Reise von Darmstadt nach Eußerthal sind nach heutigen Maßstäben eine Route von 130 km und mit leichtem Gepäck in ca. 26-30 Stunden mit leichtem Gepäck wanderbar. Allerdings können wir die Wegebeschaffenheit, fehlende Kennzeichnung und das Unterkunftsproblem zur damaligen Zeit nicht wirklich ermessen. Die tatsächliche Dauer der Wanderung lässt sich so nicht errechnen, sie umfasst laut Beschreibung aber mehrere Tage.

Die Reise beginnt in Darmstadt. Wir nehmen bewusst die Stadtkirche als Ausgangspunkt. Der fahrende Musikant hörte Graupner dort an der Orgel so himmlisch spielen. Über Bessungen, das heute zu Darmstadt gehört, geht es wohl an der Hessischen Bergstraße entlang nach Zwingenberg, Bensheim, Weinheim und weiter nach Heidelberg. Unterwegs labten sie sich an dem köstlichen Wein.

Abb. 47: Stadtkirche Darmstadt um ca. 1919

Das Weinbaugebiet *„Hessische Bergstraße"* ist heute flächenmäßig das kleinste im heutigen Deutschland. Damals galten andere Maßstäbe und Pasqué beschreibt die Annehmlichkeiten der beiden Reisenden so:

Dann aber wollte er ein lustiges Leben führen und besonders den
goldenen Wein, den er über Alles verehrte und liebte, hoch in Ehren halten. ...
Also plaudernd und parlierend verkürzten die beiden Männer
die lange Wanderschaft.

Ihr Weg führte von Heidelberg weiter nach Mannheim. Zu der Zeit der Wanderschaft 1723 begann gerade in Mannheim eine neue Stadt zu entstehen, nachdem Kurfürst Carl Philipp von der Pfalz (1661-1742) seinen Hof von Heidelberg verlegte und mit der Planung des Mannheimer Schlosses begann.

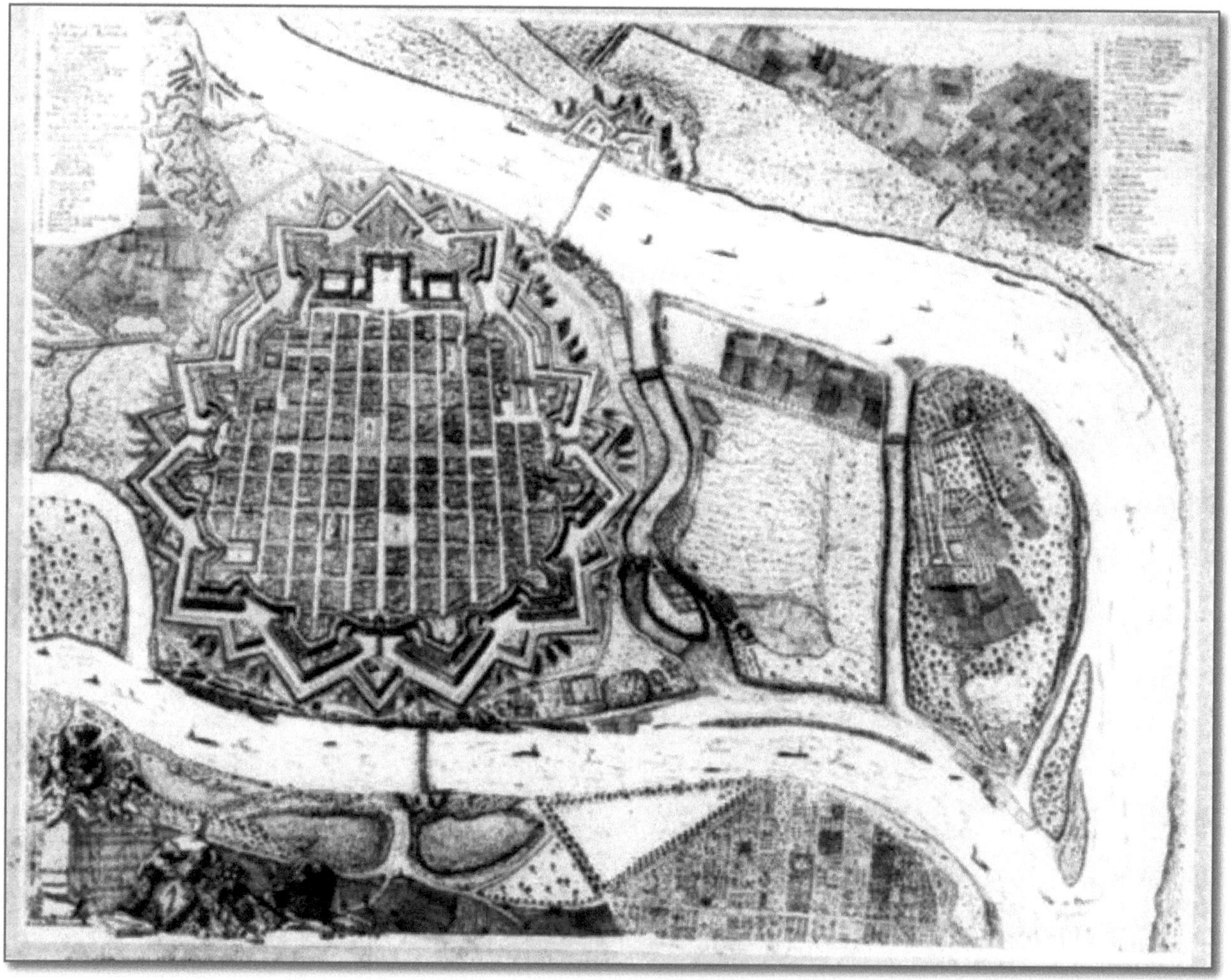

Abb. 48: Plan von Mannheim ca. 1750

Die beiden Wanderer dürften allerdings davon jedoch nur eine allgemeine Aufgeregtheit bemerkt haben, da die Bauarbeiten an dem zweitgrößten Schloss nach Versailles gerade erst begonnen hatten. Das Überschreiten der trennenden Rheinseite beschreibt Ernst Pasqué so:

Bei der Stadt Mannheim ließen sie sich über den Rheinstrom setzen und zogen dann den Bergen der Pfalz, des alten Wasgaues zu. Mehrere Tage vergingen und absichtlich richtete der fahrende Geselle es also ein, dass sie erst am Tage vor Johanni in der Nähe des Sülzbacher Tals anlangten, wobei er vorsichtig vermied, dasselbe von der Seite des Dorfes Ramberg zu betreten.

Sie näherten sich so langsam der Pfalz. Erste weitere Einzelheit in der Beschreibung ist das Dorf Ramberg, das heute knapp 1.000 Einwohner hat und zur Verbandsgemeinde Annweiler am Trifels gehört. Die Strecke von Mannheim über Landau hierher beträgt ca. 65 km. Der Geselle hatte bereits in der Schilderung seiner Wanderschaft von dieser Gegend erzählt. Auch die dort erwähnte Burgruine Neuscharfeneck existiert als Ruine heute noch. Sie und das Dorf Ramberg sind ca. 5 km vom Eußerthal entfernt.

Die Beschreibung der letzten Wegstrecke bis zu Ankunft an dem gespenstischen See verdichtet die Handlung, so dass sie rechtzeitig am Johannistag dort anlangen:

Abb. 49: Burgruine Neuscharfeneck

Im tiefen Walde, bei einer kleinen verlassenen Hütte, einem ehemaligen Wildwärterhäuschen, das ein gewaltiges zerfallenes hölzernes Kreuz zierte, wohl als Zeichen einer geschehenen Mordtat oder eines Unglücks, machten beide Männer Halt und ruhten von den letzten zurückgelegten Wegstunden aus, sich zugleich stärkend und vorbereitend auf die etwaigen Vorkommen der Nacht. Doch weder der unterwegs eingekaufte Wein, noch sonstiger Imbiss wollte munden. Ein Jeder von ihnen war in seiner Weise zu sehr aufgeregt und mit den Gedanken an das, was nun kommen würde, beschäftigt, wozu auch wohl hinlängliche Ursache vorhanden war.

Vom Kloster Eußerthal, aus dessen Besitz die Mönche die goldene Orgel in diesem See versenkt haben sollen, ist nicht mehr die Rede. Das Dorf Eußerthal, in dem einst das Kloster der Zisterzienser stand, welches im Jahre 1148 gegründet wurde, existiert auch heute noch. Vom eigentlichen Kloster Eußerthal sind nur spärliche Reste übriggeblieben, sie dient jedoch heute der Gemeinde als katholisches Gotteshaus.

Abb. 51: Klosterkirche Eußerthal um 1900   *Abb. 50: Ortsschild Eußerthal*

Durch Eußerthal fließt der Eußerbach, gespeist vom Dürrentalbach, dem Katzenbach und vereinigt sich mit dem Eischbach und dem Ruthenbach. Überall sind heute kleine Wasserflächen zu finden, die haupt-sächlich der Fischzucht dienen. Pasqué schildert den geheimnisvollen See bzw. das Gewässer so:

Den Namen See verdiente es nicht – er hätte denn in früherer Zeit von größerem Umfang sein müssen. Eine Menge Wasserpflanzen bedeckten noch seine Oberfläche, die ruhig und unbeweglich schien. Seitwärts schauend sah Graupner die gewaltigen hochemporragenden Trümmer und Überreste der alten Abtei, fast die ganze Breite des Tals einnehmend, die von einer düstern über ihnen lagernden Wolke beschattet, schon in tiefes Dunkel gehüllt, erschienen.

Der beschriebene See bleibt aber der heute suchenden Seele verborgen. Von dem dichten Wald der bedeckten Pfalzberge kann man aber noch einen guten Eindruck bekommen. Die beschriebene Reise zur Erlangung der goldenen Orgel fußt also auf realen Ortsbegebenheiten, allein der See mit der versenkten Orgel bleibt als Geheimnis erhalten. Inwieweit Ernst Pasqué oder sein Protagonist Christoph Graupner jemals diese Reise zu Fuß, Pferd oder per Postkutsche angetreten hatten, bleibt ein Geheimnis.

Pasqué verklärt in seiner Erzählung historische Begebenheiten ins Sagen- und Märchenhafte. Wie weitere Befunde zeigen, ist „*Die goldene Orgel*" somit nicht allein eine posthume Hommage an den Darmstädter Hofkapellmeister, sondern erhebt ihn gleichsam in den Himmel eines ideellen christlichen Künstlertums. Der Autor erreicht dies besonders durch eine enge Verknüpfung musikalischer Darbietungen mit dem Hoffen und Beten des christlichen Herzens. Graupners

Abb. 52: Die Reiseroute aus dem Märchen „Die Goldene Orgel"

Kirchenmusik fesselt seine Zuhörer dergestalt, dass es sie Raum und Zeit vergessen macht. Der darbietende Musiker wird in der Erzählung gleichsam zum Fürbittenden, der die alltäglichen Sorgen und Nöte der Gemeinde im Tönen der Orgel zentriert gen Himmel sendet.

Pasqué unterstreicht diese enge spirituelle Verbindung Graupners mit Werken der bildenden Kunst. Er lässt den Musiker immer wieder neue Kraft schöpfen aus dem Betrachten figürlicher Schnitzereien und einem Gemälde des biblischen Königs David. Dieses Zusammenspiel ist entscheidend für den Ausgang der Handlung: Nicht nur durch sein Können beweist sich Graupner vor dem übernatürlichen Richter, sondern auch aufgrund seiner Demut, seines immerwährenden Gottvertrauens und der Zuversicht auf die Gnade des Allerhöchsten. Diese Zuversicht lässt ihn gleich Jesus über Wasser gehen, den Bann des Mönchs bezwingen und dem Versucher widerstehen. Letzterer tritt in Form des fahrenden Musikanten in Graupners Leben und fungiert als Initiator der Reise nach Eußerthal. Graupner soll vom Mönch einen massiven Goldschatz einfordern und entscheidet sich letztlich doch nur für eine hölzerne Schnitzerei des Sängerkönigs David. Mit dieser emotionalen Entscheidung gewinnt sein Glaube gegen die Weltlichkeit, seine Gottesliebe gegen den Versucher.

Abb. 53: Die Klosterkirche Eußerthal 2023

Am Ende ist und bleibt „*Die goldene Orgel*" fiktive Erzählliteratur, die ihre Anziehungskraft aus der Biografie, dem meisterhaften musikalischen Können und pflichtbewussten Wesen Christoph Graupners bezieht.

Wir wissen nicht, wie Pasqué zu der Idee mit der Goldenen Orgel kam. Jedoch fußt die Geschichte auf Erzählungen aus dem Eußerthal. Fritz Claus (1853-1923) war ein katholischer Priester, Schriftsteller, Pfälzer Mundartdichter und Sänger, auch „*Sänger des Pfälzerwaldes*" genannt. Die Sage um die Goldene Orgel, die im Eußerthal mündlich überliefert wurde, hat er in einem Gedicht verfasst: [102]

„Es wars mir schlimme Kunde!"
So sprach in Eußerthal
der Abt mit bleichem Munde
im großen Klostersaal.

„Schon brechen wilde Horden
ins stille Tal herein –
bald werden an den Pforten
des Klosters Feinde sein.

Ihr wißt, daß uns're Mauern'
an manchem Kunstwerk reich.
Drum laßt vor den Bauern
verbergen sie sogleich!

Die gold'ne Orgel lassen
wir in den Sumpf hinab.
Dort ruhe sie im nassen,
doch einzig sichern Grab!

Dann flieht, geliebte Brüder!
Ich bleibe hier allein.

Dort muß die Orgel stehen,
von Gold, der größte Schatz.
Doch wütend sie nun sehen:
Leer steht der Orgel Platz.

Vergebens ist ihr Suchen,
der Ort wird keinem kund,
umsonst ihr Droh'n und Fluchen,
stumm bleibt des Abtes Mund.

Sie seh'n enttäuscht ihr Hoffen –
Bald lodert heller Brand.
Es sinkt zu Tod getroffen
der Abt von Mörderhand.

Das Kloster ist zerfallen,
die Kirche schwer versehrt.
Kein Mönch ist je von allen
ins Tal zurückgekehrt.

Noch liegt die Orgel immer
im Sumpf im Tale dort,

---

[102] [KLU], Seite 31.

<table>
<tr><td>

Und kehrt ihr einstens wieder,
denkt im Gebete mein!"

Drauf mit der Orgel ziehen
sie nächtlich still im Tal.
Sie wird versenkt – dann fliehen
die Mönche allzumal.

Wild klopft es an der Pforte –
die Bauern stehen drauß'!
Laut schreit die wilde Horde:
"Ihr Pfaffenbrüder, raus!"

Die Feinde einzulassen
eilt bleich der Abt zum Tor,
Sie stürmen ein in Massen
und stürzen hin zum Chor.

</td><td>

Doch findet man sie nimmer,
denn keiner kennt den Ort.

Nur stets nach sieben Jahren
klingt sie um Mitternacht.
Gar mancher hat erfahren
der Orgel Wundermacht.

Wie Himmelsgeigen rauschet
ihr Ton durch Flur und Wald.
Der Wandrer steht und lauschet,
gefesselt mit Gewalt ...

Doch wie die erste Stunde
vom nahen Turm erschallt,
wird's stille in der Runde,
die Töne sind verhallt.

</td></tr>
</table>

Das Märchen wird auch Alexander Schöppner (1820-1860) bereits 1852 in [ASC] beschrieben, jedoch ohne die Geschichte mit der Johannisnacht und der Möglichkeit der Erlösung. Ob Pasqué hiervon erfuhr oder selbst einmal im Eußerthal war, lässt sich nicht mehr feststellen. Heute lebt das Märchen, die Sage weiter. Die *"Goldene Orgel"* wurde 2011 von Paul Reinig und Karl Kemmerer in einem Lied auf ihrer CD *"Carmina Uterinae Vallis"* verewigt.[103]

In Pasqués Werk *"Die Welt der Töne"* [104] ist dieses Märchen über Christoph Graupner eingebettet in die Geschichte um die Entstehung und Nutzung des Haidehauses zur Unterhaltung und Belehrung der Anwesenden an einem der langen Winterabende. Eine der beiden Protagonistinnen, Leonore, fragt den Erzähler, Onkel Reinhold (man könnte an Ernst Pasqué selbst denken), dann [105]:

"Nun mußt Du mir aber noch Eins erklären."

"Frage, mein Kind!"

"Warum hast Du Dein Märchen von Personen spielen lassen, die doch mit
beiden Füßen auf wirklichem Boden stehen, denn Dein landgräflicher
Kapellmeister kann doch nur eine historische Persönlichkeit sein?"

"Da hast Du Recht. Graupner lebte, baute sich sein Haus,
daß in früheren Jahren oft betreten."

"Und der hölzerne, bunt bemalte König David mit der goldenen Harfe?"

"Existierte ebenfalls – doch war die Harfe nicht mehr von Gold, sondern
präsentierte sich nur in hölzerner Gewandung.

Auch ihn habe ich oft genug in dem Hause gesehen."

„Aber Onkel – dann wäre Deine Geschichte am Ende sogar wahr?"

„Dir will ich es vertrauen – aber nur Dir! – von wem ich sie erfahren:
es war der hölzerne König David selber, den ich oft besuchte, bei dem ich in
einsamen Stunden träumend weilte. In einer solchen hat er mir die
ganze Geschichte haarklein erzählt. Nun magst Du Dir Deine Frage selber
beantworten, ob die Geschichte wahr ist oder –
ob ich sie nur geträumt habe."

Mit diesem Augenzwinkern wenden wir uns jetzt Pasqué in seiner neuen Heimat Alsbach zu, um ihn dort wiederzufinden und zu verstehen, was ihn in seinem „Ruhestand" angetrieben hat. Dazu lassen wir alte Dokumente, Zeitzeugen und heutige Experten zu Wort kommen.

8. Ernst Pasqué und seine Alsbacher Zeit

Leben in Alsbach um 1870-1890

Aus heutiger Sicht ist die Zeit um 1870 schwer einzuordnen. Wir haben unsere sozialen, wirtschaftlichen, politischen und moralischen Blickwinkel im Laufe der Zeit den sich ändernden Verhältnissen im Außen angepasst. Im Jahre 2023 feierte Alsbach offiziell seinen 1250-jährigen Geburtstag. Die erste Erwähnung Alsbachs finden wir im Lorscher Codex aus dem Jahr 773. Was sich heute die Gemeinde Alsbach-Hähnlein nennt, wurde erst 1977 im Zuge der Gebietsreform zusammengeschweißt. Der kleine Flecken, der an der Bergstraße von Darmstadt nach Heidelberg am Hang klebt, war immer schon ein Durchgangsort. Auch wenn oben das Alsbacher Schloss (früher Burg Bickenbach genannt) als eine alte Burg seit ca. 1235 thront, war diese nur bis etwa 1664 bewohnt und verfiel dann. Erst Großherzog Ludwig III. von Hessen ließ ab 1853 die Reste sichern und begann mit einer Sanierung.

Dies passt dazu, dass zu Pasqués Wirkzeiten in Darmstadt ein Trend nach einer Orientierung nach Außen begann. Man wollte sich in der Natur aufhalten, wandern und sich amüsieren. Ein romantischer Impuls zur Sichtung, Erforschung und Erhaltung des lokalen Erbes setzte ein. Nachdem der Landgraf Ludwig X. (1753-1830) sich dem deutsch-französischen Rheinbund im Jahre 1806 angeschlossen hatte, wurde er danach von Napoleon mit dem Titel eines Großherzogs bedacht: *Großherzog Ludwig I. von Hessen und bei Rhein*. Sein Enkel, der spätere *Großherzog Ludwig III. von Hessen und bei Rhein*, lebte 1868 in morganatische Ehe im Schloss Seeheim, in unmittelbarer Nähe zum Schloss Heiligenberg. In der Zeit von 1806 bis 1866 erfolgte erst die Beseitigung der Frondienste und Leibeigenschaften, eine Verfassung kam stückweise ins Leben und endlich kam es zur Gewerbefreiheit nach Auflösung der Zünfte. All dies war noch weit von unserer heutigen demokratischen Grundordnung entfernt, auch wenn die Revolution von 1848 den Weg dazu bereitete. In Alsbach war davon wenig zu bemerken. Hier herrschte ein landwirtschaftliches Umfeld vor, die beginnende Industrielle Revolution blieb außen vor. Nur Auswirkungen wie der Straßen- und Eisenbahnbau sowie die Anbindung an die Telegrafen-leitungen schuf eine Verbindung nach außen.

Der einfachen Bevölkerung war das Hemd näher als die große Politik. Die Abhängigkeit von der Natur und ihren Wirkungen bescherte Probleme, die gemeistert werden mussten. Missernten und Getreidepreisschwankungen führten hier nicht zu einer Revolte, sondern veranlassten viele Bewohner ihr Glück in der Auswanderung, vor allem nach Amerika, zu suchen. In zwei Wellen, um 1846 und 1871, verdünnte sich die Bevölkerung von Alsbach, Hähnlein und Umgebung deutlich. Einen Eindruck von der Zusammensetzung der Bevölkerung um die Mitte des 19.

Jahrhunderts gibt eine Aufstellung aus Hähnlein, das damals ein wenig größer war als Alsbach. In Klammern die Anzahl Menschen in diesem Beruf, basierend auf einer Statistik aus dem Jahre 1905 [106]:

Landwirt (129), Maurer (29), Tagelöhner (24), Schumacher (10), Schreiner (7), Steinarbeiter (7), Bahnarbeiter (6), Steinhauer (6), Bäcker (5), Schneider (5), Käsekrämer (5), Metzger (5), Wirt (4), Telegrafenarbeiter (4), Wagner (3), Barbier (3), Mäkler (3), Geflügelhändler (3), Lehrer (3), Handelsmann (3), Küfer (3), Zimmermann (3), Obsthändler (2), Feldschütz (2), Zigarrenarbeiter (2), Pfarrer, Bürgermeister, Industrielehrerin, Erziehungsgehilfe, Butterhändler, Spengler, Gemeindeeinnehmer, Hausvater, Agent, Schmied, Fruchthändler, Dungstoffhändler, Polizeidiener, Holzhändler, Sattler, Knecht, Hilfsbremser, Straßenwärter, Ölkrämer, Käsefabrikant, Ellenwarenfabrikant, Viehhändler sowie 45 Arbeiter.

Manche Berufe sind heute kaum mehr bekannt. Auch in Alsbach überwogen Handwerker. Hier die illustre Aufstellung aus dem Jahre 1891 [107]:

Bäcker (2), Metzger (2), Sattler (1), Wagner (2), Schmiede (2), Schuhmacher (5), Schneider (3), Schreiner (4), Maurer (1), Spengler (1), Pflästerer (1), Gastwirte (8), Krämer (8).

Und es zeigt, wie sehr sich das Leben hier auf dem Lande von dem Leben in der Residenz Darmstadt unterschied, wo zeitweise bis zu 70% der Bevölkerung in näherer oder weiterer Abhängigkeitsbeziehung zum Hof standen. Pasqué fand also um 1870, als er sich für Alsbach und einem Alterssitz interessierte, eine rein landwirtschaftliche Struktur vor.

Als besondere Produkte dieser Gegend galt zu jener Zeit der Weinanbau. Der Weinbau an der Strata Montana (Bergstraße) begann vermutlich mit den Römern vor etwa 2.000 Jahren. Urkundlich wird der Weinbau erstmals im 8. Jahrhundert im Lorscher Codex (Codex Laureshamensis) erwähnt. Was heute zu Deutschlands kleinstem Weinbaugebiet zählt, die „*Hessische Bergstraße*", wird in Alsbach nur noch von der sehr kleinen Lage „*Alsbacher Schöntal*" versorgt. Weitere Produkte der Region waren neben Acker- und Obstanbau Gerbereien und Tabakindustrie. Letztere produzierte zuerst Kau- und Schnupftabak, ab Mitte des 19. Jahrhunderts dann Zigarren, erst später dann Zigaretten.

Mit Mandeln, Walnüssen, Pfirsichen, Nektarinen, Aprikosen, Mirabellen, süßen und sauren Kirschen, Äpfeln, Birnen und Quitten war und ist teilweise die Gegend reich gesegnet. Im Jahre 1880 war in der Gemeinde die Zahl der vorhandenen Obstbäume 8.740, im Jahre 1965 konnten 21.625 Obstbäume gezählt werden [108]. Die Bergstraße, der Frühlingsgarten Deutschlands, bietet ein mediterranes Klima und damit den Nährboden für Früchte, die man eher in Italien oder

---

[106] [CVE], Seite 203.
[107] [RKH], Seite 278.
[108] [RKH], Seite 273.

Frankreich erwarten würde. Und die Mandelblüte als einer der ersten in Deutschland im Frühjahr lockt viele Menschen auf den Blütenweg zum Staunen.

Der Tourismus, damals auch Fremdenverkehr genannt, entstand erst Mitte des 18. Jahrhunderts, als sich die Reiseliteratur entwickelte. Nach der Französischen Revolution (1789) kamen Fußreisen in Mode, die neue Freizeitbeschäftigung „Wandern" entstand. Die Besonderheit gegenüber den früheren Formen des Reisens war sein Selbstzweck: Man wandert, um sich in der Natur zu bewegen. Das heute allgemein selbstverständliche Straßennetz existierte noch nicht. Mit dem Straßenbau eröffnete sich die schnelle Reisemöglichkeit durch eine Postkutsche, danach kam die Eisenbahn. Kutscher schlossen sich in einer der ersten Bürgerinitiativen zusammen, weil sie fürchteten, ihre Einkommensquelle zu verlieren.

Ernst Pasqué, als langjähriger Bürger von Darmstadt, bekam diesen Trend mit und konnte genau nachvollziehen, wie das gehobene Bürgertum und der Adel sich gen Bergstraße wandten. Ausflugsziele wie der Heiligenberg oder der Melibokus brauchten Unterstützung. So beteiligte er sich nicht nur als Schriftsteller, indem er einen Wanderführer [109] schrieb, sondern erschuf und pflegte Wanderwege rund um Alsbach, lies Schutzhütten bauen und half durch Werbung, Alsbach bekannt und attraktiv zu machen. Auch andere „Zugereiste" belebten den kleinen Ort Alsbach zu jener Zeit, wie der deutsche Germanist und Schriftsteller Maximilian Rieger (1828-1909), der in der Villa am Brückenweg 11 wohnte.

Pasqués Wirkstätten in Alsbach

Bereits im Jahr 1864 unterzeichnen Ernst Pasqué und seine Ehefrau Pauline am 13. September einen Kaufbrief Nr. 5869 des Großherzoglichen Stadtgerichtes für das Grundstück der Gemarkung Darmstadt 1/38, Flur I, Nr. 318 mit 29 $^{4/10}$ Klafter (ca. 735 m), eine *„Hofreite Waldstraße"* vom Vorbesitzer Friedrich Weiler, Hofdachdeckermeister und seiner Ehefrau

Abb. 54: Odenwaldstr. 22 – Entwurfsplan 1864 und Vorderansicht Lindenstraße heute

---

[109] [PAS-3].

Sophie, geb. Dinkelmann. Der Kaufpreis von 2.500 Gulden sowie die Abbezahlung der belastenden Hypothek von 6.000 Gulden wird mit Datum vom 27. Januar 1871 als gelöscht dokumentiert.

Wann genau das Haus gebaut wurde und ob der Oekonomie-Inspektor am Großherzoglichen Theater Ernst Pasqué wirklich darin gewohnt hat, ist noch nicht geklärt. Vom Januar 1866 liegt ein Steuerbescheid für das Grundstück vor mit der Summe von 45 fl. 35 kr. 2 pf. (ca. 900,00 €). Den Blick auf seine zukünftige Villa „*Geyersberg*", von wo aus er sich sicher schon hat vorstellen können, obwohl es noch zu diesem Zeitpunkt ein Acker war, wie es dort einmal aussehen würde. Auf der Flurkarte von 1840 trägt das zukünftige Villengrundstück noch den Namen „*Geiersberg*" [110].

Im Jahre 1870 begann das Bauprojekt „*Villa Geyersberg*" an dem Bangertweg, der späteren Lindenstraße. Pasqué war an den Plänen sehr beteiligt, genauso, wie er dann in der Abfolge seinen großen Garten, also eher den Park, nach eigenen Ideen gestalten und herrichten ließ.

In dem Buch „*Aus der Welt der Töne*" [111] beschreibt er in einer Analogie die Entstehung eines solchen Refugiums. Obwohl das Haus, das er 1872 mit seiner Familie, seiner Frau und den beiden Töchtern, bezieht, in den Zeiten danach vielfach umgebaut wurde, so lassen die äußeren Umrisse auch heute noch erkennen, wieviel umbauten Raum er damals hat schaffen lassen. Dies war zu jenen Zeiten mehr als repräsentativ. Ähnliche Villen entstanden in Alsbach in jener Zeit vor und nach Pasqués Refugium. In der Nähe der Geyersberg-Villa stand nach Norden, heute auf dem Eckgrundstück der Hirschparkklinik, die Villa „*Orplid*", welche Anfang der 70er Jahre geschliffen wurde, als die Klinik dort ein Ärztehaus bauen wollte und dann den Plan doch verwarf. Nach Süden konnte man eine Villa sehen, die von der Schönheit auch nicht minder war. Aber auch diese wurde leider niedergerissen, heute stehen dort einige modernere Häuser.

Abb. 55: Haus Geyersberg (2023) zwischen den beiden anderen Villen (vor 1970)

Wenn der Postbote hier fast täglich ein- und ausging, so nutzte Pasqué insbesondere die umgebende Natur für Inspiration und Erholung. Leicht oberhalb des Grundstücks hatte er einen

---

[110] [RKH] Seite 168.
[111] [PAS-7].

Ruhepunkt mit einer Bank, auf der er einen weiter Überblick über das Rheintal hatte. Den Donnersberg links nach Südosten auf der Pfalzseite konnte er sehen, ebenso wie den Taunus mit dem Feldberg nach Norden. Heute wird der Weg links neben seiner Villa als Görschelweg bezeichnet und führt zu der neuzeitlichen Freizeitanlage „Görschel". Pasqués großes Grundstück wurde im Laufe der Zeit in viele kleinere Parzellen aufgeteilt.

Für die Gestaltung seines parkähnlichen Gartens um die Villa „Geyersberg" herum beauftragt Pasqué bei dem Hersteller von Keramikwaren Villeroy & Boch laut Rechnung vom 6. Mai 1890 mehrere Büsten von Komponisten und Schriftstellern.

Zu den abgebildeten Persönlichkeiten zähl(t)en:

- Christoph Willibald Gluck
- Richard Wagner
- Carl Maria von Weber
- Conradin Kreutzer
- Gottfried Ephraim Lessing
- Albert Lortzing
- Daniel-François-Esprit Auber
- Friedrich von Flotow
- ...

Abb. 56: Letzte erhaltene Büste aus Pasqués Garten

Von diesen Büsten ist nur noch eine erhalten, die anderen sind im Laufe der Zeiten verschwunden. Sie zeigt nach Aussagen von Anwohnern den Musiker Friedrich von Flotow. Pasqué selbst sagte über die Büsten in seinem Garten: *„Auf meinem Berge kommt pünktlich die Sonne hervor und überflutet das Antlitz der großen Büsten mit meinem Haus zu goldenem Licht, während die grünen Lüfte ... gewährt Ruhe und Muße."* Die verbleibende Büste steht heute in einem Nachbarsgarten, jedoch nicht mehr umrahmt von seinen Lieblingspflanzen wie Flieder und Jasmin.

Heiner Nickles (1901-1990) berichtet [112] davon, dass Pasqué die Reste eines alten Grabsteins von Abbé Vogler gerettet hat, nachdem dieser bei der Niederlegung der Friedhofskapelle beschädigt wurde. Pasqué hat diesen Stein in seinem Garten in Alsbach aufgestellt, wo Nickles ihn auf alten Fotos erkannt haben will. Einzelne Bruchstücke sollen danach gerettet und in Würzburg in einem Garten platziert worden sein. Abbé Vogler war am 15. Juni 1749 in Würzburg geboren worden.

---

[112] Mitteilungen der Arbeitsgemeinschaft für Mittelrheinische Musikgeschichte, Nr. 25, Dezember 1972, Seite 319.

Pasqué weckte in der Bevölkerung den Sinn für die umgebende Landschaft. Animierte durch seine Streifzüge und ließ Wanderwege und Pfade anlegen. Sein Wanderführer „*Die Bergstraße. Wanderbilder von Jugenheim und Auerbach*" [113] beschreibt eindeutig die Schönheit der nördlichen Bergstraße. Dadurch kam sie für Reisende aus ganz Deutschland und Europa ins Bewusstsein. Dieser war sogar in Englisch und Französisch erhältlich. Am 9. September 1883 lud er beispielsweise den Deutschen Schriftstellertag, der in Darmstadt tagte, nach Alsbach ein und organisierte einen vielbeachteten Ausflug auf das Auerbacher Schloss.

Der Pasqué-Stammbaum

Auch wenn es im Internet und anderen Quellen wenige Hinweise auf Ahnen und Nachkommen von Ernst Pasqué gibt, so lassen sich doch ein paar Spuren finden. Seine Ahnen reichen in den Kölner Raum zurück, seine Mutter war eine geborene Stollwerck. Der Nachname Pasqué könnte

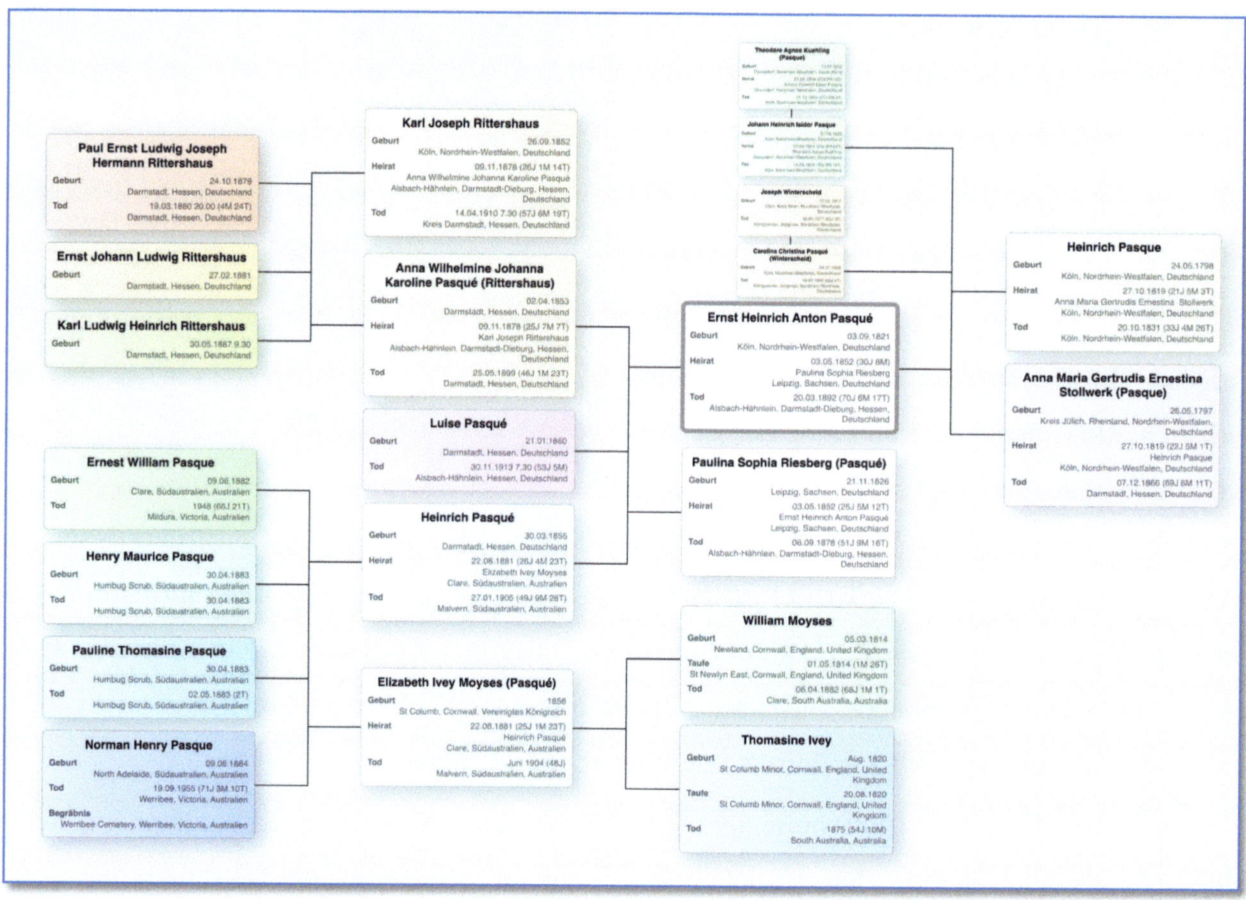

Abb. 57: Stammbaum von Ernst Pasqué

eine an das Französische angepasste Version des Nachnamens Paschke sein. Die Schokoladen der Marke „*Stollwerck*" kennen viele noch aus ihrer Jugend. Die Marken „*Sarotti*" und „*Sprengel*" gehörten zum Sortiment, die aber erst lange nachdem Anna Maria Gertrudis Ernestina Stollwerck den Herrn Johann Heinrich Pasqué geheiratet hat entstanden sind. Johann Heinrich Pasqué, seines

---

[113] [PAS-3].

Zeichens Konditor, hatte auch mit Zucker und diesen Zutaten der Schokoladen zu tun. Als er starb, war er gerade 33 Jahre alt und hatte sechs Kinder mit Ernsts Mutter. Ernst war das älteste der Kinder und er musste wahrscheinlich mit seinen 10 Jahren das väterliche Erbe im Haushalt mit übernehmen. Ob seine Stimme zur damaligen Zeit bereits „*zuckersüß*" war, lässt sich heute nicht mehr ermitteln.

Bereits bei der Recherche zu seinen Kindern tauchen bei der Stammbaumuntersuchung zu Ernst Pasqué erste Schwierigkeiten auf. Die Kinder mit seiner Frau Paulina, nämlich Heinrich (*30.03.1855) und Anna (*02.04.1853) und Luise (*21.01.1860), sind gerade noch nachweisbar. Was jedoch in späteren Zeiten mit ihnen geschah, wie sie die verschiedenen Ortswechsel aufgrund seiner Engagements verkraftet haben, darüber ließen sich bisher keine Aussagen finden. Obige Übersicht stellt den aktuellen Stand der Nachforschungen im Jahre 2024 dar.

Ferner wissen wir, dass sein Sohn Heinrich den Beruf eines Kaufmanns erlangte und im Alter von nur 19 Jahren nach Australien ausgewanderte. Ursprünglich hatte er nach Amerika emigrieren wollen, was auf einer Ausreisebewilligung vom 28. Januar 1875 festgehalten ist. Was ihn bewogen hat, in Australien anzukommen, wissen wir nicht. Nur das am 11.10.1876 seine Einreise in Adelaide (AUS) von Plymouth (GB) aus, kommend mit dem Segelschiff „*Lady Jocelyn*", dokumentiert ist. Sechs Jahre später heiratete er Elizabeth Ivey Moyses, die aus England stammte und mit der er fünf Kinder bekam. Sein Vater sandte ihm aus Alsbach immer wieder Pakete mit lokalen Lebensmitteln. Eine Rückfahrt des Sohnes aus Deutschland nach Australien mit dem Reichspostschiff MS Kaiser Wilhelm II am 24. Januar 1891 ab Bremen mit Ankunft in Adelaide am 17. März 1891 ist ebenso im South Australian Register dokumentiert. Eventuell hatte er so seinen Vater noch einmal lebend sehen können und ihm seine Enkel vorgestellt.

Ernst Pasqués erste Tochter Anna heiratete am 9. November 1878 den Karl Joseph Rittershausen (1852-1910). Zum Zeitpunkt der Hochzeit wohnte dieser in Darmstadt in der Ernst-Ludwig-Str. 26. Spuren der Rittershausen lassen sich bis in die heutige Zeit auffinden. Seine Tochter schenkte ihm drei Enkel, wovon der erste mit Namen Paul Ernst Ludwig Joseph Hermann Rittershausen bereits 1880 mit nur vier Monaten stirbt.

Pasqués zweite Tochter, Luise, unterstützte den Vater nach dem Tod seiner Frau Pauline am 6. September 1878 im Haushalt in Alsbach und pflegte sein Erbe nach dem Tod fort. Sie veranlasste weiterhin Veröffentlichungen seiner Werke und konnte davon offensichtlich bis zu ihrem Tod gut davon leben. Am 30. November 1913 gegen 7.30 Uhr starb sie als Rentnerin, wie der Maurer Thomas Nenz den Beamten gemäß Totenschein gemeldet hatte.

„Was hält uns frisch und jung? Arbeit und Erinnerung."

Ernst Pasqué

Der Ehrenbürger Pasqué

Ehrenbürger ist üblicherweise die höchste von einer Stadt oder einer Gemeinde vergebene Auszeichnung für eine Persönlichkeit, die sich in herausragender Weise um das Wohl der Bürger oder dem Ansehen des Ortes verdient gemacht hat. Sie wird meist zu Lebzeiten verliehen und ist mit keinem rechtlichen Zugeständnis verbunden. Oft werden dann nach dem Ableben der geehrten Person Straßen oder Plätze nach ihnen benannt. Die Ernennung oder Aberkennung der Ehrenbürgerschaft ist in Deutschland üblicherweise meist an eine Zweidrittelmehrheit des Gemeinderats gebunden.

Ernst Pasqué erhielt die Ehrenbürgerwürde am 20. September 1891, also kurz nach seinem 70. Geburtstag von der Gemeinde zuerkannt. In der Zeitung *„Bergsträßer Boten"* [114] wird darüber berichtet, dass die Gemeinde *„... stolz darauf sein, ihn zu ihrigen zu zählen. Als großer Beweis der Herzensgüte des Herrn Pasqué wollen wir schließlich noch erwähnen, daß er heute allen weniger bemittelten älteren Leuten unserer Gemeinde im Gasthaus ‚Zur Sonne' ein festliches Mahl bereiten ließ."*

Unweit seines Grabes auf dem Alsbacher Friedhof finden wir das Mausoleum der Familie Becker. Georg Heinrich Becker (1829-1903) war ein Industrieller, der aus Kirchheimbolanden stammte und ebenso zum Ehrenbürger ernannt wurde, wie der Altbürgermeister Philipp Bonin (1887-1970). Ferner sind zwei Personen der Partnergemeinde Diósd (Ungarn) zu Ehrenbürgern ernannt worden: Géza Spéth (Bürgermeister) und Emma Lehr.

Die Gemeinde ehrte Pasqué weiter mit der Benennung der Ernst-Pasqué-Straße nach ihm Mitte der 50er Jahre sowie der Benennung eines Saales im Gemeindebau *„Zur Sonne"* im Jahre 1990. Karl Schäfer hat zum 3. September 1891 ein Gedicht für Ernst Pasqué verfasst. Die letzten Zeilen lauten:

> *„Dein Haupt umweht noch heute*
> *Des Frühlings Melodie;*
> *Dir rauschen frische Brunnen*
> *Im Reich der Poesie. –*
>
> *Dein Sommer ging zu Küste,*
> *Doch blieb sein Schaffensdrang.*
> *Glück auf! zum schönen Herbste*
> *Auf Deines Lebens Gang!"*

---

[114] [NBA], Seite 22f.

9. Ernst Pasqué nach seinem Tode in Alsbach und Region

Pasqués Ableben und seine Beerdigung

Als Ernst Pasqué am 20. März 1892 in Alsbach gegen 15 Uhr verstarb, hatte er 12 Tage auf dem Krankenlager mit einer damals grassierenden Grippe gelegen. Eine Lungenentzündung auf den geschwächten Körper war dann zu viel. Noch am 17. Januar 1892 hatte er am Darmstädter Hoftheater der Aufführung der Oper *„Tannhäuser"* seines vor über zwei Jahre verstorbenen Freundes Carl Amand Mangold (1813-1889) unter dem neuen Titel *„Der treue Eckhart"* beigewohnt.

Seine letzten Worte nach einem letzten Genuss eines Glases Wein sollen gewesen sein:

„Sollte dies der Tod sein?"

Drei Tage nach seinem Dahinscheiden fand die Beerdigung auf dem Friedhof in Alsbach statt. Ein Bericht hierüber aus der damaligen Zeit[115]:

„Am Mittwoch, den 23. März, Nachmittagshalb 5 Uhr, fand auf dem Friedhofe zu Alsbach Pasqué's Bestattung zur letzten Ruhe statt, und zwar an der Stelle, die sich der Dahingeschiedene zu diesem Zwecke hier im Leben einst selbst bereitet und fantasievoll ausgeschmückt hat, einer wahren Stätte der Ruhe und des Friedens, so einfach und schlicht und doch wieder so würdig und schön. Die ganze Feierlichkeit gestaltete sich zu einer wahrhaft imposanten Trauerkundgebung für den Verstorbenen. Zahlreiche Freunde und Verehrer Pasqués waren herbeigeeilt, ihm die letzte Ehre zu erweisen, zahlreiche Kränze, Blumenarrangements etc. waren niedergelegt worden an seinem Katafalk.

Wir bemerkten unter denselben die prachtvollen Kranzspenden von Prinz und Prinzessin Ludwig von Battenberg, Prinzessin Julie von Battenberg, Graf und Gräfin von Erbach-Schönberg, der „Kölnischen Zeitung", wie der „Neuen Hessischen Volksblätter", deren langjähriger Mitarbeiter der Verblichene bekanntlich gewesen war, usw. ...

Todes-Anzeige.

Heute Nachmittag 3 Uhr entschlief sanft und schmerzlos nach kurzem Krankenlager unser innigstgeliebter Vater, Schwiegervater und Grossvater

Ernst Pasqué

im Alter von 70 Jahren.
Um stille Theilnahme bitten
Louise Pasqué,
Anna Rittershaus, geb. Pasqué,
Heinrich Pasqué und Frau,
Karl Rittershaus,
nebst fünf Enkeln.
Alsbach, Darmstadt, Adelaide, 20. März 1892.
Die Beerdigung findet am Mittwoch den 13. März, Nachmittags 4 ½ Uhr, in Alsbach an der Bergstrasse statt. (4290

Abb. 58: Todesanzeige Ernst Pasqué im Darmstädter Tagblatt 1892

---

[115] Genossenschaft Deutscher Bühnen-Angehöriger (Hrsg.): *Neuer Theater-Almanach*, 4. Jg., 1893, Seiten 118-120.

Auf dem Friedhof empfing Grabgesang des Alsbacher Gesangvereins die sterbliche Hülle Pasqué's, welche vom Eingang des Friedhofs durch den Gemeinderat des Orts zur Gruft getragen wurde. An dieser hielt der Geistliche eine treffliche Trauerrede, voll warmer Empfindung. Nachdem die Schuljugend hierauf einen Choral gesungen hatte, trat zunächst Hoftheaterdirektor Wünzer, der mit dem ersten Direktionsbeamten sowie mehreren Mitgliedern des Hoftheaters erschienen war, an das Grab.

Namens des Hoftheaters, welchem Pasqué so lange Zeit angehörte, legte er einen Lorbeerkranz nieder, dessen Schleifen die Widmung trugen:

„Dem früheren Mitgliede und Beamten Herrn Ernst Pasqué
in treuem Gedenken die Direktion des Hoftheaters und der Hofmusik".

Hierauf widmete Professor Louis Büchner (der bekannte Verfasser von „Kraft und Stoff") dem Verstorbenen einen Nachruf, dabei im Namen des Vereins für Kunst, Wissenschaft und Literatur in Darmstadt, welchem Pasqué seit dessen Bestehen als treues Mitglied angehört hatte, den wohlverdienten Lorbeerkranz niederlegend. Ein Kranz, welchen Dr. Ernst Emmerling mit kurzen, warm empfundenen Worten und mit dem Spruch „Have pia anima" schließend, niederlegte, trägt auf seinen Schleifen die Inschrift:

„Dem treuesten, edelsten und besten Freunde,
dem begeisterten Sänger seiner lieben Bergstraße"

und ist gewidmet von dem Verschönerungsverein zu Auerbach, dessen einziges Ehrenmitglied Ernst Pasqué war. Nachdem noch Vertreter der Ortsgemeinde Alsbach, des Kriegervereins, des Gesangvereins und des Verschönerungsvereins zu Alsbach, welch letzteren Pasqué gegründet, Kränze niedergelegt hatten, war die ernste und würdige Feier vorüber. Ernst Pasqué war zur letzten Ruhe gebettet."

Seine Porträtbüste auf dem Alsbacher Friedhof hat der Darmstädter Professor Ludwig Habich (1872-1949) bereits 1893 in seinen jungen Jahren gefertigt. Sie zeigt nach Osten zur Bergstraße in Richtung seines Hauses „Geyersberg".

Auf der Parzelle liegen seine bereits am 6.9.1878 verstorbene Frau Pauline und später seine am 30.11.1913 verstorbene Tochter Luise. Der Grabspruch lautete: „Das Herrlichste, dem Menschen mitgegeben auf dem Lebensweg, ist der Glaube."

Späte Fürsorge und sein Nachlass

In der Folgezeit wird sich seine Tochter Luise, die nach dem Tod ihrer Mutter Pauline mit dem Vater in der Villa „*Geyersberg*" wohnte und für ihn den Haushalt führte, um das Erbe kümmern. Mit ihrem Schwager Karl Rittershausen aus Darmstadt verwaltete sie das Erbe. Ihr Bruder Heinrich war ja weit weg in Australien.

Bereits am 24. Februar 1893 ließ Luise eine Büste ihres Vaters bei der Firma *Villeroy & Boch* in Merzig in Auftrag geben, wie dem Nachlass zu entnehmen ist. Die 47 kg schwere Büste zum Preis von 33,50 Mark (ca. 270,00 €) wird geliefert und eine weitere gleicher Art am 17. Mai von ihr in Auftrag gegeben und am 19. Juni an die Bahnstation Bickenbach mit Verpackung

Abb. 59: Pasqués Denkmal, Friedhof Alsbach

(56 kg) und Frankatur für 27,75 Mark (ca. 225,00 €) geliefert.

Die Weitervermarktung und die Neuvermarktung der Werke ihres Vaters wurden der Lebensinhalt von Luise. 1892 schloß sie beispielsweise einen Vertrag mit dem Verlag *Philipp Reclam* (Leipzig) über die Aufnahme des Librettos zu der Oper „*Frau Venus*" in die „Universal-Bibliothek" von Reclam ab. Daneben dokumentieren die Belege im Nachlass aber auch Rechtsstreitigkeiten, wie z.B. den offensichtlich nicht genehmigten Abdruck des Buches „*Der Karlsberg*" durch die Firma P. Ries, Druckerei & Verlagshandlung (Homburg), die in 1911 aufgelöst und verkauft wurde, und mit der Herstellung des Buches viel Geld verdient hatte. Dies berichtet der Herausgeber der „*Homburg-Bexbacher-Zeitung*" Hans Biltz am 29. Juli 1892 unter dem Siegel der Verschwiegenheit an Luise Pasqué.

Umgekehrt versuchte der Verschönerungs- & Kurverein Auerbach mit Datum vom 17. Januar 1905 die Rechte an dem Buch „*Es steht ein Baum im Odenwald*" für eine Wiederauflage von Luise zu erhalten, da ihnen angeblich von ihrem Vater ihnen dazu das Recht verliehen sein soll, ohne es nachweisen zu können: „*Infolge gütiger Erlaubnis des Herrn Verfassers zum Lasten des Verschönerungs-Vereins zu Auerbach herausgegeben und mit einer Illustration versehen*". Der Rückgriff auf das Nutzungsrecht, 30 Jahre nach dem Tode des Verfassers dessen Werke ohne Tantiemen nutzen zu können, konnte nicht greifen. Ernst Pasqué war zu diesem Zeitpunkt erst 12 Jahre tot. Wie Luise reagierte, ist in den Dokumenten nicht enthalten.

Aus erhaltenen Briefen gehen die Kontakte zu zahlreichen Verlagen und Verlegern hervor. Neben den bereits bekannten Großverlagen, die Pasqués Bücher und Libretti zu seinen Lebenszeiten herausbrachten, wie *Otto Jahnke* (Berlin), *Otto Spammer* (Leipzig) oder *Felix Bloch* (Berlin), schrieb Luise viele neue, potenzielle Vermarkter an, leider meist mit Absagen. Hierunter fällt das *Bibliographisches Institut* (Leipzig), die Redaktion der Zeitschrift „Die christliche Frau" (Gößweinstein), die Illustrierte „*Die weite Welt*" (Berlin) oder die *Buchhandlung & Antiquariat H.L. Schlapp* (Darmstadt).

In den Quartals-Abrechnungen von Felix Bloch in den Jahren 1891-1905 findet sich für die Einkünfte aus den Opernlibretti „*Melusine,* „*Frau Venus*" und „*Silvana*" eine durchschnittliche Rendite von ca. 130,00 Mark (ca. 1.040 €) pro Quartal. Eine gern gesehener Geldsegen. Für den Abdruck von Pasqués posthum durch Luise veröffentlichte Erzählung „*Gold-Aninia*" bekam sie am 6. Januar 1897 eine Summe von 250,00 Mark (ca. 2.750,00 €) überwiesen sowie 50 Freiexemplare.

Auch versuchte Luise zusammen mit ihren Schwager Karl Rittershausen, die Villa „*Geyersberg*" zu verkaufen. Die Immobilienfirma „*JSR. Schmidt Söhne*" aus Frankfurt berichtete am 13. Juli 1893, dass die Villa für den Preis von 35.000 Mark (ca. 285.000 €) an die Offenbacher Interessentin Frau Ullrich Hauptmann zum Ankauf offeriert wurde. Ob dies tatsächlich geschah, ist unklar. In der Zwischenzeit wurde am 24. April 1893 ein Mietvertrag mit Herrn Robert Dietze aus Hamburg zwecks Überlassung der Villa in Alsbach als Privatwohnung erstellt. Luise hatte ihm zuvor am 17. April 1893 per Brief die Ausstattung des Hauses an Zimmern und nutzbarem Mobiliar genannt, zu einem Extrabeitrag von 25 Mark pro Monat. Der begrenzte Mietvertrag für 6 Monate nennt 1.000 Mark (ca. 8.100 €) als Mietpreis. Zudem wird die Nutzung des Gartens und des Quellwassers festgelegt, jedoch die Nutzung des Weinkellers verboten. Die Gegenstände des Gartens wie Kübel, Statuen und die Büsten müssen nach Vertragsende in ordentlichen Zustand hinterlassen werden. Luise unterzeichnete mit Schwager Karl Rittershausen als Erben, letzterer auch in Vertretung für Heinrich Pasqué, der ja in Australien lebte. Zu diesem Zeitpunkt schrieb Luise auf dem Briefpapier ihres Vaters die Adresse Ernst-Ludwig-Straße, Darmstadt. Sie wohnte zu diesem Zeitpunkt also bei Schwester und Schwager. Da aus den folgenden Jahren Briefe an Luise Pasqué immer noch nach Alsbach gesendet wurden, ist eher davon auszugehen, dass sie dort blieb.

Vom 4. Oktober 1900 liegt ein Angebot des Bauunternehmers Heinrich Veith aus Groß-Gerau vor, in dem er ihr zur Trockenlegung von Mauerwerk eine Anstreichlösung für 10-20 m² für 1,50 Mark (ca. 12,15 €) anbietet. Luise kümmerte sich also nicht nur liebevoll um die Villa, sondern ist auch technisch und organisatorisch begabt, ganz eine Geschäftsfrau wie ihr Bruder Heinrich in Australien.

Inwieweit Anna und Luise den Kontakt zu ihrem Bruder Heinrich in Australien pflegten, ist noch unerforscht. Der Vater soll immer mal wieder Produkte aus der Gegend zu seinem Sohn nach Australien gesendet haben, was aufgrund der langen Schiffsreise ja schon besonders ist. Heinrich soll in Australien ein Feinkostgeschäft betrieben haben.

Seine Spuren heute

Pasqué ließ auf eigene Kosten an der Straße, die vor seinem Anwesen entlangführte und früher „*Bangertsweg*" hieß, eine Allee von Lindenbäumen pflanzen. Die Bürgersteige waren noch feingeschottert und Kinder konnten dort gut spielen und mit ihren Murmeln Löcher in den Sand bohren. Als in den 70er Jahren die Kanalisation neu eingebracht wurde, mussten die Linden weichen. Später wurde dann die Straße in Lindenstraße umbenannt.

Abb. 60: Lindenstraße Anfang 1900

Die Gemeinde Alsbach versuchte nach dem Tode Pasqués sein Andenken zu wahren. Deshalb wurde am 13. August 1893 auf der ╫ Ludwigshöhe oberhalb seiner Villa ein Ehrendenkmal errichtet. Der Weg links neben seiner Villa „*Geyersberg*" geht hoch zum heutigen Festplatz „*Görschel*". Nach ca. 100 Metern biegt der Weg hinter der Hirschparkklinik links vorbei in den Wald, dem Zeichen „*Burgensteig Bergstraße*" folgend. Die aus Felsbrocken geformte Stelle mit Blick nach Westen lädt zur Pause ein und enthält den Text:

Abb. 61: Kinder auf dem Denkmal vor 1909

> *„Zur Erinnerung an*
>
> *Ernst Pasqué*
>
> *gewidmet von der dankbaren*
>
> *Gemeinde Alsbach. "*

Oberhalb wurde eine Büste von Pasqué des Darmstädter Künstlers Ludwig Habich platziert, die 1909 dem Vandalismus durch Dorfkinder zum Opfer fiel. Anlässlich seines 100. Todestages wurde vom Verkehrs- und Verschönerungsvereins Alsbach 1992 eine weitere Gedenktafel installiert:

Abb. 62: Gedenkstätte der Gemeinde Alsbach

> *Dichter und Sänger*
>
> *Mitbegründer des*
>
> *VVV Alsbach*
>
> *+1821 †1892*
>
> *VVV Alsbach 1992*

Auch die Stadt Bensheim hat in ihrem Ortsteil Auerbach eine Straße nach Ernst Pasqué benannt. Pasqué hatte durch sein Buch *„Es steht ein Baum im Odenwald"* [PAS-4] das Fürstenlager und seine Hofgesellschaft deutschlandweit bekannt gemacht, so hat die Stadt Bensheim nahe dem Fürstenlager ein Denkmal in Form einer Ruhebank mit Widmung erstellt. Die Bank lädt zum Innehalten ein und befindet sich nahe der Auerbacher Bergkirche auf dem Weg Richtung Fürstenlager.

Würdigung in Namen

Auch lange nach seinem Tod bemühten sich die Gemeinden sein Andenken zu wahren. In der heutigen Zeit ist das nicht einfach. In der Ablenkung durch die modernen Medien, durch komplexe Aufgaben und Lebensumstände, gibt es kaum noch ein Interesse an dem Gestrigen. Nach dem 2. Weltkrieg hat sich die Gemeinde Alsbach in den

Abb. 63: Auerbacher Pasqué-Ruhebank

fünfziger Jahren entschlossen, dem Ehrenbürger Pasqué durch die Benennung einer Straße nach ihm diesen Verfall aufzuhalten. Dies ist im Fluchtlinienplan von 26.07.1957 zu erkennen. An der Grenze der Gemarkung zu Jugenheim wurde ein neues Baugebiet ausgewiesen, die Straße wurde von Osten den Berg hinunter über die „*Alte Bergstraße*" hinaus bis fast zu Gleisen der heutigen Straßenbahn als „*Ernst-Pasqué-Straße*" ausgewiesen. Die ersten Bauanträge an dieser Straße liegen der Gemeinde vom Juni 1960, April 1961 und September 1962 vor. Auf einer Flurkarte aus dem Jahre 1967 sind im oberen Teil der Ernst-Pasqué-Straße erst sieben Häuser eingezeichnet. Nach Norden ist die heutige Straße „*Am Grenzweg*" noch reines landwirtschaftliches Gelände, die „*Jugenheimer Straße*" auch erst anfänglich bebaut.

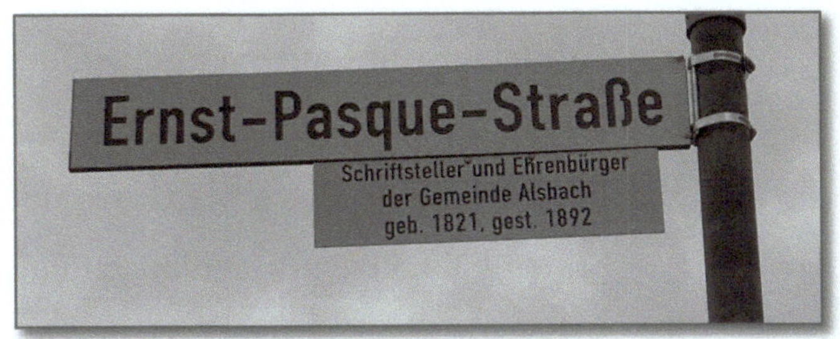

Abb. 64: Straßenbezeichnung in Alsbach für Ernst Pasqué

Ganz oben, wo die Ernst-Pasqué-Straße die Jugenheimer Straße trifft, informiert ein Zusatzschild an die Bedeutung dieses Menschen für den Ort. Heute gibt es hier ca. 40 Häuser, um den Generationswechsel herum entstand ein durchwachsenes Wohngebiet. Leider muss man davon ausgehen, dass die meisten Anwohner sich nicht um die Geschichte von Ernst Pasqué kümmern und kaum etwas vom Namensgeber wissen.

In einem weiteren Schritt hat die Gemeinde in dem neuen Gemeindebau an dem Gasthaus „*Zur Sonne*" einen Saal im zweiten Stock nach Ernst Pasqué benannt. Dort sollen in Zukunft weitere Informationen zu seinem Namensträger erscheinen.

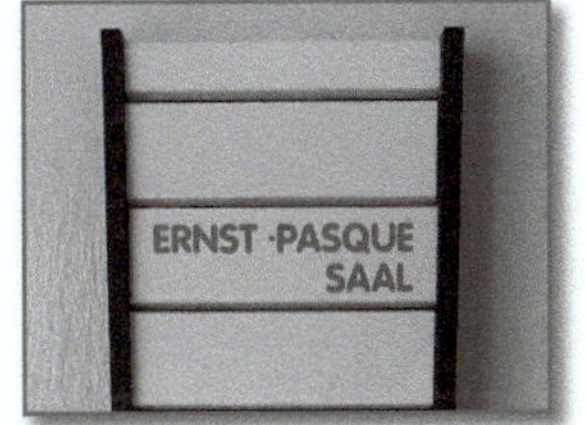

Abb. 65: Ernst-Pasqué-Saal

Abb. 66: Erinnerung an Villa "Geyersberg"

In der Lindenstraße (zuvor „*Bangertsweg*"), an der Mauer vor der Villa „*Geyersberg*" wurde eine Erinnerungstafel angebracht. Ebenfalls in der Lindenstraße, an der Ecke zur Hauptstraße wurde von dem Künstler Harald Böhm im Jahre 2018 ein Bild auf eine Steinmauer gemalt, dass den Zustand der Villa „*Geyersberg*" ungefähr in Zeit ihrer Entstehung zeigt.

Abgestandene Informationen oder ein Vorbild für das heute?

Abb. 67: Villa Pasqué um 1913

Es bleibt die Frage: Was sollen wir mit der Vielfalt der Informationen und Eindrücke anfangen? Auch der Verfasser musste sich der Frage stellen: Warum mache ich das, über Monate in Archiven und im Internet wühlen und sich in die Schuhe von jemandem zu begeben, der vor über 130 Jahren gestorben ist? Oder anders ausgedrückt: Was haben wir heute davon, so einen Menschen mit seinen Fähigkeiten, Handlungen und Lebensstrecken besser kennenzulernen?

Es ist klar, dass Pasqué weder ein neuer Wolfgang Goethe ist, noch zu den herausragenden Persönlichkeiten des 19. Jahrhunderts gehörte, gleichwohl er in manchen Lexika und Enzyklopädien auftaucht. Bei der Frage nach der Relevanz heute für das eigene Leben – meines und Ihres – können wir gerne die Messlatte ein wenig tiefer hängen. Ich lade Sie ein, im Folgenden jeweils zu prüfen, wie es in Ihrem ganz aktuellen Leben mit diesem oder jenem Punkt aussieht.

1. Ausbildung und Beruf

Seine Kindheit verbachte Pasqué in Köln. Über seine Schul- und Musikbildung wissen wir so gut wie nichts. Er sollte eine Lehre als Buchbinder machen. Ob er dies wirklich erfüllte und ob er sich dort wohlfühlte, wissen wir nicht. Zumindest war dies für einen Jungen aus seinem Umfeld ein angemessener, guter Zugang zu einem angesehenen Beruf. So dürfte er dort mit Büchern und ihren Inhalten konfrontiert worden sein. Auf jeden Fall genügte ihm dies als ältestes Kind der

Familie ohne Vater nicht: mit 17 Jahren folgte er seinem inneren Impuls und ging nach Paris, um eine Ausbildung zum Sänger im Stimmfach Bariton zu machen.

Paris war damals das Zentrum für Musik in Europa, Kölner Landsmänner bieten Unter-schlupf und erste Starthilfe. Auf jeden Fall war dies ein sehr mutiger Schritt in die (damals) sehr weite Welt. Er verdiente sich seinen Lebens-unterhalt mit Nebenjobs, ähnlich wie Studenten auch heute noch in unserer Gesellschaft. Paris war auch nicht gerade das billigste

Abb. 68: Pasqué's Qualitäten heute

Pflaster und die Ablenkungen für einen jungen Menschen hoch.

Er zog seine Ausbildung durch und kam bald mit wichtigen Sponsoren und Mäzenen in Kontakt, das Glück half ihm beim Berufseinstieg im Jahre 1844. In Mainz stand er auf den Brettern, die die Welt bedeuten (können).

2. Mehrsprachigkeit

Die Schulen in Köln jener Zeit hatten, wenn Kinder überhaupt Zugang zum Lernen hatten, keine Fremdsprachigkeit im Lehrplan. Und Deutsch und gesprochener Kölner Dialekt sind ja an sich schon eine Herausforderung. Ernst Pasqué ging (wahrscheinlich) ohne Vorwissen und -erfahrung nach Frankreich und erwarb innerhalb kurzer Zeit einen so hohen Sprachstandard, dass er später Übersetzungen von Französisch ins Deutsche leistete und gerne die neu erlernte Sprache in seinen Büchern und Artikeln einfließen ließ. Wie er mit Englisch und Italienisch zurechtkam, wissen wir nicht, er konfrontierte sich jedoch immer wieder auf seinen Engagements und Reisen damit.

3. Sozialer Aufstieg

Sein Vater war Zuckerbäcker und Pasqué wurde später leitender Beamter am Hofe des Großherzogs in Darmstadt. Ein steiler Aufstieg, wenn auch mitunter anstrengend und vielfältig. In seinen Briefen an den Hof und an hochgestellte Personen des öffentlichen Lebens im Deutschen Reich erkennt man, wie geschickt er sich in seinen Worten und Inhalten an diese Gruppe anpasste; nichts, was man damals in der Schule lernte. Auch der Bau seiner Villa „*Geyersberg*" in Alsbach unterstreicht sein Ankommen in einer ganz anderen, gehobenen Schicht des Bürgertums.

4. Berufswechsel und Nebenjobs

In jener Zeit wurde (oft von den Eltern) der Beruf ihrer Abkömmlinge ausgesucht, und der musste ein Leben lang halten. Wir heute kennen das eventuell noch von uns selbst oder den Eltern. Mittlerweile trifft die Erwachsenen heute die Anforderung der ständigen Anpassung an den Arbeitsmarkt. Ernst Pasqué sang nur 15 Jahre, dann war seine Stimme so ruiniert, dass er umschwenken musste. Schon während seiner Sängerkarriere griff er zur Feder und trainierte neue Fertigkeiten.

Bis er jedoch davon leben kann, müssen viele andere Jobs angenommen werden. Beamter, Controller, Übersetzer, ... Pasqué ergriff die Chancen, wie sie sich boten. Er stand zu seiner Verantwortung: als er 1859 seine letzte Rolle als Sänger auf der Bühne in Weimar gab, waren seine zwei Kinder erst 6 und 4 Jahre als, im Jahr darauf kam sogar noch seine Tochter Luise auf die Welt. Die Familie wollte ernährt sein, Geld fiel nicht vom Himmel. Regie führte er, wurde sogar Intendant, schrieb Märchen und erzählte der Welt in Feuilletons Wissenswertes aus der Welt der Musik. 24 „Jobs" lassen sich so in seinem Leben identifizieren. Heute wäre er sicher als Blogger und Social Media Influencer unterwegs.

5. Familie und Migration

War das damals schon ein Thema? Ja, aufgrund der Naturkatastrophen verließen um die Mitte des 19. Jahrhundert fast 1% der Bevölkerung die Gegend um Darmstadt und der Bergstraße. Das betraf ihn, der an der Hofoper sang, eher nebenbei – bis am 18. Januar 1875 sein Sohn Heinrich im Alter von 19 Jahren eine Ausreisegenehmigung nach Amerika beantragte und bekam. Wie müssten sich Pasqué und seine Frau Pauline gefühlt haben, dass der einzige Sohn jenseits des Horizonts aufbrach? Heute mit Internet, Facetime und Social Media kann jeder leicht Kontakt halten, die Enkel auf Video sehen und mal eben in ein Flugzeug steigen. Heinrich ging nach Australien und die Schifffahrt dorthin ebenso wie die Briefe brauchten wochenlang. Die Verbindung blieb unter diesen Umständen dennoch bestehen, Vater Pasqué schickte Versorgungspakete mit lokalen Produkten nach Australien. Ob er seinen Sohn, dessen Frau und die dort geborenen Enkel je gesehen hatte, wissen wir (noch) nicht.

6. Naturkatastrophen

Wir sind heute mit Klimawandel und Erderwärmung überall konfrontiert, aber trotzdem sind die Auswirkungen für die meisten von uns nicht unmittelbar, sondern schweben nur als Informationen über unseren Häuptern. 1845 und in den folgenden Jahren kam es zu großen Missernten, mal faulten die Kartoffeln, mal dörrte das Getreide aufgrund von Befall dahin, die Bevölkerung hungerte, was auch das besser gestellte Bürgertum zu spüren bekam. Alles wurde teurer, Mangel herrschte und die arme Bevölkerung wanderte aus, in der Hoffnung auf ein besseres Leben. In der kleinen Residenz Darmstadt war das sicher auch Tagesthema. Noch hatte

Pasqué keine Familie zu versorgen, aber dem 25-Jährigen fehlten vielleicht auch die Nährstoffe und es gab damals noch wenig Hilfsmittel zum Begegnen dieser Katastrophe. Die chemische und pharmakologische Industrie entwickelte sich erst.

7. Kriegshandlungen

Seit 1945 haben wir in (relativem) Frieden in Deutschland gelebt, Kriege waren immer woanders. Natürlich wirkte der Kalte Krieg auf uns, Bedrohungen wurden in den Medien weit verbreitet. Doch am eigenen Leib, in unmittelbarer Nähe gab es keine Kämpfe, Tote und Verwüstung. Zu Pasqués Zeiten war das jedoch ganz anders. Die Badische Revolution 1848 reichte bis an die Grenzen von Darmstadt. Auch wenn das kleine Großherzogtum meist keinen Waffendienst leisten musste, so waren die Auswirkungen mit Warenknappheiten, Angstberichten und Reglementierungen zu spüren. Neben anderen Konflikten in Europa fielen der Deutsche Krieg 1866 sowie der Deutsch-Französische Krieg 1870/71 in Pasqués Leben. Durch letzteren Krieg wurde sein Zugang nach Frankreich für einige Zeit gesperrt. Reisen in Europa waren beeinträchtigt, Pasqué plant in jenen unruhigen Zeiten sein Refugium in Alsbach.

8. Geld und Finanzen

Festgehalt, Altersvorsorge, Krankenversicherung? All diese Annehmlichkeiten waren Mitte des 19. Jahrhunderts noch Zukunftsmusik. Der Alltag sah anders aus. Pasqué bekam für seine Auftritte in den Opern jeweils eine Auftrittsgage, in Darmstadt als Ausnahme sogar ein dauerhaftes Salär, solange er dort vertraglich verpflichtet war. Reisekosten, Ausstattung, Gesundheitskosten, Verpflegung, usw. mussten jeweils selbst gestemmt werden. Dann noch Miete, Familienkosten, ... Pasqué stellte sich souverän auf diese Herausforderungen ein. In späteren Jahren erleben wir ihn als Darlehensnehmer, Investor und Geschäftsmann bezüglich der eigenen Produkte. Vor allem vom Schreiben muss er gut gelebt haben, denn sonst wäre der Bau seiner Villa in Alsbach und seine vielen kostspieligen Reisen im Alter nicht möglich gewesen. Über Erbschaften, Gewinne und Schenkungen gibt es keine Informationen. Die Auszeichnungen vom Hofe 1869 und 1873 sind eine Ehre ohne finanzielle Vorteile. Seine Tochter musste nach seinem Tod sogar die Goldene Verdienstmedaille an den Hof zurückgeben. Für Pasqué war seine Fähigkeit, Geld ordentlich zu verwalten sicher sehr hilfreich, sowohl privat – er führte penibel ein Haushaltsbuch – als auch in seiner Funktion als Controller am Hoftheater.

9. Währungsreform

Für uns fällt es heute schwer, mit den Geldinformationen aus jener Zeit zurecht zu kommen. Gulden, Florentiner, Kreuzer, Pfennige – und dies alles weder in einem Dezimalsystem noch reichsweit. Bei Reisen musste meist bereits nach wenigen Kilometern getauscht und umgerechnet werden. Unsere Eltern erinnern sich an die Währungsreform nach dem 2. Weltkrieg, wir an die

Einführung des Euro in Europa im Jahr 2002. Auch Pasqué erlebte eine Währungsreform, und zwar im Jahr 1872. Durch komplizierte Verträge und Umrechnungen wurde die (Reichs-) Mark und der Pfennig in einem Dezimalsystem eingeführt, so wie wir es heute kennen. Also auch damit muss sich Pasqué beschäftigen und das in seiner Hausbauphase in Alsbach.

10. Networking und Marketing

Um auch im 19. Jahrhundert erfolgreich zu sein, musste man sich den Bedingungen der Kommunikation anpassen. Ohne Internet, Adressverzeichnis, Schreibmaschine oder Bedienstete sah das für Pasqué folgendermaßen aus:

- Mündliche Absprachen
- Merken und Nachfragen von Adressen
- Lesbar schreiben per Feder und Tinte
- Nutzung der vorhandenen Kommunikationsmittel wie Briefpost, Boten- und Kutschenservice, Telegrammdienste, ...

Pasqué beherrscht diese Methoden meisterlich. Allein von über 700 erhaltenen Briefen an über 130 Adressaten lässt sich ein gutes Bild der damaligen Zeit erstellen. Er ist bestens in alle wesentlichen Bevölkerungsschichten vernetzt, wusste sich gegenüber allen Adressaten geeignet auszudrücken. Die Adressenliste liest sich wie das Who-is-Who der damaligen Zeit. Ob künstlerisch, finanztechnisch oder politisch: Er bediente umfangreich die Anforderungen seiner Zeit. In seinem Dichterheim in Alsbach musste fast täglich der Postbote geklingelt haben.

Pasqué hat eigenes Briefpapier mit seinen Kontakt-Informationen. Mit Verlagen betrieb er fast modernes Marketing, verlangte Vorteile und kämpfte um seine Rechte. Seine Tochter Luise trat nach seinem Tod in seine Fußstapfen und führte mit seinen Mitteln die Geschäfte bis zu ihrem Tod im Jahre 1913 weiter. Der Markenname „Pasqué" als wichtiger Schreiber im 19. Jahrhundert blieb so wirksam und sicherte Einkommen. Auch Nachvermarktung geschah, Pasqué war so etwas wie ein Bestseller in seiner Zeit.

11. Technologie

Immer wieder werden wir Menschen mit neuen Technologien konfrontiert, die sich erst später als sinnvoll, durchsetzungsfähig und weiterführend erweisen. Zu Pasqués Lebenszeit begann die industrielle Revolution, Neues kam auf ihn und seine Mitmenschen zu, Pasqué griff rasch danach. Als Erstes wurden Briefe jetzt organisiert transportiert – mit Briefmarken. Die Postkutsche bekommt die Eisenbahn als Konkurrenz. Erste Eisenbahnlinien von Frankfurt nach Heidelberg beschleunigen das Fortkommen enorm. Und dann war mit einem Mal das Telegramm verfügbar, wo Informationen ohne Materie von A nach B gesendet werden – und auch ankommen. Ala Nächstes kam in Darmstadt die Gasbeleuchtung am 15. März 1855 ins Hoftheater, das dann leider

16 Jahre später wegen eines Bedienfehlers vollständig abbrannte. Pasqué war offen für Neues, heute würde man sagen ein „*Early Adopter*".

12. Wohnen und Reisen

Ortsfestigkeit kann man Paqué nicht nachsagen. Nach dem Auslandsaufenthalt für sein Gesangsstudium in Paris tummelte er sich zwar erst einmal im Deutschen Reich herum, jedoch beginnen schon früh Gastspiele in den Niederlanden, Belgien und England. Er nutzte die Sommerpause am Hoftheater, um weitere Erfahrungen zu sammeln und Geld zu verdienen. Gern wurde er an den anderen Spielstätten gesehen und gehört, der Großherzogliche Sänger. Auch innerhalb Darmstadts zog er mehrfach um. Und dann ein Engagement in Weimar am dortigen Hof. Und immer geht die Familie mit. Sicher hatte er sich auf seinen neuen Wohnsitz in Alsbach sehr gefreut, Haus und Garten gestaltet und sich in seiner neuen Heimat engagiert. Dort blieb er bis zu seinem Lebensende wohnen, auch nachdem seine Frau bereits 1878 gestorben ist.

Nach dem Tod seiner Frau beginnt er verstärkt zu Reisen, vor allem in den Sommermonaten. Die Schweiz, Italien, Frankreich und Deutschland waren seine Ziele. Er notierte gewissenhaft die Ausgaben der Reisen, sammelte Belege und Rechnungen. Und verdichtete seine Erlebnisse von den Reisen in immer neue Stücke. Mal Reiseberichte, mal Novellen oder Romane. Man kann sich gut vorstellen, dass Pasqué an den Reiseorten gerne auf Menschen zuging und mit ihnen plauderte. Und die dortigen Lebensgenüsse in Form von Essen und Getränken nahm er gerne auf. Die Bilder der letzten Jahre zeigen ihn als einen wohlbeleibten, gemütlichen Mann mit Bart und Brille.

13. Natur und Ökologie

Was für uns heute ein Dauerthema ist: Ökologie, Umweltschutz, Naturerfahrungen, ... all dies setzt er schon im Ende des 19. Jahrhunderts in seinem neuen Wohnumfeld um. In Alsbach engagiert er sich als Wanderer, ließ Wege und Schutzhütten bauen, gab einen Wanderführer heraus und kümmerte sich um die Dorfbevölkerung. Alsbach erlebte einen Aufschwung. Menschen, die sonst von diesem kleinen Ort nie erfahren hätten, werden angezogen. Sie lasen seine liebevollen Ortsbeschreibungen, kamen zu Festen wie dem Deutschen Schriftstellertag am 9. September 1883 auf das Alsbacher Schloss und belebten den Ort nach der Gründung des Alsbacher Verkehrs- und Verschönerungsverein, an dem sich Pasqué maßgeblich beteiligte.

In diesem Lichte erscheint das Leben von Pasqué dem heutigen recht ähnlich. Das Durchhaltevermögen, die Konzentration auf seine Mitmenschen und seine Weltoffenheit könnten wir uns gerne heute als Vorbild nehmen.

Kuriose Informationen zu Pasqué

Sucht man im Internet nach Spuren von Ernst Pasqué wird man zwar durch viele Einträge belohnt, sie zu deuten ist mitunter schierige Arbeit. Um so erstaunter kann man dann vor der ostamerikanischen Küste in der Nähe von Matha's Vinyard eine kleine Insel finden, die den Namen „*Pasque Island*" [116] trägt. Sie ist mit 3,45 km² die drittgrößte Insel der Elizabeth Islands im US-Bundesstaat Massachusetts. Beim United States Census im Jahre 2000 lebten auf Pasque Island nur zwei Einwohner. Wie die 1602 entdeckte Insel durch den britischen Entdecker Bartholomew Gosnold (1572-1607) zu ihrem Namen kam, lässt sich leider nicht mehr ermitteln.

Der Name „*Pasque*" ist altfranzösischen Ursprungs, der von den Normannen nach der Eroberung von 1066 nach England eingeführt wurde. Der Name leitet sich vom Altfranzösischen "*pasche, pasque(s)*", Ostern, vom lateinischen "*pascua*", früher "*pascha*", im Mittelenglischen "*pasche(s), paske(s)*" ab. Dies wurde insbesondere als Spitzname für jemanden verwendet, der zu Ostern geboren wurde oder der eine andere persönliche Verbindung zu dieser Jahreszeit hatte.

Ein weiterer Kandidat mit „Pasque" im Namen ist die gewöhnliche Kuhschelle, die im Englischen auch als „*Pasque Flower*" [117] bezeichnet wird, lateinisch „*Pulsatilla vulgaris*". Ferner gibt es einen „*Eufrate Pasque*", einen medizinischen Nadelhalter in der Chirurgie.

Der Name Pasque ist auch ein häufiger Familienname in Belgien, der Schweiz und Luxemburg. Bis zum

Abb. 69: Pulsatilla vulgaris - Gewöhnliche Kuhschelle

heutigen Tag ist der Name Pasque noch in vielen Teilen Europas verbreitet, und es gibt auch einige direkte Abstammungen in den USA. In Italien, in der Nähe von Varzo, gibt es eine „*Ristorante Pizzeria Del Pasque*", natürlich ohne Bezug zu Ernst Pasqué.

---

[116] https://de.wikipedia.org/wiki/Pasque_Island, https://maps.app.goo.gl/7TGUT4KX2uiobJcW7
[117] https://hort.extension.wisc.edu/articles/pasque-flower-pulsatilla-vulgaris/

10. Von Sagen und Märchen an der Bergstraße

Das lange Märchen *„Die Goldene Orgel"* von Ernst Pasqué steht im Gegensatz zu den Sagen und Legenden von der Bergstraße. Diese sind meist kurz und knackig, nennen Ross und Reiter und geben ein leicht anderes Bild von der italienisch anmutenden Gegend. Pasqué war sich dessen wohl bewusst und beschreibt ja auch diese Schönheiten in seinem Buch *„Die Bergstraße"* [118].

In seinem Märchen *„Die Goldene Orgel"* ging es ihm aber um andere Dinge. Damit Sie einen Eindruck von dem Erzählschatz der Bergstraße mit seinen Teufeln, wilden Jägern und alten Frauen bekommen, ergänzen wir hier Pasqués Wanderungen an der Bergstraße mit kleinen Beispielen für die genannten Orte [119], u.a. von Johann Wilhelm Wolf (1817-1855). Er war ebenfalls ein Kölner Kind und zog 1847 nach Darmstadt. Ihn könnte Pasqué in Darmstadt getroffen haben und an seinen Märchen Geschmack gefunden haben für eigene Recherchen und Ansätze. Vielleicht lesen Sie ihren Kindern und Enkeln mal wieder eine Sage von der Bergstraße als Beitrag zu einer Ortsvertrautheit vor.

Margareta Bergsträßer

Das Hemd dient zum Feststellen der Krankheit, womit meist auch zugleich eine Heilhandlung verbunden ist. Wie andere Kleidungsstücke [...] vertritt es die Person des Kranken selbst, weshalb es seit je genügt, wenn es dem Heilkünstler überbracht wurde, der die Krankheit feststellte und durch einen Zauber mit dem Hemd den Kranken selbst heilte. Ein gutes Beispiel bietet der Prozess der Margaretha Bergsträßer, einer Kräuterfrau und Segensprecherin aus dem Dorf Malchen an der Bergstraße in Hessen, aus dem Jahre 1612.

Die wandernde Laterne

Ein Mann aus **Jugenheim** kam mit einem zweispännigen Wagen des Weges von Darmstadt über Seeheim daher. Als er in einem Hohlweg zwischen den beiden Dörfern anlangte, wollten die Pferde plötzlich nicht weiter, wie er sie auch streichelte und schlug. Endlich rief er ungeduldig: *„Gott weiß, was das sein soll; ich weiß es nicht. Der mag mir helfen, ich kann es nicht."*

Da sah er von Ferne ein Licht, wie das einer Laterne, das kam immer näher und näher, sprang endlich mit einem tüchtigen Satz über Pferde und Wagen hinweg und setzte sich hinten auf denselben. Zugleich zogen die Pferde an und der Bauer konnte weiter. Es war ihm aber so unheimlich, dass er in einem fort betete und je mehr er betete, um so lustiger zogen und liefen die

---

[118] [PAS-3].
[119] [GHM] und [JWO].

Pferde. Als er in seinem Hofe anlangte, sprang das Lichtehen wieder vom Wagen weg und durch das Hoftor, worauf es auf der Straße verschwand.

Die Nonnen in Jugenheim

Auf dem **Heiligenberg** bei Jugenheim sieht man noch die Ruinen eines ehemaligen Klosters. Da erscheint in gewissen Nächten ein großer Zug von Nonnen, welche mit Kerzen in den Händen und unter frommen Gesängen dem Berg umwallen. Von dem Kloster führt ein unterirdischer Gang ins Dorf. Da wo derselbe mündet, ist oftmals ein großer Hund gesehen worden.

Der Kirchplatz in Jugenheim

Unterhalb der jetzigen Kirche in **Jugenheim** liegt der Pfarrgarten, da hat man ursprünglich die Kirche bauen wollen, doch haben die Engel nachts alles Material dahin getragen, wo sie jetzt steht.

Der Schlosskeller auf dem Tannenberg

Ein Schäfer trieb eine kleine Herde eines Tages bis in die Nähe der **Ruine Tannenberg** und setzte sich, vom Steigen ermüdet, auf einige Steine, welche aus Moos und Erde hervorblickten. Da hörte er plötzlich hinter sich seinen Namen rufen, und als er sich umschaute, erblickt er ein altes graues Männchen, welches aus einer weit geöffneten Kellertür trat. „Willst du nicht den Wein versuchen, der im Keller liegt?", frug das Männchen und der Schäfer war nicht unzufrieden damit, da die Sonne gerade recht heiß brannte und ihm die Zunge am Gaumen klebte. Er folgte dem Männchen, wenn auch mit einigem Grauen. Da kam er denn in einem ungeheuren Keller mit hohen Gewölben; Zu beiden Seiten lagen Fässer, deren Dauben längst abgefault waren, der Wein lag nämlich „in seine eigene Haut". Das Männchen Schritt von Fass zu Fass und füllte ihm aus jedem einen hohen Becher und der Schäfer trank, bis er nicht mehr wusste, wo ihm der Kopf Standpunkt was da weiter mit ihm vorgegangen, wusste er nicht Punkt als er aber aus seinem Rausch erwachte, fand er sich auf seinen Steinen wieder und die Sonne tief am Himmel, dem Untergang nahe. Seitdem mied er die Ruinen und hat den Ort nie wieder betreten wollen. Dass es in den Ruinen „webbert", weiß heute noch jedermann in der Gegend. Bis in die letzten Jahre hat man oft in derselben gegen Mittag ein weißes Schäfchen gesehen. Andere wollen einen großen schwarzen Hund dort begegnet sein.

Der Lindwurm am Brunnen

Zu **Frankenstein**, einem alten Schloss anderthalb Stunden weit von Darmstadt, hausten vor alten Zeiten drei Brüder zusammen, deren Grabsteine man noch heutigentags in der Ober-Beerbacher Kirche sieht. Der eine der Brüder hieß Hans und er ist abgehauen, wie er auf dem Lindwurm steht. Unten im Dorf fließt ein Brunnen, in dem sich sowohl die Leute aus dem Dorf als aus dem Schloss ihr Wasser holen müssen; dicht neben dem Brunnen hatte sich ein grässlicher Lindwurm gelagert und die Leute konnten nicht anders Wasser schöpfen als dadurch, dass sie eben täglich ein Schaf oder ein Rindvieh brachten; solang der Drache daran fast, durften die Einwohner zum Brunnen. Um diesen Unfug abzuheben, beschloss Ritter Hans den Kampf zu wagen; lange stritt er, endlich gelang es ihm, dem Wurm den Kopf abzuhauen. Nun wollte er auch den Rumpf des Untiers, der noch zappelte, mit der Lanze durchstecken, da kringelte sich der spitze Schweif um das Ritters rechtes Bein und stach ihn gerade in die Kniekehle, die einzige Stelle, welcher der Panzer nicht deckte. Der ganze Wurm war giftig und Hans von Frankenstein musste sein Leben lassen.

Das schwere Laub

Eine alte Frau ging in den Wald bei **Alsbach**, wo man es im Rabenloch heißt, um Laub zu lesen. Während sie damit beschäftigt war, kam ein Mann zu ihr, den sie nie gesehen, fragte sie dies und jenes und lachte immerzu, wenn Sie ihm antwortete, bis sie ihm endlich keine Antwort mehr gab; da war er plötzlich verschwunden. Als sie nun das Laub zusammengebunden und auf den Kopf geladen hatte, um es nach Hause zu tragen, wurde es ihr bei jedem Schritt, den sie tat, schwerer, so dass sie zuletzt kaum mehr fortkonnte, den Bündel hinwarf und sprach: „Entweder ist das Laub nasser, als ich geglaubt, oder es liegt ein Stein im Bund." Sie löste den Knoten, um das nasse Laub auszulesen, da, siehe, sprang ein Klotz heraus, der rollte den Berg hinab, ehe sie sich versah, und stand am Fuße desselben als ein schmucker Jäger lachend wieder auf. Dann merkte sie erst, dass ein Geist ihr einen Streich gespielt hatte, schützte den Knoten wieder und trug das nun leichte Bund so rasch nach Haus, als ihre alten Beine erlaubten, denn jetzt wurde es ihr doch ängstlich in den so stillen einsamen Wald. Einige sagen, der Geist sei ein Jäger aus Lorsch, der der umgehen müsse, und erscheine oft auch als dreibeiniger Hase.

Der Riesenstein

Wenn man von **Zwingenberg** die alte Bergstraße entlang gegen Darmstadt zugeht, kommt man da, wo der Malchesberg (Melibokus) oder Spitzberg sich zur Seite erhebt, an einem Granitfelsen. Die sage erzählt, ein Riese habe einst auf dem Gipfel des Malchesberges gestanden, da, wo jetzt der Turm steht, und sei willens gewesen, einen Felsen in den Rhein zu werfen. Weil er sich aber nicht in Acht genommen, sei ihm der Felsen aus der Hand geglitscht und dahin gefallen, wo er jetzt noch jetzt liegt.

Das Niesen im Wasser

An einem Brücklein, das über die **Auerbach** geht, hörte jemand etwas im Wasser dreimal niesen, da sprach er dreimal: „Gott helf!", und damit wurde der Geist eines Knaben erlöst, der schon 30 Jahre auf diese Worte gelauert hatte.

Oberhalb demselben Brücklein hörte, nach einer anderen Erzählung, ein anderer dreimal aus dem Bach heraus nießen. Zweimal sagte er: „Gott helf!", beim dritten Mal aber: „Der Teufel hol dich!" Da tat das Wasser einen Wall, wie wenn sich einer mit Gewalt darin umdrehte.

Geister fortgetragen

Auf der Herrenmühle in **Schönberg** wohnte eine Müllerin, die gab sich mit falschem Maß und Gewicht ab, und als sie tot war, ging sie um in der Mühle und konnte niemand darin wohnen bleiben. Da war der Zauberer Struwel aus Stettbach gerufen, der fing die Seele der Müllerin und trug sie in einem Sack in die Haal, das ist ein Wald hinter Reichenbach beim Borstein und dort kann ein jeder die Müllerin herumlaufen sehen.

Derselbe Zauberer wollte einem wird in **Nieder-Beerbach** einen Possen tun. Da ging er in das Wirtshaus und ließ vor der Tür seinen Tragkorb stehen mit einer eingefangenen Seele darin. Gleich war auch die neugierige Wirtin da und hob den Deckel auf; da fuhr ein Ding wie ein stumpfschwänziges Huhn heraus und die Bodentreppe hinauf. Die Frau getraute sich nicht, dem Zauberer zu gestehen und dieser, nachdem er seinen Schoppen getrunken, ging ruhig mit dem leeren Korb fort. Die Nacht aber fing auf dem Boden ein furchtbares Lärmen an, die Türen wurden aufgerissen und zugeschlagen und alles durcheinandergeworfen. Ebenso ging es in den folgenden Nächten und endlich musste der Wirt dem Zauberer 150 Gulden bezahlen, damit er das Ding mit großer Mühe wieder ein tat und in die Haal trug.

Das Felsenmeer

Vorzeiten, als es noch Riesen gab, wohnte ein paar derselben in der Gegend von **Reichenbach**, der eine auf dem Felsberg, der andere auf dem Hohenstein. Einst hatten sie Streit miteinander bekommen und warfen sich in ihrer Wut mit ungeheuren Felsblöcken. Dazumal war der Felsberg noch ziemlich kahl, auf dem Hohenstein aber lagen Felsstücke in Menge, so dass der da wohnende Riese gegen seinen Feind im Vorteil war. Er warf auch so heftig auf ihn los, dass der Felsberger in kurzer Zeit unter den Blöcken begraben wurde. Wenn man jetzt noch hart auf dem Boden des Feldbergs auftritt, dann brüllt der ungeschlachte Riese darunter.

Daher kommt es, dass es auf dem Hohenstein so kahl ist an Felsblöcken. Das Einzige, was man dort da selbst noch sieht, ist eine Wand von des Riesen Haus.

Andere wollen dagegen, der Felsberger Riese sei Sieger geblieben und habe von vornherein einen Felsblock herüber geschleudert, dessen Wucht den anderen erschlagen habe, und das sei die Felswand auf dem Hohenstein.

Erleben Sie die märchenhafte Sagenwelt der Bergstraße gerne selbst bei einer Wanderung nach Pasqués Beschreibung aus seinem Büchlein „*Die Bergstraße. Wanderbilder von Jugenheim bis Auerbach*" [PAS-3].

11. Eine Wanderung mit Ernst Pasqué an der Bergstraße

Pasqué ist auch zu Fuß an der Bergstraße unterwegs gewesen, hat seine neue Heimat erwandert. In seinem Buch „*Die Bergstraße. Wanderbilder von Jugenheim bis Auerbach*" [PAS-3] hat er dies liebevoll beschrieben. Wollen wir ihm folgen? Aber dann auf unsere, moderne Art.

Insbesondere die Verkehrsbedingungen und Beschilderungen sind heute komplett anders als damals. Sie können das Internet, ihr Smartphone oder eine gedruckte Wanderkarte als Führer benutzen, um sich einen ganz eigenen Wanderweg und Zugang zu erschaffen. Deshalb wollen wir Sie auf folgenden Seiten nur an den Orten schnuppern lassen und Ihnen die vielfältigen Möglichkeiten des eigenen Erlebens aufzeigen. Vielleicht nehmen Sie die moderne Version von Pasqués Buch mit auf den Weg. Als Ergänzung ist auch das Büchlein „*Streifzüge durch das Darmstädter Land*" [GMO] geeignet. Es ist nicht gedacht, den ganzen Weg in einem Tag zu machen, das wäre eine Marathonwanderung. Nehmen Sie sich Zeit, die Bergstraße kennen-zulernen und genießen zu lernen:

Unsere Besuchsorte als Wanderziele und Erfahrungsmöglichkeiten sind:

① **Bickenbach** – Von der Landgräflichen Unterkunft zum Rathaus

② **Seeheim-Jugenheim** – Auch ohne Wasser ein Heim

③ **Heiligenberg** – Verbunden weltweit mit den adeligen Häusern

④ **Alsbach** – Heimat des Bergsträßer Barden

⑤ **Zwingenberg** – Die älteste Stadt an der Bergstraße

⑥ **Auerbach** – Auch Fürsten müssen einmal ruhen

⑦ **Bensheim** – Das Schloss auf dem schönen Berg

Vor Ihnen haben da schon viele diese Schönheiten genossen, unter anderem auch Kaiser Joseph II. (1741-1790) auf seinem Weg nach Frankfurt: „*Hier fängt Deutschland an, Italien zu werden.*" Die Bergstraße ist nicht nur ein Landstrich – sie ist ein Lebensgefühl. Manche philosophieren, dass die Menschen hier etwas entspannter, kommunikativer und hedonistischer „ticken".

Und natürlich geht die Bergstraße [120] – die Römer nannten sie „*strata montana*" – weiter nach Süden gen Heidelberg, dies ist jedoch hier nicht das Thema. Sie sind aber eingeladen den Abschluss Ihrer Wanderungen beispielsweise auf der „*Piazza*" in Weinheim, der

---

[120] https://www.diebergstrasse.de/service/infomaterial/

„*Zweiburgenstadt*", zu genießen, mit ihrem italienischen Flair und dem naheliegenden Exotenwald.

Auf Ihren Wegen werden Sie häufig folgenden Symbolen begegnen:

Burgensteig Bergstraße

Von Darmstadt-Eberstadt nach Heidelberg mit 3.650 Höhenmetern auf 120 km.

Blütenweg Bergstraße

Von Darmstadt-Eberstadt bis Wiesloch auf 85 km.

Alemannenweg

Rundwanderweg mit 4.300 Höhenmetern auf 144 km.

Nibelungensteig

Von Zwingenberg bis Freudenberg/Main mit 4.000 Höhenmetern auf 130 km.

Diese Markierungen dienen am Höhenzug Bergstraße den großen Wanderzielen. In Alsbach führt jedoch der Blütenweg Bergstraße auch ganz dicht durch den Ort, wo Ernst Pasqué bis zu seinem Lebensende gewohnt hat. Auch mit dem Fahrrad lassen sich die meisten Ziele gut erreichen. So führt der **Hessische Radfernweg R8** durch Alsbach durch und die Radroute „*Die Bergstraße klassisch*" mit 87 km (rote Kennzeichen) in 15 Etappen von Darmstadt nach Heidelberg.

Die Bergstraße ist ein eigenständiges Weinanbaugebiet, wenn auch eines der kleinsten in Deutschland. Nördlich von Heidelberg, zwischen dem Rhein im Westen und dem Odenwald im Osten gelegen, hat die hessische Bergstraße fast südländisches Klima, mit fantastischer Mandel-, Pfirsich-, und Kirschblüte. Die Gesamtrebfläche beträgt 463 ha mit einem Weißweinsortenanteil von 79,2 %.

Mit 1.685 Sonnenscheinstunden im Jahr und einer mittleren Jahrestemperatur von 10,9 ° C begegnen Ihnen hier Weinlagen mit den Namen „*Auerbacher Rott*", „*Bensheimer Wolfsmagen*" oder „*Heppenheimer Schloßberg*". Dann mal gute Erfrischung! Und vielleicht besuchen Sie einmal die Heimat der deutschen Weinkönigin von 2001/2002, Petra Gärtner, in ihrem „*Weingut & Weinschänke Rebenhof*" in Zwingenberg.

Ernst Pasqué mochte Wein, aus seinen Reiseaufzeichnungen lässt sich dies ablesen. Und gleich unweit von seinem Haus nach Süden in Alsbach gibt es auch heute noch die Weinlage „*Alsbacher Schöntal*", von dessen Riesling Pasqué schon getrunken haben mag.

Aus seinem Büchlein über die Wanderbilder von Jugenheim bis Auerbach ein stimmungsvolles Zitat, damit Sie sich gleich auf den Weg machen können [121]:

---

[121] [PAS-3], Seite 8.

Blickte heute der alte italienische Theologe Zanchius von der

Alma mater Roberta zu Heidelberg hinaus in das vor ihm ausgebreitete Land,

er würde wie 1568 bewundernd, mit wehmütigem Vorwurf ausrufen:

„O Deutschland, Deutschland, wie gerne möchtest du Italien sein!"

...

Das alles bewirkt den Zauber, der dem lieblichen Landstrich der Bergstraße

innewohnt, den jeder empfindet, der die Gegend kennt, der den Fremden

ahnungsvoll erfüllt und nach ihrem Bereiche hinzieht.

Wenn Sie wenig Zeit und Muße haben, können Sie sich ja auf Alsbach konzentrieren und den Spuren von Ernst Pasqué dort folgen. Die Ernst-Pasqué-Straße ist neueren Datums und ein Siedlungsgebiet nach dem 2. Weltkrieg.

Anlaufpunkt Nr. 1 ist natürlich seine Villa „*Geyersberg*" in der Lindenstr. 18, das allerdings nach vielen Änderungen und Besitzerwechseln dem Original nicht mehr besonders ähnlichsieht. Linkerhand, am Beginn der Lindenstraße hat der Künstler Harald Böhm 2018 ein Wandbild auf Basis von alten Abbildungen geschaffen, so dass Sie beides vergleichen können:

Abb. 70: Haus Geyersberg von Harald Böhm

Erlensee
Erlenhof
① Bickenbach
* Schloss Bickenbach
Jugenheim
② Seeheim-Jugenheim
* Burg Tannenberg
③ * Schloss Heilgenberg
Marienberg
* Ruine Jossa
Talhof
④ Alsbach
Darsberg
Alsbach-Hähnlein
* Schloss Alsbach
Balkhausen
⑤ Zwingenberg
* ehem. Burg Zwingenberg
Melibokus
Felsenmee
Niederwaldsee
Hochstädten
* Schloss Auerbach
Berliner Ring
Elmshau
⑥ Staatspark Fürstenlager
Kreis Bergstraße
Schönberg
* Schloss Schönberg
⑦
Kirchberghäuschen

① Bickenbach: Von der Landgräflichen Unterkunft zum Rathaus

Hier am Bahnsteig beginnt unsere Wanderung und Reise. Der Bahnhof liegt an der vielbefahrenen Strecke Frankfurt-Heidelberg. Heute halten hier nicht mehr so viele Züge, aber im 19. Jahrhundert öffneten sich die Wagen der 1. bis 4. Klasse, um die Menschen an die Bergstraße zu bringen. Der italienische gelehrte Theologe Zanchius hätte 1568 bewundernd sagen können: *„O Deutschland, Deutschland, wie gerne möchtest du Italien sein!"* Also heiße ich Sie willkommen auf den Pfaden durch die *„strada publica"* oder *„montana platea"*, wie die Bergstraße in den Jahrhunderten auch geheißen hat. Die Wasserläufe von Rhein und Neckar haben immer wieder diese Landschaft verändert, die von Sümpfen und Auenwäldern bis in die Neuzeit geprägt war.

Am Landbach entlang die Bahnhofstraße hoch landen wir bald in der Ortsmitte und stehen vor einem Schloss, das der *Landgraf Ernst Ludwig von Hessen-Darmstadt* ab 1720 als Jagdschloss hat bauen lassen, als Ausgangspunkt für die in höfischen Kreisen zur Mode gewordenen Parforcejagden des 18. Jahrhunderts. Heute regiert hier der Bürgermeister, rundherum sind viele Geschäfte entstanden. Bis vor kurzem war Bickenbach die Zentrale des Lebensmittelkonzerns Alnatura angesiedelt, bevor Darmstadt auch diese Firma zu sich gezogen hat. Schaut man sich um, fällt der Blick unmittelbar am Bergkamm entlang auf den Melibokus, der mit 517,4 m über NHN der höchste Berg der südhessischen Bergstraße ist. Auf dem Berggipfel stehen ein ehemals militärisch genutzter Richtfunkmast und ein Aussichtsturm. Bei sehr klarer Luft reicht der Blick nach Süden sogar bis zum nördlichen Schwarzwald mit der Hornisgrinde in 128 km Entfernung und nach Nordosten bis zur Dammersfeldkuppe in der Rhön in 115 km Entfernung.

Nach Westen über die Autobahn A5 gelangt man auf kaum gekennzeichneten Wegen zum Weilerhügel, einer mittelalterlichen Niederungsburg. Der Weilerhügel ist aufgrund seiner guten Erhaltung ein gutes Beispiel für eine Hochmotte (Turmhügelburg), eine typische Bauform von Niederungsburgen im 11. bis 13. Jahrhundert. Nur leider sieht man außer einem bewachsenen Hügel und einer Erklärungstafel wenig von diesem frühen Besiedlungspunkt. Ein anschaulich rekonstruiertes Modell der Burg befindet sich im Heimatmuseum in Hähnlein.

Im 18. Jahrhundert entwickelte sich der auf Hof Hartenau geborene Johann Christian Breithaupt (1736-1799) als Geodät und als Begründer einer heute noch in Kassel ansässigen namhaften Firma für Landvermessungstechnik zu einem der berühmten Söhne der Gemeinde. Der Hartenauer Hof der Familie Schüttler ist für seine Gemüse- und Obstangebote weithin bekannt.

Tipp: Gut italienisch essen kann man im Restaurant „Il Centro", gleich hinter dem Schloss.

Abb. 72: Schloss Bickenbach

Tipp: Der Erlensee ist ein kleines künstliches Stillgewässer am Nordwestrand von Bickenbach und war ursprünglich eine Kiesgrube für den Autobahnbau. Heute dient der See der Fischzucht und als Freizeitgelände. Mit dem Fahrrad gut zu erreichen, ist er für die Menschen in Bickenbach und Umgebung als Naherholungsziel.

② Seeheim-Jugenheim: Auch ohne Wasser ein Heim

Als Ernst Pasqué nach dem Ende seiner Sängerkarriere erwog an die Bergstraße zu ziehen, folgte er auch einem Trend der Zeit. Das gehobene Bürgertum nutzte die neue Eisenbahn, um das Umland zu erkunden, auf der Suche nach Alternativen zum Leben in der Stadt. Und auch Großherzog Ludwig II. von Hessen und bei Rhein (1777-1848) setzte Zeichen, indem er in den Jahren 1831-1834 in Seeheim ein Schloss als Sommerresidenz bauen ließ. Obwohl Seeheim bereits 874 als Schenkung im Kloster Lorsch erwähnt wird, hatte es um 1870 nur 174 Häuser mit etwas über 1000 Bewohnern, war also klein und beschaulich. Der Anschluss an das Eisenbahnnetz Frankfurt-Heidelberg erfolgte in den 1890er Jahren durch eine 4,4 km-lange Nebenbahn von Bickenbach nach Seeheim, gemeinhin *„Ziggelsche"* genannt. Die heutige Bahnhofstraße endet heute an der Straßenbahnlinie, die das alte Gleisbett dieser Eisenbahn nutzt.

Schaut man nach Osten in Richtung Odenwald fällt sofort ein modernes Gebäude auf: „die Lufthansa". Es ist das Ausbildungszentrum und Tagungshotel des Luftfahrtunternehmens und verschafft internationales Flair. Von dort kommen Sie über einen kleinen Waldweg an die Ruine der Tannenberg, einer im 13. Jahrhundert errichteten Burg, die zu einer Raubritterburg wurde.

Im Juni/Juli 1399 wurde diese Burg als eine der ersten deutschen Burgen durch Feuerwaffen zerstört, was sich eindeutig im archäologischen Fundmaterial erkennen lässt. Heute engagiert sich der Heimat- und Verschönerungsverein Seeheim an dem Wiederaufbau und einer neuen Nutzung. Die Burg liegt am Wanderweg *„Burgensteig Bergstraße"* (HW73).

Seeheim ist international, überall hört man ausländische Sprachen und im Südwesten von Seeheim finden Sie die überregional bekannte Europaschule mit Angeboten von Grundschule bis SISS Secondary. In den Sommermonaten findet in der Freilichtbühne auf dem Schulgelände abendlich ein OpenAir-Filmereignis statt.

Einen See sucht man in Seeheim vergebens, zu gut sind die Trockenlegungsmaßnahmen der letzten Jahrhunderte gewesen. Das Freibad in Seeheim-Jugenheim mit Durchfluss des Landbachs ist aber eine Alternative, wenn man Abkühlung sucht. In der Bergkirche in Jugenheim finden immer wieder interessante Konzerte statt.

> *Tipp:* Besuch des Stangenberg-Merck-Museum mit Bildern der Malerin Heidy Stangenberg-Merck (1922-2014) in der wunderschönen Villa *„Haus auf der Höhe"* des Jugendstil-Architekten Heinrich Metzendorf (Helene-Christaller-Weg 13).

Abb. 73: Lufthansa Ausbildungszentrum und Tagungshotel

Tipp: Coolster Tagungsraum 2020! Architektur und Interieur des Hotels sind ganz auf das Wohl der Gäste abgestimmt. Modernster Komfort in einer wohltuend inspirierenden Atmosphäre – mitten im Geo-Naturpark Bergstraße-Odenwald. Von hier aus loswandern und einen Besuch der Burg Frankenstein einplanen mit einem wunderbaren Blick in die Rheinebene. Der nahegelegene Magnetberg (Ibes-Berg) ist nach dem Brocken der zweitgrößte Hexenkultplatz Deutschlands.

③ Heiligenberg: Verbunden weltweit mit den adeligen Häusern

Was macht ein russischer Zar in einem Badehäuschen auf dem Heiligenberg? Die Sommerfrische genießen und wie ein Kleinkind plantschen. Und schon sind Sie mittendrin in der hochgradig verflochtenen Geschichte der europäischen Aristokratie. Sagt Ihnen der Name Battenberg etwas? Richtig, zum einen fällt Ihnen da Charles III., König von Großbritannien ein – gerade frisch gekrönt –, zum anderen heiße ich Sie willkommen auf dem Hauptsitz der Battenbergs (*engl.* Mountbatten) auf dem Heiligenberg in Jugenheim. Bis 1910 suchten die Zaren Alexander II. und Nikolai II. Schloss Heiligenberg als Sommerfrische auf. Ihr Weltreich wurde in dieser Zeit von Jugenheim aus regiert, hier fand europäische Politik und Diplomatie statt.

Von Jugenheim an der evangelischen Bergkirche beginnend fällt bergan das Goldene Kreuz auf, mit dem Mausoleum der Julia Hauke, morganatische Ehefrau von Prinz Alexander von Hessen und Stammmutter des zweiten Hauses Battenberg. Schlendern Sie durch den schönen Park, entdecken Sie Mauerreste eines ehemaligen Nonnenklosters, das Russenhaus oder das Badehaus von 1890 mit dem ovalen Schwimmbecken. Danach ein Café-Besuch im Schloss, Blick über die Rheinebene und genießerisch das Gefühl erleben, gleich ein paar Könige und Königinnen, Prinzen und Prinzesssinnen – in Gedanken – gesehen zu haben.

Der Höhepunkt dieses bedeutenden Ortes lag im 19. Jahrhundert für die untereinander verwandten russischen, englischen, spanischen und hessischen Dynastien. Hier fand europäische Politik und Diplomatie statt. Die prominentesten Nachkommen sind heute Charles III., König von Großbritannien sowie Felipe VI., König von Spanien.

Der Odenwald öffnet sich hier nach Osten. Tiefer hineinwandern oder vielleicht die Teilnahme an Lärmfeuer, die in früheren Jahrhunderten Signalstellen zur einfachen Nachrichtenübermittlung waren?

Großherzog Ludewig I. von Hessen lässt um 1810 in Seeheim eine Residenz mit einem 25 ha großen englischen Landschaftspark anlegen. Baumgruppen, Rasenflächen, Teiche, Grotten sowie eine Lindenallee mit Sichtachse zum Schloss sind Kernelemente, die auch heute noch weitgehend erhalten sind.

Tipp: Von hier aus lässt sich leicht ein Abstecher in das Stettbacher- oder Balkhäuser-Tal machen. Ein Abstecher wert ist das Felsenmeer, Ohlyturm und Felsberg, der zweithöchsten Erhebung im vorderen Odenwald.

Abb. 74: Klosterruine Heiligenberg

Tipp: Besuchen Sie die Überreste eines hochmittelalterlichen Nonnenklosters auf dem Heiligenberg bei Jugenheim aus dem 13. Jahrhundert. 1413 wurde das Koster von den Herren von Bickenbach dem Kloster Lorsch übereignet, noch bis 1550 ist eine Bewirtschaftung urkundlich belegt. Besuchen Sie doch einmal das Weltkulturerbe Kloster Lorsch, durch die Rheinebene nach Süden sind es nur ungefähr 22 km.

④ Alsbach: Heimat des Bergsträßer Barden

In Alsbach wird im Jahre 2023 die lange Geschichte von 1250 Jahren zwischen Sumpf und Bergen gefeiert. Hier wohnte einst der einzige Wolf, der backen kann und von dem Produkte wie *goldfischli* und *Pom-Bär* stammten. Im 20. Jahrhundert war Alsbach ein Luftkurort mit vielen Gästen. Diese Entwicklung setzte ein, als Ernst Pasqué Alsbach zu seinen Altersruhesitz wählte und in der heutigen Lindenstraße 18 seine Villa „*Geyersberg*" baute. Er kümmerte sich sehr um den Ort und mit Gründung des Verkehrs- und Verschönerungsverein, dessen Vorsitzender er war, begann in Alsbach der Tourismus. Die Gemeinde machte ihn deshalb zu Lebzeiten bereits am 3. September 1891 zu ihrem einzigen Ehrenbürger. Die Ernst-Pasqué-Straße erinnert an ihn.

Das Alsbacher Schloss thront über dem Ort, ein schattiger Weg führt an der Herzog-Ulrich-Ruhe vorbei zu einer Trutzburg, die früher einmal Burg Bickenbach hieß. Mit der nördlich liegenden Burgruine Tannenberg, der Ruine Jossa (Dagsberg) und der südlich liegenden, heute abgegangenen Oberen Burg Zwingenberg bildete das Schloss Alsbach eine Sicherungskette an der Bergstraße vom 12. bis zum 16. Jahrhundert. Der Weilerhügel im Ortsteil Hähnlein war vom 11. bis 13. Jahrhundert eine frühe Form davon.

Obwohl die Eisenbahn Frankfurt-Heidelberg erst einmal keinen Haltepunkt in Alsbach hatte, so wurde am 1. Februar 1907 der Haltepunkt Hähnlein (seit 1934: Hähnlein-Alsbach) in Betrieb genommen. Zusammen mit der HEAG-Straßenbahnlinie aus Darmstadt mit Endschleife am Hinkelstein hat der Ort einen guten Anschluss an die neue Welt und ist beliebter Siedlungspunkt. Wanderwege führen zum Melibokus mit seinem Turm, der unter guten Bedingungen Aussicht auf Schwarzwald, Vogesen, Wasgau, Hardtgebirge, Donnersberg, Hunsrück, Taunus, Vogelsberg und Spessart bietet.

Im 1977 eingemeindeten Ortsteil Hähnlein errichtete Johann Hinrich Wichern 1851 in einem erworbenen Gutshof eine „*Rettungsanstalt für verwahrloste Kinder*", die über 90 Jahre bestand und als Muster für viele ähnliche Initiativen diente. Heute enthält „*Die Anstalt*" das Heimatmuseum mit vielen kleinen Schätzen, unter anderem mit Beispielen der europaweit bekannten „*Gaasemoat*", der Hähnleiner Ziegenzucht [CVE].

> *Tipp:* Nach Westen liegt etwas versteckt der Judenfriedhof, einer der ältesten und größten in der Region. In Führungen kann man die Geschichten der Juden seit dem Jahre 1615 anhand der über 2.000 erhaltenen Grabsteine erfahren.

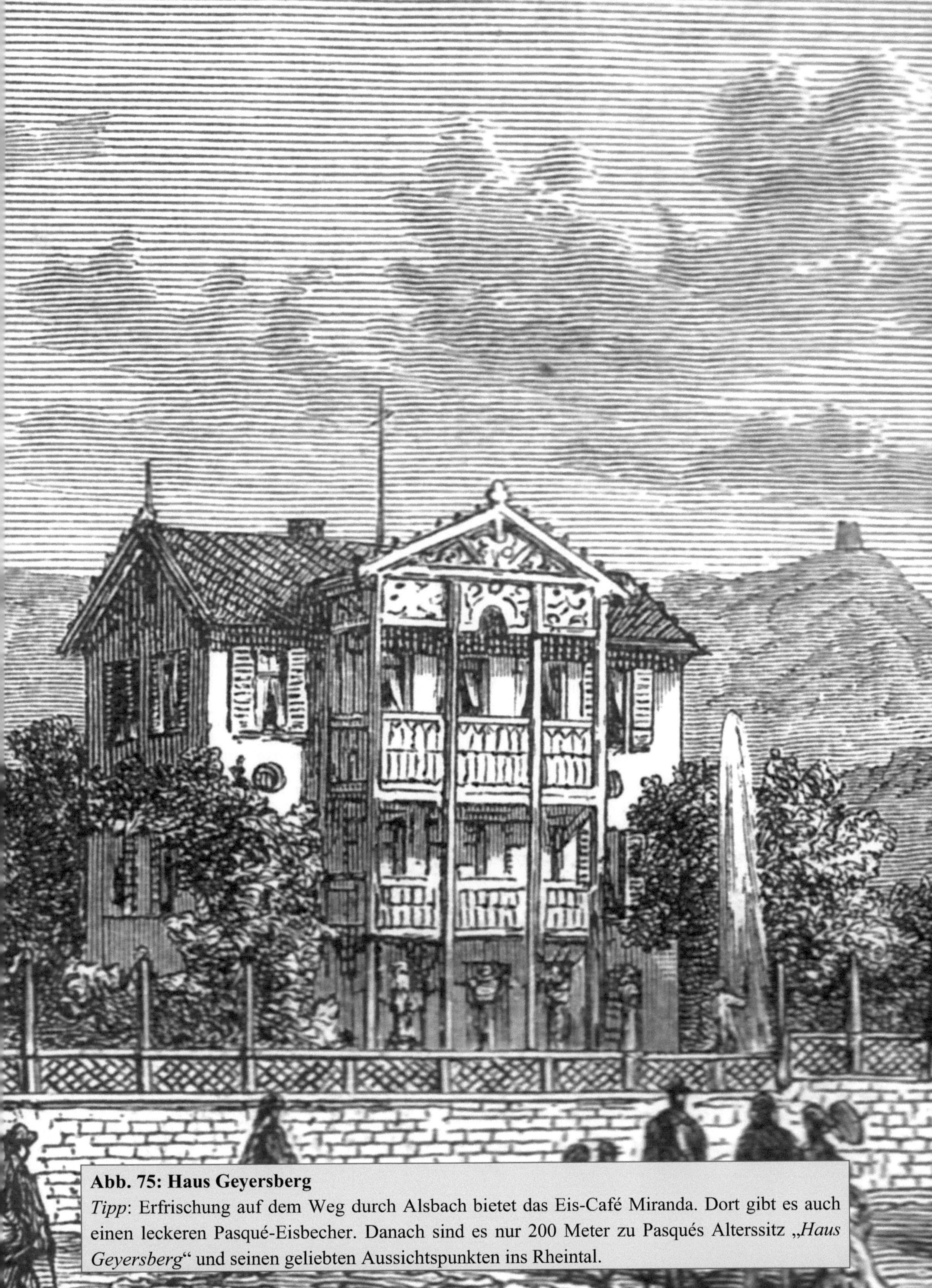

Abb. 75: Haus Geyersberg

Tipp: Erfrischung auf dem Weg durch Alsbach bietet das Eis-Café Miranda. Dort gibt es auch einen leckeren Pasqué-Eisbecher. Danach sind es nur 200 Meter zu Pasqués Alterssitz „*Haus Geyersberg*" und seinen geliebten Aussichtspunkten ins Rheintal.

⑤ Zwingenberg: Die älteste Stadt an der hessischen Bergstraße

Die Rheinebene war schon zu Römerzeiten ein gefährliches Gebiet. Durch Rhein und Neckar war die Rheinebene größtenteils ein Sumpf- und Auengebiet geteilt. Nur an den Rändern von Pfalz und Bergstraße gab es ein sicheres Fort- und Vorankommen. So führten denn Wege und „Straßen", sofern man sie so bezeichnen konnte, durch die gegründeten Ortschaften entlang dieser Wege. Wurden diese größer, bekamen eventuell Stadtrechte und damit meist eine Umfriedung, dann konnten die Einwohner vom durchziehenden Handel profitieren. Eine Urkunde aus dem Jahre 1012, in der Kaiser Heinrich II. den Wildbann im Odenwald dem Kloster Lorsch zum Geschenk machte, weist auf die erste Ortsbezeichnung hin: *„locum getwinc"*, das spätere Zwingenberg. Im Nadelöhr der engen Gassen, durch die der Handel fließen musste, konnten diese schnell einmal in „die Zwinge" genommen werden. Ein früher Zollzwang.

Im 30-jährigen Krieg hatten die Bewohner viel zu leiden, Zwingenberg wurde gar „wüst" und im Jahre 1693 brannte fast alles ab. Heute ist alles anders: Seit 2018 ist Zwingenberg Mitglied des weltweiten Netzwerks der lebenswerten Städte! Vom Glockenspiel im Alten Rathaus tönen viermal am Tag bekannte Melodien. Ein Rundgang durch die gut erhaltene Altstadt, vorbei am *„Aul"*, dem einzigen erhaltenen Befestigungsturm der Stadtmauer aus dem 14. Jahrhundert, an vielen Fachwerkhäusern auf altem Pflaster vorbei, versetzt einen zurück in die „gute alte Zeit".

Die merkwürdige Straßenbezeichnung *„Neuer Pass"* am Stadtpark berichtet von Zeiten, wo bis in das 15. Jahrhundert hinein noch Sumpfgelände war, denn ein Stück weiter liegt das alte Neckarbett. Die *„Arresthausgasse"*, *„Auf dem Berg"*, *„Die Lange Schneise"* und *„Ober-, Unter-, Mittel- und Neugasse"* erzählen per Namen ein Stück Geschichte vom alten Zwingenberg.

Auch hier sind wir am Fuße des Melibokus. Umgeben von der Wein-Großlage *„Auerbacher Rott"* wächst ein lokaler Wein mit Namen wie *„Zwingenberger Steingeröll"* und *„Zwingenberger Alte Burg"*. Am 1. Mai jeden Jahres hat die Weinlagenwanderung großen Zulauf. Sie führt auf etwa 21 km Länge durch die Weinlagen von Zwingenberg bis nach Heppenheim und kann in beide Richtungen erwandert werden.

> *Tipp:* Eine Besonderheit ist die „Scheuergasse", die westlich gegenüber dem Gasthaus „Löwen" liegt, die von zwei Reihen traufständiger Scheunen gebildet wird. Diese wurden wegen der Brandgefahr außerhalb der Stadtmauer angelegt und werden überwiegend als Wohnungen, Büros und Gaststätten genutzt – dieses Alt und Neu ist einen Besuch wert.

Abb. 76: Scheuergasse in Zwingenberg

Tipp: Im Gewölbekeller des ehemaligen Amtsgerichtes befindet sich das **Theater Mobile**, das Eigenproduktionen und Gastspiele vorwiegend mit Musik, Lesung, Kindertheater, Tanz und Kabarett anbietet. Tief im Keller kann man dabei das „draußen" vergessen und in Altes eintauchen.

⑥ Auerbach: Auch Fürsten müssen einmal ruhen

Wasser als das bestimmende Element des Lebens ist auch hier der Grund, dass Fürsten einmal ruhen müssen oder dürfen. In einem Seitental in Auerbach wurde von dem Amtsphysikus Johann David 1730 eine kleine eisenhaltige Quelle im Tal der Roßbach entdeckt. Bade- und Heilbetrieb setzte ein, das Wasser versiegte, er wurde 1766 erneut erschlossen und dann baute der Erbprinz Ludwig I. von Hessen-Darmstadt mehr und mehr Gebäude, die heute einen wunderbaren Erholungspark bilden, mit dem vermutlich ältesten Mammutbaum Europas (Höhe 44,35 Meter, ca. 155 Jahre). In seiner Erzählung *„Es steht ein Baum im Odenwald"* [PAS-4] erzählt Pasqué von dem damaligen Leben im Fürstenlager. Eingebettet in die natürliche Topographie des Odenwaldes am Übergang zur Oberrheinischen Tiefebene ist es nicht anders als idyllisch zu nennen. Herren- und Damenhaus, Eremitage, Grotte, Lusthäuser, Freundschaftsaltar, Thorschlund, Badehaus und Altarberg "á la vraie amitié 1783": All dies lädt zum Schlendern, Staunen und Verweilen ein. Der Zugang zum Staatspark ist kostenfrei.

Vom Bensheimer-Ortsteil Auerbach aus lassen sich der Kronepark als Parkanlage mit Kur- und Freizeiteinrichtungen besuchen und der Weg zur Kapelle *„Zur Not Gottes"* – einer ursprünglich im 11./12. Jahrhundert erbauten Einsiedelei – erwandern.

Auch wenn Auerbach seit 1939 zu Bensheim gehört, so hat es viel Eigenständigkeit bewahrt. Eine lokale Attraktion ist die Bachgasse mit einigen alten Fachwerkhäusern, wo der Bach Auer fast auf der Straße verläuft. Oberhalb befindet sich die Auerbacher Bergkirche von 1260/70. Über die Bachgasse oder die Bergkirche gelangt man in das Fürstenlager. Vorbei an Weinbergen kann der Schritt auch zum Auerbacher Schloss führen, das die Ruine einer großen Hochburg der Grafschaft Katzenelnbogen ist. Auf der Schildmauer der Burganlage steht eine über 300-jährige, etwa sieben Meter hohe Waldkiefer. Weithin das Kennzeichen des Ortes.

Auerbach ist seit 1955 anerkannter Luftkurort. In den Weinlagen *„Auerbacher Höllberg"* und *„Auerbacher Fürstenlager"* wachsen leichte und frische Weine, die von einer fruchtigen Säure geprägt sind. Oft werden die Weine auch unter der Großlage *„Auerbacher Rott"* angeboten. Das milde Klima der Bergstraße, die auch als Riviera Deutschlands bezeichnet wird, ist für den Weinbau besonders förderlich.

> *Tipp:* In Bensheim-Hochstätten gibt es seit 2010 das Jerusalem Friedensmal. Es liegt am Europäischen Fernwanderweg Nr. 8 im Geopark Bergstraße-Odenwald und lädt zum Verweilen ein.

Abb. 77: Fürstenlager in Auerbach

Tipp: Mehr über das Fürstenleben lässt sich in Darmstadt erfahren. Im Schlossmuseum Darmstadt sowie auf dem Weltkulturerbe Mathildenhöhe werden Einsichten in das Leben am Hofe der kleinen Residenz präsentiert. Die späteren Großherzöge spielten auf der internationalen Bühne mit. So waren zwei Töchter des Hauses Ehefrauen eines russischen Zaren.

⑦ Bensheim: Das Schloss auf dem schönen Berg

Als Bensheim im 30jährigen Krieg von schwedischen und französischen Truppen besetzt war, litt die Bevölkerung. Eine Frau aus Bensheim (die mutige *„Fraa vun Bensem"*) ließ die bayerischen Truppen auf einem Geheimweg heimlich in die Stadt, die Gegner wurden vertrieben. Seitdem gibt es den Spruch *„Hinne rum, Hinne rum wie die Fraa vun Bensem"*.

Die Altstadt ist sehr idyllisch, viele verwinkelte Gassen, Fachwerkhäuser geben Auskunft, wer sie erbaut und wie genutzt hat, der Winkelbach fließt mittendurch. Am 29. September 1732 riss ein Hochwasser die alte Holzbrücke fort, die neue Natursteinbrücke wurde 1733 vom Maurermeister Johann Thomas ausgeführt. Das Ehepaar Ernsperger stiftete 1747 zwei Heiligenfiguren, unter der Figur des Neopumuk steht: *„franCIsCo XaVerIo/gLorIoso/noVI orbIs apostoLo/benIgno/In neCessItatIbUs patrI/ponIt/ULtIMa oCtobrIs/gratI CLIentIs pIetas. qUantIs In res a VentIs IaCtaMUr et UnDIs/anCHora tU nostrae XaVIer esto ratI"* [122]. Das stimmt bezüglich der eigenen Lateinkenntnisse und dem Gemeinsinn der Bürger nachdenklich. Unweit davon steht ein Bronzemodell der Innenstadt und gibt jedem einen sinnlichen, berührbaren Überblick über die Struktur dieser mittelalterlichen Stadtkultur. In Bensheim treffen sich die Bundesstraßen B3 und B47, bieten einen Zugang im Norden nach Darmstadt, im Osten nach Michelstadt, im Süden nach Heidelberg und im Westen nach Worms.

Fährt man das Tal der B47 nach Osten entlang, zeigt sich auf der Höhe das Schloss Schönberg mit erster Erwähnung im Jahre 1303, welches einmal den Grafen von Erbach gehörte. Seit einigen Jahren beherbergt es ein Weingut. Entweder hier oder am Weg nach Norden liegenden Kirchberghäuschen, einem am 2. Juni 1857 eingeweihtem *„Lusthaus"*, lässt sich der Tag ausklingen lassen und auf Bensheim und die Rheinebene blicken. Der Rückweg an prachtvollen Villen vorbei und den Promenadenweg entlang nach Auerbach zurück runden den Tag ab.

> ***Tipp:*** In der Innenstadt finden wir das älteste Fachwerkhaus in Südhessen, errichtet 1395, den *„Walderdorffer Hof"*, einem alten Adelshof. Heute kann man im Inneren lecker speisen, ob Ziegenkäse mit Nüssen und Honig oder *„Broatworschtschnitzel paniert mit Kochkees un dicke Pommes"*.

---

[122] Dem Franziskus Xaverius dem glorreichen des neuen Erdkreises Apostel dem gütigen in Nöten Vater setzt am letzten Oktober eines dankbaren Schutzbefohlenen Frömmigkeit ... Wenn wir in Not von starken Winden und Wellen geschüttelt werden, sollst Anker sein, Du Xavier, unserem Floße.

Abb. 78: Kirchberghäuschen in Bensheim

Tipp: Ein paar Kilometer weiter südlich finden Sie die Kreisstadt Heppenheim. Christoph Graupner war wichtig in dem Pasqué-Märchen „*Die Goldene Orgel*". Wir haben überhaupt einen so guten Zugang zu Graupners Musik, weil im 2. Weltkrieg rechtzeitig vor dem Darmstadt vernichtenden Luftangriff der Brandnacht vom 11./12. September 1944 alle Graupner Manuskripte in der Landes-Heil- und Pflegeanstalt Heppenheim sicher ausgelagert worden waren. Sonst wäre alles im Darmstädter Schloss in dieser Nacht verbrannt und dieses Buch nie entstanden.

12. Die Timeline: Ernst Pasqué in Daten

Lesen Sie die vereinfachte Lebenslinie von Ernst Pasqué über die Stadien, die in diesem Buch angesprochen wurden.

Datum	Ereignis
3. September 1821	Ernst Pasqué wird in Köln, Heumarkt 33, als ältestes Kind von Heinrich Pasqué und Anna Maria Gertrudis Ernestina, geb. Stollwerck, geboren
1838	Aufbruch nach Paris
1842-1844	Aufnahme in das Conservatoire National auf Empfehlung von Daniel-François-Esprit Auber (1782–1871)
4. Mai 1844	Erster Bühnenauftritt in Mainz in der Rolle des „*Jägers*" in der Oper „*Das Nachtlager von Grenada*" von Conradin Kreutzer
1844	Pasqué zieht mit der Mainzer Oper unter Remy und C. Kreutzer nach Gent in Belgien, gastiert in Aachen
26. August 1844	Erster Bühnenauftritt in Darmstadt in der Rolle des „*Telasko*" in der Oper „*Ferdinand Cortez oder die Eroberung von Mexiko*" von Gaspare Spontini.
1845	Gastspiele in München und Wien
27. Mai 1846	Uraufführung seines ersten Opern-Libretti für die Oper „*Des Sängers Fluch*" von Conradin Kreutzer
1846-1847	Aufenthalt und Engagement in Leipzig
März 1848	Deutsche Revolution von 1848/1849 (Märzrevolution)
1848-1849	Aufenthalt in Amsterdam am *Amsterdam Stadsschouwburg*
1849-1855	Engagement am Hoftheater in Darmstadt
20. Mai 1852	Heirat mit Paulina Sophia Riesberg in Weimar
1852	Gastspiele in Aachen (3. Juni bis 9. August)
1853	Gastspiel am Hoftheater von Karlsruhe
1853-1854	Hofmusikbibliothekar in Darmstadt
2. April 1853	Geburt der Tochter Anna Wilhelmine Johanna Karoline
1853	Gastspiele in Aachen (5. Juni bis 14. August)
1854-1855	Gastspiele in London
30. März 1855	Geburt des Sohnes Heinrich
15. März 1855	Erste Festbeleuchtung durch Gas am Hoftheater am Namenstag der Großherzogin Mathilde
1855-1856	Leitung und Regie der Deutschen Oper in Amsterdam
1856-1859	Aufenthalt in Weimar auch als Opernregisseur

Datum	Ereignis
20. Mai 1858	Beendigung seiner Sängerlaufbahn in Darmstadt in der Rolle des „*Telasko*" in der Oper „*Ferdinand Cortez oder die Eroberung von Mexiko*" von Gaspare Spontini.
19. Juni 1859	Letzte Vorstellung als Sänger in der Oper „*Preciosa*" von Carl Maria von Weber (1786-1826) in Weimar
1859	Stelle als Ökonomieinspektor am Hoftheater Darmstadt
21. Januar 1860	Geburt der Tochter Louise in Darmstadt
29. Dezember 1861	Uraufführung der Oper „*Melusine*" von dem Darmstädter Komponisten und Hofkapellmeister Louis Schindelmeißer am Hoftheater in Darmstadt auf Pasqués Libretto
1. Januar 1866	Gründung einer Spar-, Spiel- und Darlehnsvereins auf Aktienbasis für alle Angehörige des Hoftheaters und der Hofmusik
7. November 1869	Goldene Verdienstmedaille für Kunst und Wissenschaft, verliehen durch Großherzog Ludwig III. von Hessen und bei Rhein
1870/72	Planung und Bezug seines Hauses in Alsbach
24. Oktober 1871	Das Großherzogliche Hoftheater Darmstadt brennt vollständig ab
26. November 1872 bis 1. Januar 1873	Leitung der großherzoglichen Hofbühne Darmstadt aufgrund Direktionswechsel nach Brand
1. Januar 1873	Ritterkreuz 1. Klasse des Verdienstordens Philipps des Großmüthigen
20. Mai 1874	Wird auf eigenes Ersuchen pensioniert
28. Januar 1875	Sohn Heinrich wandert nach Australien aus
6. September 1878	Tod seiner Ehefrau Pauline
xx. yy. 1889	Gründung des Fremdenverkehrsvereins zu Alsbach
Sommer 1880	Recherche in der großen Oper in Paris
9. September 1883	Einladung des „Deutschen Schriftstellertages" auf das Auerbacher Schloss
20. September 1891	Er erhält die Ehrenbürgerschaft von Alsbach
20. März 1892	Stirbt nach kurzer Krankheit gegen 15 Uhr in Alsbach
23. März 1892	Beerdigung gegen 17.00 Uhr auf dem Alsbacher Friedhof
7. August 1892	Einweihung der „Pasqué-Ruhe"
13. August 1892	Einweihung des Pasqué-Denkmals
Mitte der 1950iger	Entscheidung für den Namen „Ernst-Pasqué-Straße"
1961	Erste Häuser in der „Ernst-Pasqué-Straße"
1990	„Ernst-Pasqué"-Raum im Gemeindebau

13. Das Literaturverzeichnis

Die folgenden Werke von Ernst Pasqué sind heutzutage entweder in Antiquariaten / im Internet zu finden und/oder als Digitalisate [123] frei zugänglich. In den meisten Fällen handelt es sich um Werke in Fraktur-Schrift, die jedoch relativ leicht zu erlernen/lesen sind. Ein Versuch lohnt sich.

Über alle Bücher, Zeitschriftenbeiträge und Libretti hinweg bleibt ein Werkumfang von über 18.000 Seiten feststellbar. Und das in der damaligen Zeit ohne Informationstechnologie und Internet. Darüber hinaus musste Pasqué Unmengen von Briefen und Korrespondenzen aller Art bewältigt haben. Ein wahrlich reges Leben. Die Werke tragen ein Symbol, in welcher Form sie lesbar sind:

𝕹　　in Fraktur-Schrift

D　　in moderner Schrift

 　　in Handschrift

 　　als PDF oder Online im Internet verfügbar

Besprochene Werke von Ernst Pasqué

Die folgenden Werke von Ernst Pasqué sind in diesem Buch verwendet worden. Aus ihnen wurden Inhalte zitiert. Diese Werke sind nach wie vor einfach erhältlich.

[PAS-1] **D 𝕹** **Ernst Pasqué**: *Musikantengeschichten rund um Jacques Offenbach aus der Feder eines Jugendfreundes.* Hg. von Peter Hawig, Verein für Geschichte/Denkmal- und Landschaftspflege e.V., Bad Ems. Bad Emser Hefte Nr. 418, 47 Seiten, ISSN 1436-459X.

---

[123] https://de.wikisource.org/wiki/Ernst_Pasqué

[PAS-2] **Ernst Pasqué**: *20 Opernerzählungen für die Jugend.*
Als Einführung in die Oper durch möglichst getreue Wiedergabe der Bühnen-Handlung in erzählender Form und belehrenden Unterhaltungen über das Werk und den Komponisten.
Verlag F.J. Tonger, Köln, 1889, 379 Seiten.

[PAS-3] **Ernst Pasqué**: *Die Bergstraße. Wanderbilder von Jugenheim bis Auerbach. Mit 15 Illustrationen von J. Weber.* [124]
Orell Füssli, Zürich, 1884. Bernd Beutel, Darmstadt-Eberstadt, Nachdruck 2002, 39 Seiten, ISBN 978-3-9808869-2-5.
Englisch: „*The Bergstrasse from Jugenheim to Auerbach*", 1886.
Französisch: „*La Bergstrasse de Jugenheim à Auerbach*", 1886.

[PAS-4] **Ernst Pasqué**: *Es steht ein Baum im Odenwald.*
Eine Erzählung von der Bergstraße. 1884.
Bernd Beutel, Darmstadt-Eberstadt, Nachdruck 1990, 68 Seiten, ISBN 978-3-9808869-0-1.
2003 als Ausgabe in Englisch „*The Peasant Girl and Her Prince*": ISBN 3-9808869-6-4.

[PAS-5] **Ernst Pasqué**: *Das Griesheimer Haus.*
Eine Jagd- und Spuk-Geschichte aus dem 18. Jahrhundert.
Verlag Otto Janke, Berlin, 1865, 192 Seiten.
Bernd Beutel, Darmstadt-Eberstadt, gekürzter Nachdruck 1992, 141 Seiten, ISBN 978-3-9808869-1-8.

[PAS-6] **Ernst Pasqué**: *Die Primadonna.* Roman (3 Bände).
Verlag Otto Janke, Berlin, 1879, insgesamt 800 Seiten.
Kessinger Publishing, LLC, 290 Seiten (*Faksimile-Druck*), Nachdruck 2010, ISBN 978-116128953-4.

[PAS-7] **Ernst Pasqué**: *Aus der Welt der Töne.*
Erlebnisse eines Mädchen-Quartetts im Haidehause. Onkel Reinhold's Erzählungen aus dem Bereich der Oper, des Volksliedes, des Künstlerthums und des Tanzes.
Mit 70 Text-Illustrationen und vier Tonbildern.
Verlag von Otto Spamer, Leipzig und Berlin, 1882, 472 Seiten.

---

[124] Wurde in die wichtigsten europäischen Sprachen wie Englisch und Französisch übersetzt.

[PAS-8] **Ernst Pasqué**: *Drei Gesellen*

Eine heitere und ernste Erzählung (4 Bände).
Herman Gostenoble, Jena, 1869, insgesamt 1.170 Seiten.

[PAS-9] **Ernst Pasqué**: *Goethe's Theaterleitung in Weimar.*

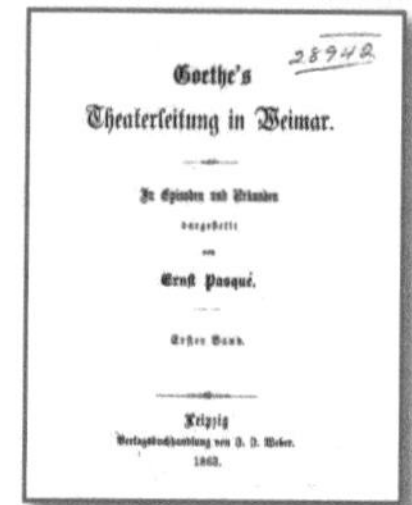

In Episoden und Urkunden (2 Bände).
Verlagsbuchhandlung J.J. Weber, Leipzig, 1863, 695 Seiten.

[PAS-10] **Ernst Pasqué**: *Geschichte der Musik und des Theaters*

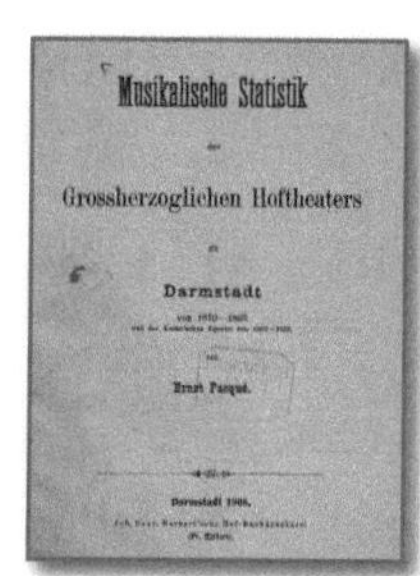

am Hofe zu Darmstadt
Erste Abteilung Periode von Georg I. bis Ludwig VI. 1567-1678.
Wittich'sche Hofbuchdruckerei, 1853, 64 Seiten.

[PAS-11] **Ernst Pasqué**: *Musikalische Statistik des Großherzoglichen*

Hoftheaters zu Darmstadt von 1810-1868 und der Krebs'schen
Epoche von 1807-1810.
Joh. Conr. Herbert'sche Hof-Buchdruckerei, Darmstadt, 1868,
40 Seiten.

[PAS-12] **Ernst Pasqué**: *Wer hat dich, du schöner Wald ...?*

Eine Lieder-Erzählung aus dem Leben Felix Mendelssohn-
Bartholdys.
Zuerst veröffentlicht in Illustrierte Frauenzeitung, 18. Jahrgang,
Berlin, 1891, S. 170-172, 177-179.
Verlag des Volksbildungsvereins zu Wiesbaden Nr. 35, 1917,
40 Seiten.

[PAS-13] **Ernst Pasqué**: *Auf dem Dom-Krahnen.*

Eine Erzählung aus Kölns Vergangenheit.
Band 9 der Rheinischen Hausbücherei, Verlag Emil Behrend,
Wiesbaden, 1906, 146 Seiten.

[PAS-14] **Ernst Pasqué**: *Ein Briefmarkensammler.*
Erzählung aus Sicht eines Sammlers.
Kürzl Verlag, München, 1863, 16 Seiten.

[PAS-15] **Ernst Pasqué**: *Die Mühle im Wisperthal.*
Eine komische Oper in drei Acten.
Text nach der dritten Abtheilung der gleichnamigen Erzählung
von Ernst Pasqué. Musik von W. Freudenberg.
Joh. Conr., Herbert'sche Hofbuchdruckerei, Darmstadt, 1883,
70 Seiten.

[PAS-16] **Ernst Pasqué**: *Zwei Eleven Worths.*
Novelle. Mit einer Einleitung von Joseph Kürschner.
Deutsche Hand- und Hausbibliothek 74.
Verlag W. Spemann, Berlin und Stuttgart, 1884, 200 Seiten.

[PAS-17] **Ernst Pasqué, Eduard von Bamberg**: *Auf den Spuren des*
französischen Volkslieds. Dichtung und Wahrheit.
In Bearbeitung und Ergänzung durch Eduard von Bamberg.
Verlag Rütten & Loening, Frankfurt, 1899, 237 Seiten.

[PAS-18] **Ernst Pasqué**: *In Paris.*

Heitere Geschichten aus den Lehrjahren eines Sängers (2 Bände).
B. Behrs Buchhandlung, Berlin, 1872, insgesamt 236 Seiten.

[PAS-19] **Ernst Pasqué**: *Fest-Spiel zum 7. November 1869.*

Der fünfzigjährigen goldenen Jubelfeier des Großherzoglichen
Hoftheaters.
Hessisches Staatsarchiv Darmstadt, handschriftliche Seiten in
Ledereinband, HStAD, D 8, 136/4, 1869, 21 Seiten.

Gedruckte Bücher von Ernst Pasqué

Die folgenden Werke von Pasqué sind im Internet auffindbar, teilweise in Antiquariaten erwerbbar oder in Bibliotheken einsehbar. Es handelt sich hierbei meist um größere, dickere Werke, die gedruckt herausgegeben wurden. Diese Werke erlangten im 19. Jahrhundert große Auflagen. Da Pasqué ein Vielschreiber war und sich seine Bücher sehr gut verkauften, bekommt er manchmal die Zuschreibung eines Trivialautors, ähnlich wie Johannes Mario Simmel im letzten Jahrhundert. Aber beurteilen Sie das bitte selbst.

Der Roman eines Mutterherzens (3 Bände) 
   Verlag Otto Janke, Berlin, 1862, insgesamt 695 Seiten.

Die Komödianten-Hexe 
   Ein Nachtstück aus der Zeit der Allonge (3 Bände).
   Verlag Otto Janke, Berlin, 1866, insgesamt 677 Seiten.
   Übersetzung: L'Odyssee d'une Comedienne, 1881.

Der Goldengel von Köln 
   Eine Erzählung aus französischer Zeit, mit einem Prolog:
   Anno 1784 (4 Bände).
   Verlag Otto Janke, Berlin, 1867, insgesamt 936 Seiten.

Montroyal 
   Eine Erzählung von der Mosel (3 Bände).
   Verlag Otto Janke, Berlin, 1873, insgesamt 679 Seiten.

Das Haus zur goldenen Rose 
   Roman aus dem Bürger- und Bühnenleben (3 Bände).
   Verlag Otto Janke, Berlin, 1874, insgesamt 646 Seiten.

Der Grenadier von Pirmasens
   Eine Erzählung aus dem vorigen Jahrhundert.
   Illustriert von L. Löffler.
   Nordwestdeutscher Volksschriften-Verlag, 1875, 155 Seiten.

Sieben Tage aus dem Leben eines Sängers
   Ein Künstlerroman.
   Verlag Otto Janke, Berlin, 1876, 290 Seiten.

Die Logenschließerin (3 Bände) 
   Verlag Otto Janke, Berlin, 1879, 909 Seiten.

Virginie Déjazet
   Eine Erzählung aus der Pariser Künstlerwelt.
   Verlag R. Eckstein, Leipzig, 1879, 235 Seiten.

Rübezahl
   Roman (2 Bände).
   Verlag Otto Janke, Berlin, 1881, 444 Seiten.

Prinzessin Ilse

Roman. (3 Bände).

Zuerst veröffentlicht in: Deutsche Roman-Zeitung, 18. Jahrgang,

3. Band, 1881, S. 473-506, 553-582, 625-662, 705-742, 823-848, 898-920, 971-991;

4. Band, 1881, S. 38-64, 115-144, 191-218, 269-296, 343-370, 417-450, 483-522.

Verlag Otto Janke, Berlin, 1882, 820 Seiten.

Frau Musica

Vier Erzählungen.

Verlag Carl Reisner, Dresden, 1881, 225 Seiten.

Das Glück des Drei-Königen-Hauses

Roman (3 Bände).

Verlag Otto Jahnke, Berlin, 1884, 589 Seiten.

Auf dem Dom-Krahnen

Eine Erzählung aus Kölns Vergangenheit.

Zuerst veröffentlich in *Kölnische Zeitung*, 1880, Nr. 273-287.

Verlag C. W. Roussell, Bremen, 1884, 166 Seiten.

Die Vagabunden

Roman (3 Bände).

Verlag Otto Janke, Berlin, 1886, 768 Seiten.

Die Glocken von Plurs

Engelhorns Allgemeine Romanbibliothek. Verlag von. J. Engelhorn,

3. Jahrgang, Bd. 14, Stuttgart, 1887, 136 Seiten.

Übersetzungen:

– *Le campane di Pluri*, Allegrina Cavalieri (Übersetzer),

Sanguinetti, Modena 1897.

– *Les Cloches de Plurs*. Charles Galopin-Schaub (Übersetzer), Genève, 1901.

Musikanten-Geschichten

E. Pierson's Verlag, Dresden und Leipzig, 1888, 333 Seiten.

Mary und Marietta

Eine Novelle vom Luganer See.

E. Pierson's Verlag, Dresden und Leipzig, 1889, 148 Seiten.

Magdalena

Der Roman einer deutsch-pariser Löwin.

Zuerst veröffentlich in *Neue Hessische Volksblätter* (1876) und in der

Schlesischen Zeitung (1876), S. 103-136.

Eckstein's Reisebibliothek Nr. 73, Richard Eckstein, Berlin, 1890, 147 Seiten.

Das Dombaufest zu Köln

Eine Erzählung aus den Octobertagen des Jahres 1880.

Verlag Salo Schottlaender, Breslau, 1901, 401 Seiten.

Der Karlsberg

Kulturgeschichtlicher Roman in vier Abteilungen.
Mit 4 Illustrationen. Verlag Peter Ries, Homburg, 1902, 451 Seiten.
Neuauflage: Verlagsdruckerei W. Ermer, Homburg, 1953, 286 Seiten.

Sonstige Schriften von Ernst Pasqué

Die folgenden Werke sind nachweisbar in Übersichten, insbesondere im Nachlass von Pasqué an der ULB Darmstadt [ULB], aber im Internet nur lückenhaft zu finden. Insbesondere deshalb, weil viele dieser Werke damals in Tageszeitungen und Zeitschriften abgedruckt waren, die bekanntermaßen heute schwer zugänglich sind. Wenige Inhalte liegen heute digital und durchsuchbar vor. Ferner sind verschiedene Veröffentlichungen der Werke nach Pasqués Tod von seiner Tochter Louise in Auftrag gegeben worden, um aus dem Erbe ihren Lebensunterhalt zu bestreiten. Nach dem Tod seiner Frau Paulina 1878 entsteht eine Arbeitslücke von zwei bis drei Trauerjahren. Wo möglich werden Erst- und Wiederveröffentlichung angegeben, chronologisch sortiert nach dem letztem bekannten Veröffentlichungsdatum.

Erstaunlich ist die Anzahl von über 100 gefundenen Werken. Es sind auch kleinere Zeitungsartikel aufgeführt, weil hierdurch die Interessenvielfalt und zugebilligte Kompetenz von Ernst Pasqué deutlich wird. Ob Märchen und Sagen, lokale Besonderheiten, Schicksale von Kollegen und Komponisten, historische Begebenheiten, tagesaktuelle Berichte: Pasqué hatte immer eine schnelle Feder, ohne gleich ein Goethe sein zu wollen. Diese Aufstellung erhebt nicht den Anspruch einer Vollständigkeit.

1851 – 1859

Das Glockenspiel zu Darmstadt 1671
Frankfurter Konversationsblatt. Belletristische Beilage zur Oberpostamtszeitung, Band 2, 1851, S. 847f.

Carneval am Hofe des Vater Rheins
Großes Maskenfest in 11 Bildern, gefeiert am Faschings-Sonntage, abends 9 Uhr.
Darmstadt, 1851.

Der Vampyr
Niederrheinische Musikzeitung, 1. Jahrgang, Köln, 1852.

Das Wahrzeichen am Schlosse zu Darmstadt
Die Muse-Blätter für ernste und heitere Unterhaltung, Band 1, Darmstadt, 1853, S. 220.

Die Violine der Therese Milanollo
Allgemeine Theater-Chronik, 23. Jahrgang, 1854.

Eine Oper "Nebukadnezar" vor 150 Jahren [1704]

Die Muse. Blätter für ernste u. heitere Unterhaltung. II. Bd.2.
Darmstadt, 1854, Nr.100, S.797f.

Der Schatz im Schloße zu Darmstadt

Frankfurter Konversationsblatt, Belletristische Beilage zur Postzeitung,
Jahrgang 1855, S. 180-218.

Frau Emil von Giradin. Furcht und Freude

Schauspiel in 1 Akt frei nach dem Französischen, (aufgeführt auf dem Hoftheater
zu Darmstadt am 30. März 1855).

Händel in Hamburg, und die Hamburger Oper 1703 bis 1708

Berliner Musik-Zeitung Echo, herausgegeben von einem Verein theoretischer und
praktischer Musiker, 5. Jahrgang, Nr. 10 vom 11.03.1855, Seiten 73-77 und
Nr. 11 vom 18.03.1855, Seiten 81-84.

Das Glockenspiel zu Darmstadt 1671.

in: **Heinrich Künzel**: *Geschichte von Hessen.*
Insbesondere Geschichte des Großherzogtums Hessen und bei Rhein.
F. Scriba`s Buchhandlung, Friedberg, 1856. Seiten 229-231.

Die Bergwerke im Jittertale

Eine hessische Geschichte aus der Landgrafenzeit.
Frankfurter Konversationsblatt, Belletristische Beilage zur Postzeitung, Jahrgang 1857.

Festrede zu Mozarts Gedächtnisfeier († 5. Dezember 1791)

und zur hundertsten Aufführung von Mozarts Zauberflöte auf der Weimarer Hofbühne
am 5. Dezember 1858. Musik nach Mozartischen Motiven, arrangiert von Herrn
Musikdirektor Stör, Weimar, 1858.

1860 – 1872

**Prolog zur Gedächtnisfeier des fünfzigjährigen Bestehens des Großherzoglichen
Hoftheaters zu Darmstadt am 23. Mai 1860.**

Darmstädter Zeitung, 84. Jahrgang, Darmstadt, 1860, S. 729.

Des Glockenspielers Töchterlein

Historische Novelle. Illustriert von Gustav Rour.
Illustriertes Familien-Journal. Bd. 16, Leipzig, Dresden und Wien,
1861, S. 1-5, 17-20, 33-37, 49-53, 65-69, 81-84, 97-100, 113-116, 129-133, 145-149.

Zu K. M. v. Weber's Familien- und Jugendgeschichte

Recensionen und Mittheilungen über Theater u. Musik, 8. Jahrgang,
Wien, 1862, S. 593-595, 625-627.

Die Lieder Berangers

Hausblätter. Herausgegeben von F.W. Hochländer und Edmund Hofer, Stuttgart,
1862, S. 241-285.

Der schatzsuchende Schneider

Eine Erzählung.
Frankfurter Konversationsblatt, Nr. 117-123, 1863, S. 465-490.

Mein Eckschränkchen

Eine Erzählung.
Frankfurter Konversationsblatt, Nr. 174-178, 1863, S. 693-710.

Das unheimliche Zimmer

Omnibus, illustriertes Wochenblatt, Nr. 40-44, Hamburg, 1864.

Die Wiedergeburt der Weimarer Hofcapelle

Georg Benda und Joh. Ernst Bach, 1755 bis 1757.
Süddeutsche Musik-Zeitung, 13. Jahrgang, 1864, S. 178.

Ueber Inventionen und eine Aufführung der Kyffhäusersage am Hofe zu Weimar 1627

Recensionen und Mittheilungen über Theater u. Musik, 10. Jahrgang,
Wien 1864, S. 241-245.

Aus Alt-Weimar

Kulturgeschichtliche Mittheilungen nach Urkunden.
ORION: Monatszeitschrift für Literatur und Kunst, Hrsg. Adolf Strodtmann, Bd. 3.
Verlag Hoffmann & Campe, 1864, S. 151-160, 238-240, 386-390.

Abu Hassan

Allgemeine Musikalische Zeitung, Neue Folge, 2. Jahrgang, Nr. 7,
Leipzig, 1864, S. 113–116.

Ernst August und die Comödianten. 1735 und 1747.

Allgemeine Musikalische Zeitung, II. Jahrgang, Breitkopf und Härtel,
Leipzig, 1864, S. 84f.

Aus den Anfängen der Oper. 1659-1660

Recensionen und Mittheilungen über Theater u. Musik, 10. Jahrgang,
Wien 1864, S. 593-595, 625-627.

Georg Neumark, der Poet und Gambenspieler 1621-1681

Allgemeine Musikalische Zeitung, Neue Folge, 2. Jahrgang, Nr. 7,
Leipzig, 1864, S. 409-414.

Der verhängnisvolle Brief

Eine Erzählung aus dem Leben.
Darmstädter Tägliche Anzeigen, Nr. 78-94, 1865.

Der goldene Engel

Illustrierte Journal, 2. Jahrgang, Leipzig, 1865.

Hans Oyart von Köln

Nach Urkunden mitgeteilt.
Niederrheinische Musikzeitung für Kunstfreunde und Künstler,
13. Jahrgang, Nr. 4, Köln, 1865, S. 24-28.

Aus dem Leben eines alten Leipziger Thomasschülers
Signale für die musikalische Welt, 24. Jahrgang, Leipzig, 1866,
S. 1f., 17f, 33f, 49f, 65f.

Unterschlagen
Eine Erzählung aus dem Leben.
Omnibus, illustriertes Wochenblatt, 5. Jahrgang, Nr. 1, Hamburg, 1866.

Ein unpäßlicher Esel
Signale für die musikalische Welt, 25. Jahrgang, Leipzig, 1867, S. 4f.

Von verborgenen Schätzen
Eine märchenhafte Geschichte des vorherigen Jahrhunderts und aus dem Hessenlande.
Der schwäbische Postbote. Feuilleton zur Neuen Augsburger Zeitung, 1867, S. 17-63.

Auch eine Kriminalgeschichte
Crefelder Zeitung, Nr. 280-284, 286, 289-293, 1868.

Festspiel zum 7ten November 1869
Der fünfzigjährigen goldenen Jubelfeier des Großherzoglichen Hoftheaters.
Musik von Georg Langer. Gebundene Handschrift, 1869, 20 Seiten.

Eine Trichinengeschichte
Zuerst veröffentlich in *Allgemeine Familien-Zeitung*, 2. Jahrgang, Stuttgart, 1870, S. 52f.
Darmstädter Tägliche Anzeigen, Nr. 183/183, 1870.

Wie der „Ruländer" entstand
Eine Kriegs- und Weingeschichte.
Allgemeine Familien-Zeitung, 3. Jahrgang, Bd. 1, Stuttgart, 1871, S. 436-439.

Huppet Huh-Hod
Eine altkölnische Gespenstergeschichte.
Darmstädter Täglicher Anzeiger, Nr. 215-222, 1871.

Das neue Dörnröschen
Allgemeine Familien-Zeitung, 3. Jahrgang, Bd. 1, Stuttgart, 1871, S. 234.

Am Rhein, da wachsen unsere Reben
Für den Hausfreund erzählt.
Der Hessische Hausfreund, 50. Jahrgang, Darmstadt, 1871, S. 45-56.

Die Geisel seines Volkes
Historische Erzählung.
Allgemeine Familien-Zeitung, 4. Jahrgang, Bd. 1, Stuttgart, 1872, S. 200-204.

Ein Schifflein sah ich fahren
Wanderungen und Wandlungen eines deutschen Liedes.
Allgemeine Familien-Zeitung, 4. Jahrgang, Bd. 1, Stuttgart, 1872, S. 234f.

Joseph in Ägypten
Erzählung aus der Theaterwelt.
Allgemeine Familien-Zeitung, 4. Jahrgang, Bd. 1, Stuttgart, 1872, S. 486-490.

Versuch der Geschichte der Musik und des Theaters in Frankfurt am Main von den ältesten Zeiten bis zur zweiten Hälfte des XVIII. Jahrhunderts
Das Museum. Belletristisches Beiblatt zur „Frankfurter Presse", 1872, Nr. 113-121, 124, 125.

Exkaiser Napoleon III.
Eine klimatische Kurorts-Erzählung.
Das Museum. Belletristische Beilage zur Neuen Frankfurter Presse, 1872, S. 263-267.

Aus den Leidensjahren eines deutschen Musikers [Konradin Kreutzer]
Signale für die musikalische Welt, 30. Jahrgang, Leipzig, 1872, S. 833-835.

1873 –1892

Der Eselstreiber vom Montmatre
Ein Stücklein von der französischen Akademie und ihren vierzig Unsterblichen.
Allgemeine Familien-Zeitung, 5. Jahrgang, Bd. 1, Stuttgart, 1873, S. 570f.

Der Felsenmann
Ein Erinnerungsblatt.
Allgemeine Familien-Zeitung, 5. Jahrgang, Bd. 1, Stuttgart, 1873.

Zu unserer Hoftheater-Umfrage
Zeitungsausschnitt, tituliert *„Von einem Practiker"*, Ernst Pasqué zugeschrieben in [HKA] Seite 387 [125]. Darmstädter-Zeitung vom 31. März 1873.

Eine deutsche Fürstenwiege [Braunshardt]
Der Hausfreund, 18. Band, Breslau, 1874, S. 501-504.

Das Wiegennest der Braunshardt im Jahre 1866
Der Hausfreund, 18. Band, Breslau, 1874, S. 600-603.

Der Pumpernickel
Eine Erzählung aus dem Elsaß und Westfalenland.
Illustrierte Chronik der Zeit, 1. Jahrgang, Heft 5, Stuttgart, 1874.

Rossinis Uhr
Eine Erzählung aus dem Leben des berühmten Komponisten.
Reiselektüre, Nr. 30, Verlag Gebrüder Kröner, Stuttgart, 1875.

Der Admiral
Eine Erzählung aus dem Leben von Carl Maria von Weber.
Reiselektüre, Nr. 37, Verlag Gebrüder Kröner, Stuttgart, 1875, S. 41-72.

Der Freischütz
Eine lustige und ernste Wald-, Jagd- und Spukgeschichte.
Neue Hessische Volksblätter, Nr. 1-28, 1876.

---

[125] https://tudigit.ulb.tu-darmstadt.de/show/Za-90-1873-Bd-1/432

Das Kaiserfaß zu Ingelheim
Eine Weingeschichte.
Deutscher Hausschatz in Wort und Bild, Nr. 50, 2. Jahrgang, Stuttgart,
1876, S. 785-791.

Drei Meisterwerke unter einem Dach
Neue Musikzeitung, 6. Jahrgang, Stuttgart, 1877.

Die Willis
Aus den Memoiren eines alten Tanzmeisters.
Der schwäbische Postbote. Feuilleton zur Neuen Augsburger Zeitung,
Augsburg, 1878, S. 89-95, 97f, 101-103, 105-107.

Der Fluch des Pandurs
Eine historische Erzählung aus dem Elsaß.
Zuerst veröffentlich in *Das Museum. Belletristische Beilage zur Neuen
Frankfurter Presse*, Nr. 6-10, 1874.
Augsburger Sonntagsblatt, 1878, S. 209-211, 217-220, 225-227, 233-235.

Musik-Konservatorien des vorherigen Jahrhunderts
Frankfurter Zeitung, Morgenblatt vom 16. Mai, 23. Jahrgang, Nr. 136, Frankfurt, 1879.

Carl Tescher
Ein Gedenkblatt zum fünfzigjährigen Bühnenjubiläum eines Hoftheaterdirektors.
Neue Hessische Volksblätter, 17. Jahrgang, Nr. 209/210 vom 7./9. September,
Darmstadt, 1879 und Rheinischer Kurier, Wiesbaden, 1879.

Marianne Schönberger-Marconi
Ein Nachtrag zu dem Mannheimer Bühnenjubiläum.
Frankfurter Zeitung, Morgenblatt vom 18. Oktober,
23. Jahrgang, Nr. 291, Frankfurt, 1879.

Aus dem Leben einer deutschen Sängerin [Marianne Schönberger-Marconi]
Illustrierte Frauenzeitung, 8. Jahrgang, Berlin, 1881, S. 356-358, 378-380.

Aus Jacques Offenbachs Lehrjahren
Erinnerungen eines Kölners.
Über Land und Meer, Band 45, Stuttgart, 1881, S. 107f.

Eine verschollene Oper
Erzählung aus den Lehr- und Wanderjahren Carl Maria von Weber (1786-1826).
Leipzig, 1881.

Das Lied von Malbrough
Auf den Spuren des französischen Volksliedes.
Tägliche Rundschau, Nr. 26, Berlin, 1881.

Konradin Kreutzer, sein letztes Lied und seine letzte Stunde
Neue Musikzeitung, Nr. 24, Köln, 1881.

Erzählungen eines alten Kölners
Kölner Sonntags-Anzeiger, Nr. 317/318, 324-326, 330-332, 1882.

Die drei Feen

Erzählung aus Bellinis Künstlerleben.
Neue Musikzeitung, Nr. 16, 17, 19, 1882.

Ein Besuch bei Maria Malibran

Ein Besuch auf dem Friedhof zu Laeken.
Neue Musikzeitung, 3. Jahrgang, Nr. 21-23, Köln, 1882.

Karl Brandt

Ein Nachruf.
Neue Hessische Volksblätter, 20. Jahrgang, Nr. 4 vom 4. Januar, Darmstadt, 1882.

Das Wunder der Mutterliebe

Eine Episode aus der Schlacht bei Malplaquet.
Deutsches Familienblatt. Eine illustrierte Wochenschrift, Bd. 3,
Berlin, 1882, S. 813-815.

Gustav Schmidt als Komponist und Kapellmeister

Neue Hessische Volksblätter, 20. Jahrgang, Nr. 81 vom 5. April, Darmstadt, 1882.

Die Mühle im Wispertal

Eine rheinische Erzählung aus der Zeit des spanischen Erbfolgekrieges (3 Bände).
Deutsche Romanzeitung, Bd. 4, 1882, S. 151-200, 241-272, 313-348, 385-418,
457-488, 531-566, 633-656, 699-730, 771-808, 852-887, 932-959.

Die Gobelin-Manufactur zu Paris

Zugleich ein Blick auf den Antheil deutscher Meister an ihrer Entstehung.
Die Gartenlaube, 30. Jahrgang, Heft Nr. 7, Leipzig, 1882, S. 113-116, 126f.

Die französischen literarischen Sinfonien und F. Zolas Käsesinfonie

Deutsche Romanzeitung, 19. Jahrgang, Nr. 3, Berlin, 1882, S. 729-733.

Jules de Glouvet: „Histoires d'en vieux temps"

Das Magazin für die Literatur des In- und Auslandes, 51. Jahrgang, 1882, S. 713.

Eine Melodie

Ein Märchen.
Neue Musikzeitung, Beilage, 4. Jahrgang, Köln, 1883.

Darmstädter Theaterbrände des Jahres 1882

Darmstädter Täglicher Anzeiger, 32. Jahrgang, Nr. 13, Darmstadt, 1883.

Ein Besuch bei Friedrich von Flotow

Illustrierte Frauenzeitung, 9. Jahrgang, Nr.9, Berlin, 1883.

Ein Besuch der Meistersinger-Schule zu Straßburg

Straßburger Post, Nr. 183, 6. Juli, Straßburg, 1883.

Prinzessin Victoria von Hessen

Illustrierte Frauenzeitung, 10. Jahrgang, Berlin, 1883, S. 319-321.

Ein vergessener Landstrich

Frankfurter Zeitung, 28. Jahrgang, 26. Dezember 1883, Nr. 360.

Das Urbild des Fidelio 

Erzählung.

Die Gartenlaube, Heft 47-50, S. 765-767, 781-784, 797-803, 826-828,
Ernst Keil's Nachfolger, Leipzig, 1884, insgesamt 19 Seiten.

Philemon und Baukis redivivus

Eine altkölnische Musikanten-Idylle.

Neue Musikzeitung, 5. Jahrgang, Köln, 1884, S. 15, 26f, 41.

Darmstadt, wie eine Stadt entstand und ihren Namen erhielt

Ein Blatt aus einer ungedruckten Chronik.

Über Land und Meer, Bd. 52, Stuttgart, 1884, S. 595.

Eine Fahrt nach dem Schlachtfeld Malplaquet

Frankfurter Zeitung, Morgenblatt Nr. 27/28, 28. Jahrgang, Frankfurt, 1884.

Goethe und der Schriftsteller Georg Ludwig Sievers

Frankfurter Zeitung, Morgenblatt Nr. 28, 28. Jahrgang, Nr. 3, Frankfurt, 1884.

Kunstgewerbliches (Hofbuchbinder Deufel in Darmstadt)

Neue hessische Volksblätter, 22. Jahrgang, Nr. 266, Darmstadt, 11. November 1884.

**Abt Vogler als Tonkünstler, Lehrer und Priester, seine Widersacher
und seine Anhänger**

Das projectirte Abt-Vogler-Denkmal zu Darmstadt und eine Rinck-Orgel.

Verlag der Neuen Hessischen Volksblätter, 1884, 32 Seiten.

Der Fliegende Holländer 

Richard Wagner, Heinrich Heine und „Le Vaisseau fantóme".

Nord und Süd. Eine deutsche Monatsschrift, 30. Band, Breslau, 1884.

Abt Vogler als Tonkünstler

13 Erzählungen von der Bergstraße.

Neue Volksblätter, Nr. 120-122, 136-143, 1884/1885.

Drei Erzählungen von der Bergstraße

I. Die vier Haimonskinder
II. Herzog Ulrichs-Ruhe
III. Die Fünf-Geschwister-Linde
IV: Die kluge Frau von Seeheim. Eine Erzählung aus dem Seeheimer Walde.

Der Hessische Hausfreund, 53. Jahrgang, 1875, S. 33-36.
Neue Hessische Volksblätter, 1885, Nr. 136-139

Der Postillon von Lonjemeau

Zuerst veröffentlicht in *Der Salon für Literatur, Kunst und Gesellschaft*, Band 1,
Leipzig, 1876, S. 535-542, 712-724;
Neue Musik-Zeitung, 6. Jahrgang, Nr. 4-8, 1885, S. 287-333.

Silvana von Carl Maria von Weber (1786-1826)

Der Meister und seine Gehülfen.

Neue Musik-Zeitung, 6. Jahrgang, Nr. 20, 1885, S. 237-239.

Richard Wagner und die Operette
Nord und Süd. Eine deutsche Monatsschrift, Band 34, Breslau-Berlin, 1885, S. 16f.

Genealogie einer Oper [Zar und Zimmermann]
Frankfurter Zeitung, 29. Jahrgang, Nr. 99 & 100, Frankfurt, 1885.

Heinrich Bötel
Neue hessische Volksblätter, 23. Jahrgang, Nr. 42, Darmstadt, 19. Februar 1885.

N. A. Schaffner und der Ursprung einer musikalischen Anekdote
Frankfurter Zeitung, 29. Jahrgang, Morgenblatt Nr. 10, Frankfurt, 1886.

Eines Liedes Wunder
Eine Sage von der Bergstraße.
Musikalische Jugendpost, 1. Jahrgang, Köln, 1886, S. 40-44, 55-59.

„Schlaf', Herzenssöhnchen, mein Liebling bist Du!"   
Eine Liedergeschichte aus den Lehr- und Wanderjahren von
Karl Maria von Weber (1786-1826).
Die Gartenlaube, Heft Nr. 50, 1. Jahrgang, Leipzig, 1886, 1 Seite.

Eine Schreckensnacht
Erzählt von Jodocus Besselmann.
Kölner Sonntags-Anzeiger, Köln, 1886.

Die erste Aufführung des Tannhäuser in Berlin und ein Brief Richard Wagners
Neue Musikzeitung, 7. Jahrgang, Köln, 1886, S. 54f.

Abt. Vogler
Neue Musikzeitung, 7. Jahrgang, Köln, 1886, S. 69-71.

Ein Jägerparadies
Über Land und Meer, 28. Jahrgang, Bd. 55, Stuttgart, 1886, S. 423, 425.

Die Aschenbrödel der italienischen Seen
(Vom Lago di Garda nach den Seen vom Ledro, Jdro, Jseo und Barese
bis zum Lago d'Orta). Eine Touristenplauderei.
Frankfurter Zeitung, 30. Jahrgang, Morgenblatt Nr. 226 & 228, Frankfurt, 1886.

Eine wunde Stelle im Mozarts Don Juan
Frankfurter Zeitung, 31. Jahrgang, Morgenblatt Nr. 203 & 204, Frankfurt, 1887.

Die Melodie der Marseillaise
Neue Musikzeitung, 8. Jahrgang, Köln, 1887, S. 109.

Die sieben Komponisten der Marseillaise
Frankfurter Zeitung, 31. Jahrgang, Morgenblatt Nr. 91, Frankfurt, 1.4.1887.

Mitten wir im Leben sind mit dem Tod umfangen   
Eine Lieder-Legende des 9. Jahrhunderts.
Die Gartenlaube, Heft 20, 34. Jahrgang, Leipzig, 1887, S. 331-335.

Christoph Willibald Ritter von Gluck 
Ein Gedenkblatt zum 100jährigen Todestage (15. November 1787)
des Reformators der Oper.
Die Gartenlaube, Heft 46, 34. Jahrgang, Leipzig, 1887, S. 764-765.

Das Milchmädchen von Trianon 
Eine Lieder-Erzählung.
Die Gartenlaube, Heft 39, 34. Jahrgang, Leipzig, 1887, S. 637-642.

Wer nur den lieben Gott läßt walten
Eine Lieder-Erzählung aus dem Leben des Poeten und Musikers Georg Neumark.
Neue Musikzeitung, 8. Jahrgang, Köln, 1887, S. 75 und 93.

Vierzig Jahre aus dem Leben einer musikalischen Zeitung 
Signale für die musikalische Welt, 41. Jahrgang,
Leipzig, 1888, S. 1-3, 17-20, 33-36, 49-54ff.

Beethoven in der Klemme 
Eine Fidelio-Episode.
Die Gartenlaube, Heft 50, 36. Jahrgang, Leipzig, 1888, S. 846-848.

Lohengrin. Eine Plauderei [eines Augenzeugen d. Uraufführung 1950] 
Neue Musikzeitung. Illustriertes Familienblatt, 9. Jahrgang, Stuttgart 1888, S. 109f.

„Für den Tod wächst kein Kraut"
Über Land und Meer, Bd. 60, Stuttgart, 1888, S. 910f, 930f, 950.

Er, Sie und Ich
Wahrheit – ohne Dichtung aus dem Leben einer berühmten Sängerin.
Frankfurter Zeitung, 32. Jahrgang, Nr. 59, Frankfurt, 1888.

Der Troubadour im Lied und in der Oper
Eine musikalische Plauderei.
Hamburger Signale. Allgemeine Musikzeitung, 1. Jahrgang, Nr. 1, Hamburg, 1888
und Musikalischer Haus- und Familienkalender, Leipzig, 1889.

Fidelio und der Wasserträger 
Ein Beitrag zur Geschichte beider Opern und ihres Textdichters.
Westermanns Illustrierte Deutsche Monatshefte, 63. Band, 1888, S. 363-382.

Ein Brief Richard Wagners 
Ein Beitrag zur Geschichte der Tetralogie „Der Ring des Nibelungen".
Westermanns Illustrierte Deutsche Monatshefte, 64. Band, 1888, S. 126-130.

Zwei Spaziergänge nach Neuilly
Ein heiteres und ernstes Erlebnis des Erzählers.
Neue Musikzeitung, 9. Jahrgang, Nr. 20 & 22, Stuttgart, 1888.

Bekenntnisse, meine Bühnen-Romane und -Erzählungen betreffend
Illustrierte Bazarzeitung. Gedenkblatt zu Erinnerung an den Bazar im
Königlichen Schauspielhause zu Berlin, Nr. 4, Berlin, 1888, S. 4.

Die Wagner-Büste

Eine heitere und lehrreihe Geschichte aus dem Leben.
Neue Musikzeitung, 9. Jahrgang, Stuttgart, 1888, S. 44-46, 58f.

Die Bettler-Polka

Eine Offenbachiade.
Neue Musikzeitung, 10. Jahrgang, Stuttgart-Leipzig, 1889, S. 110f.

Der Troubadour der Königin Marie Antoinette

Musikalischer Haus- und Familienkalender, Berlin, 1889.

C.A. Mangold

Ein Gedenkblatt.
Neue Musikzeitung, 10. Jahrgang, Nr. 17, Stuttgart, 1889.

Die Verschworenen oder der häusliche Krieg

Eine Erzählung aus dem Leben des Opern-Komponisten Franz Schubert.
Neue Musikzeitung, 10. Jahrgang, Stuttgart-Leipzig, 1889, S. 146-148.

Mangolds Tannhäuser in Darmstadt

Neue Hessische Volksblätter, Nr. 284, 3. Dezember 1890.

Eines Liedes Wunder

Eine Sage von der Bergstraße.
Bergsträßer Fremdenblatt, 8. Jahrgang, Nr. 7, Zwingenberg, 1891.

Ein Dichterheim in Jugenheim [Luise von Ploenniees]

Bergsträßer Fremdenblatt, 8. Jahrgang, Nr. 16, 1. Beilage, Zwingenberg, 1891.

Zwei Johannisnächte auf dem Münster zu Straßburg

Phantasien auf dem Straßburger Münster: ein Bühnenspiel in 2 Abtheilungen,
mit Musik und bildlichen Darstellungen.
Neue Hessische Volksblätter, 1891, 43 Seiten.

Wanderungen in Ober-Italien abseits der Wege

Eine Touristen-Plauderei.
Belletristisch-Literarische Beilage der Hamburger Nachrichten, Nr. 8-10, Hamburg,
21., 28. Februar und 6. März 1892.

Nach seinem Tod (wieder-) veröffentlicht

Der Kirchbergteich

Eine märchenhafte Geschichte.
Zuerst veröffentlich im Sonntagsblatt (1866).
Darmstädter Weihnachtskatalog, 4. Jahrgang, 1893.

Das Glockenspiel zu Darmstadt 1671

In: **Heinrich Künzel**: *Großherzogtum Hessen. Lebensbilder aus Vergangenheit und*
Gegenwart. 2. Aufl., Verlag Emil Roth, Gießen, 1893, S. 204-206.

Ludwig V., der Getreue, Landgraf von Hessen. Ein Gedicht.
In: **Heinrich Künzel:** *Großherzogtum Hessen. Lebensbilder aus Vergangenheit und Gegenwart.* 2. Aufl., Verlag Emil Roth, Gießen, 1893, S. 480-484.

Ludwig VI. und das Glockenspiel zu Darmstadt
Ein Gedicht.
In: **Heinrich Künzel:** *Großherzogtum Hessen. Lebensbilder aus Vergangenheit und Gegenwart.* 2. Aufl., Verlag Emil Roth, Gießen, 1893, S. 488.

Ein Schreibfehler und seine Folgen

Zuerst veröffentlich in *Über Land und Meer*, Bd. 24, Nr. 32, Stuttgart, 1870, S. 1-4. Zudem: Darmstädter Weihnachtskatalog, 5. Jahrgang, 1894.

Ein Sonntag am Rhein
Eine Touristen-Plauderei.
General-Anzeiger der Stadt Frankfurt a.M., Nr. 163 vom 15. Juli 1894.

Ninette
Eine Lieder- und Opern-Erzählung.
Musikalischer Haus- und Familienkalender, 7. Jahrgang, Berlin, 1895.

Gold-Aninia

Eine Erzählung aus dem Engadin.
Mit 25 Illustrationen von Willy Werner.
Zuerst veröffentlich in „*Die Gartenlaube*", Heft 30-39, Leipzig, 1889.
Kürschners Bücherschatz Nr. 19, Berlin, Eisenach, Leipzig, 1897.

Das Schloß in den Ardennen
Musikalischer Haus- und Familienkalender, 9. Jahrgang, Berlin, 1897.

Die Weimarer Hofkapelle im XVI. Jahrhundert bis zum dreißig-jährigen Kriege
Mitteilungshefte für Musik-Geschichte, 29. Jahrgang, Leipzig 1897, S. 137-144.

Der steinerne Mann und die steinerne Frau
Eine Erzählung aus dem vorigen Jahrhundert.
Mit Illustrationen von Martin Ränike.
Zuerst veröffentlich in *Illustrierte Frauenzeitung* (1883), S. 2-10, 22-28, 38-43.
Kürschners Bücherschatz Nr. 90, Berlin, Eisenach, Leipzig, 1898, 125 Seiten.

Eine Visitkarte Bismarcks
Erzählung / Herr Kommerzialrat Yps. Humoreske. Mit Illustrationen von W. Rongge.
Zuerst veröffentlich: Deutsche Lesehalle, Sonntagsbeilage zum Berliner Tageblatt, 1882, S. 393-395.
Verlag Hermann Hilger, Berlin, Eisenach, Leipzig, 1899, 127 Seiten.

Aus vergangenen Tagen
Erzählungen.
Zuerst veröffentlich in der *Kölnischen Zeitung* (1879), S. 78-83 und 227-233, im *Berliner Sonntagsblatt* (1878), Nr. 8 und 24ff, im *Berliner Tageblatt* (1878), und in *Der Unterhalter. Continentales Reisejournal und Organ für Inserate*, 1881, S. 281-283.
Sammlung: Steinacker, Leipzig, 1901, 232 Seiten.

Ernstes und Heiteres

Erzählungen.

Zuerst veröffentlich in *Fliegende Blätter* (1863), in der *Crefelder Zeitung* (1868) und in den *Familienblättern* (1882) und in *Illustrierte Welt* (1882). Breslau, 1901.

Hans Kleberg

Roman des „bon Allemand" und der „belle Allemande".

Zuerst veröffentlich in den *Hamburger Nachrichten* (1890).

Kürschners Bücherschatz Nr. 298, Verlag Hermann Hillger, Berlin, 1902, 124 Seiten.

Das öde Haus

Eine Erzählung aus dem vorherigen Jahrhundert.

Zuerst veröffentlich im *Frankfurter Konversationsblatt* (1863) und in *Anständige Erzählungen, Augsburg* (1866), S. 1-114.

Verlag Emil Goldschmidt, Berlin, 1882, 2. Aufl. 1902.

Zwei Handwerksburschen

Ein rheinischer Volksroman.

Wiesbadener Volksblatt, Nr. 300, 1904 und 1-86, 1905.

Des Glockenspielers Töchterlein

Historische Novelle.

Litera Verlag, 1922, 182 Seiten.

Hinter den Kulissen bei der Erstaufführung des Barbiers von Bagdad

Darmstädter Blätter für Theater u. Kunst. Das neue Forum. Spielzeit 1924/25, S. 210-212.

Für die *Leipziger Allgemeine Musikalische Zeitung* hat Pasqué immer wieder in den Jahren 1843 bis 1883 Beiträge geschrieben. Zudem hat er in den Jahren 1868 bis 1883 für das *Victoria-Theater* in Berlin zehn Volksmärchen und Ausstattungsstücke geschriebenen, die mehrere hundert Aufführungen erlebten.

Sekundärliteratur über Ernst Pasqué

[ULB] **Universitäts- und Landesbibliothek Darmstadt** (Hrsg.):
Nachlass von Ernst Pasqué. Auflistung des Inventars (Stand: 2020).
https://www.ulb.tu-darmstadt.de/media/ulb/pdf/nachlaesse/Pasque_Ernst.PDF

[AKO] **Adolph Kohut**: *Dur- und Moll-Accorde.*
Musikalische Streifzüge, Portraitskizzen und Genrebilder.
In drei Teilen mit zahlreichen Künstler-Portraits.
Verlag R. Boll, Berlin, 1894, S. 172-179.

[AMU] **André Muth**: *Die goldene Orgel - ein biographisches Märchen?* S. 59-69.
In: Mitteilungen der Christoph-Graupner-Gesellschaft e.V. , Nr. 8, Juli 2014.

[BSA]
D
Burkhard Sauerwald: *Ludwig Uhland und seine Komponisten.*
Zum Verhältnis von Musik und Politik in Werken von Conradin Kreutzer, Friedrich
Silcher, Carl Loewe und Robert Schumann.
Dortmunder Schriften zur Musikpädagogik und Musikwissenschaften, Bd. 1,
Lit Verlag Dr. W. Hopf, Berlin, 2015.

[FBR]
Franz Brümmer: *Pasqué, Ernst.*
In: Allgemeine Deutsche Biographie (ADB). Band 52, Duncker & Humblot,
Leipzig, 1906, S. 758-760.

[GZE]
Gebhard Zernin: *Scheffel-Freunde. Ernst Pasqué.*
Nicht rasten und nicht rosten. Jahrbuch des Scheffelbundes für 1895.
Verlag von Adolf Bonz und Comp. Stuttgart, 1895, S. 72-78.,

[HEK]
D
Hermann Knispel: *Ernst Pasqué, Großherz. Hofopernsänger a.D.,*
Schriftsteller.
In: Neuer Theater-Almanach: Gesellschaft Deutscher Bühnen-
Angehöriger, Berlin, 4. Jahrgang, 1893, Seite 119-121.

[KEG]
D
Karl Esselborn: *Zum 70. Geburtstag von Ernst Pasqué 3. September 1891.*
Kleine Presse, Frankfurt, 1891, 4 Seiten.

[KEE]
D
Karl Esselborn: *Ernst Pasqué (1821-1892) / Opernsänger und Dichter.*
In: *Karl Esselborn: Hessische Lebensläufe.*
Zum 100. Geburtstag neu herausgegeben von Friedrich Knöpp.
Selbstverlag der Hessischen Historischen Kommission, Darmstadt, 1979, S. 335-342.

[LEI]
Ludwig Eisenberg: *Ernst Pasqué.*
In: Großes biographisches Lexikon der deutschen Bühne im XIX. Jahrhundert.
Paul List, Leipzig, 1903, S. 749.

[NBA]
D
Norbert Bartnik: *Ernst Pasqué.*
Der Träumer von "Haus Geyersberg".
Zur Erinnerung an den vor hundert Jahren gestorbenen Sänger,
Schriftsteller und Heimatforscher. Selbstverlag,
Alsbach-Hähnlein, 1992.

[PKE]
D
Peter Keller: *Dichter vom Haus Geyersberg.*
Darmstädter Echo, 10.03.2014.

[RRA]
R. Ramspeck: *Ernst Pasqué. Ein Gedenkblatt zum 70. Geburtstag.*
In: Didaskalia. Unterhaltungsblatt des Frankfurter Journals.
69. Jahrgang, zweites Halbjahr 1891. Verlag Fr. Barth, Frankfurt, 1891, S. 818.

[RKU]
D
Rolf Kunz: *Ernst Pasqué, „Sänger der Bergstraße".*
Eine Würdigung zu seinem 150. Geburtstag am 3. September 1971.
Darmstädter Kreisblatt, 8. Jahrgang, Nr. 35, 01.09.1971.

[WIK] **Wikipedia**: *Ernst Pasqué*
D Eintrag zu Ernst Heinrich Anton Pasqué (* 3. September 1821 in Köln; † 20. März 1892 in Alsbach an der Bergstraße)
https://de.wikipedia.org/wiki/Ernst_Pasqué

Ergänzendes zu Ernst Pasqué und seiner Zeit

[ASC] **Alexander Schöppner**: *Sagenbuch der Bayerischen Lande*, Band 3.
D München, 1852–1853, S. 28-29.
Neuausgabe: Edition Holzinger, Berlin, 2013, 340 Seiten, ISBN 978-1484071793. 

[BUC] **Hans Buchmann**: *Burgen und Schlösser an der Bergstraße.*
D Konrad Theiss Verlag, Stuttgart, 1986, ISBN 3-8062-0476-4.

[CGG] **Christoph-Graupner-Gesellschaft**:
D Webseite der Gesellschaft mit vielen Informationen zum Leben und Wirken von Christoph Graupner und Hörbeispielen.
https://www.christoph-graupner-gesellschaft.de

[CVE] **Christine Vonderheid-Ebner**: *Hähnleiner Geschichte/n.*
D Gemeinde Alsbach-Hähnlein, Alsbach-Hähnlein, 1997, 263 Seiten.

[EGF] **Eckhart G. Franz** (Hrsg.): *Vom Hoftheater zum Haus der Geschichte. 1819-1994.*
D *Zur Einweihung des für das Hessische Staatsarchiv Darmstadt neuaufgebauten „Moller-Bau" am 3. Februar 1994.*
Hessische Kommission Darmstadt, 1994, 70 Seiten.

[EHA] **Egon Hartmann**: *1250 Jahre Nachbarschaft und Nachbarschaftshilfe*
D *aus Alsbacher Sicht.*
Nachbarschaftshilfe Alsbach-Hähnlein e.V., 2023, 54 Seiten.

[GHM] **Gundula Hubrich-Messow**: *Sagen und Märchen von der Bergstraße.*
D Husum Druck- und Verlagsgesellschaft, Husum, 2016, 111 Seiten, ISBN 978-3898767675.

[GMO] **Gerd Momberger**: *Streifzüge durch das Darmstädter Land.*
D Bernd Beutel, Darmstadt-Eberstadt, 1999, 111 Seiten, ISBN 978-3-9808869-4-9.

[HKA] **Hermann Kaiser**: *Das Großherzogliche Hoftheater zu Darmstadt. 1810-1910.*
D Eduard Roether Verlag, Darmstadt, 1964, 219 Seiten.

[HKN] **Hermann Knispel**: *Das Großherzogliche Hoftheater in Darmstadt von* 
n *1810 – 1890. Mit einem geschichtlichen Rückblick auf die dramatische Kunst zu Darmstadt von 1567-1810.*
Verlag Eduard Bernin, Darmstadt und Leipzig, 1891, 560 Seiten.

[JWO] **Johann Wilhelm Wolf**: *Hessische Sagen.*
D   Dieterichsche Buchhandlung, Göttingen, 1853, 224 Seiten. 

[KES] **Karl Esselborn**: *Darmstädter Originale.*
𝖓   Verlag Pfeffer & Balzer, Darmstadt, 1937, 194 Seiten.

[KLU] **Karl Lutz**: *Kloster und Kirche Eusserthal.*
D   3. Aufl., CP Copyprint, Eußerthal, 1998, 58 Seiten.

[KTK] **Karl Theodor von Küstner**: *Vierunddreißig Jahre meiner Theaterleitung*
𝖓   *in Leipzig, Darmstadt, München und Berlin. Zur Geschichte und Statistik*
       des Theaters.
       F.A. Brockhaus, Leipzig, 1853, 369 Seiten.

[LFE] **Ludwig Fertig**: *Deutscher Süden. Dichter an der Bergstraße.*
D   Hessische Beiträge zur deutschen Literatur.
       Hrsg.: Gesellschaft Hessischer Literaturfreunde e.V., Darmstadt, 1994,
       286 Seiten, ISBN 3-7929-0214-1.

[MWA] **Michael Walter**: *„Die Oper ist ein Irrenhaus".*
D   *Sozialgeschichte der Oper im 19. Jahrhundert.*
       J.B. Metzler Verlag, Stuttgart, 1997, 360 Seiten, ISBN 3-476-01328-6.

[PSC] **Philipp Schweizer**: *Darmstädter Musikleben im 19. Jahrhundert.*
D   Darmstädter Schriften 37.
       Justus von Liebig Verlag, Darmstadt, 1975, 189 Seiten, ISBN 3-87390-046-7.

[RKH] **Rolf Kunz**: *Heimatbuch der Gemeinde Alsbach.*
D   *Hrsg.*: Gemeindevorstand Alsbach an der Bergstraße, 1970, 344 Seiten.

14. Das Musikverzeichnis

Um einen Zugang zu der Musik zu bekommen, zu der Ernst Pasqué einst über 60 Libretti verfasst hat, müssen wir eine ausgiebige Suche im Internet starten. Viele der Komponisten seiner Werke sind heute so gut wie verschollen, Aufnahmen der Opern aus heutiger Zeit sind schwer zu finden.

Folgende Aufnahmen von Kompositionen, zu denen Ernst Pasqué das Libretto geschrieben oder übersetzt hat, lassen sich verorten, wenn auch nicht alle in deutscher Sprache sind.

CD-Aufnahmen von Opern auf Libretti von Ernst Pasqué

Adolphe Adam (1803-1856)

Die Nürnberger Puppe

Walter Berry, Friedrich Berger, Franz Fuchs, Elisabeth Roon

Kurt Tenner (Großes Wiener Rundfunkorchester)

Aufnahme: 1951, Label: Walhall

Félicien-César David (1810-1876)

Lalla Roukh

Marianna Fiset, Emiliano Gonzalez Toro, Nathalie Paulin, Bernard Deletre, David Newman, Andrew Adelsberger

Ryan Brown (Opera Lafayette)

Aufnahme: 2013, Label: Naxos

Johann Joseph Abert (1832-1915)

Meister Ekkehard

Nyla van Ingen, Susanne Kelling, Henryk Böhm, Jörg Hempel, Alfred Reiter, Christian Gerhaher, Jonas Kaufmann, Mihoko Fujimura

Peter Falk (SWR Rundfunkorchester Kaiserslautern, Stuttgarter Choristen)

Aufnahme: 1998, Label: Capriccio

Luigi Cherubini (1760-1842)

Der Wasserträger

Walter Anton, Anny Felbermayer, Walter Berry, Carl Loida, Rita Bartos, Kurt Equiluz

Haimo Täuber (Niederösterreichisches Tonkünstlerorchester und -chor)

Aufnahme: 1950, Label: Walhall

Darüber hinaus können Musikaufnahmen jener Stücke, die er auf den Bühnen am häufigsten gesungen und gespielt hat, einen Eindruck darüber vermitteln, wie die Musik der damaligen Zeit „gestrickt" war. Im Internet gibt es noch einen kleinen Einblick (die Ouvertüre) in die Oper „*Der Deserteur*" von Ferdinand von Hiller (1811-1885) auf ein Libretto von Pasqué [126].

Musikaufnahmen aus den Paraderollen von Ernst Pasqué

Die Auswahl erfolgte in erster Linie unter der Anforderung, dass der Text der Oper in Deutsch gesungen wird. Dies war damals an den Hoftheatern so üblich, wenn nicht bewusst die italienische oder französische Version aufgrund von Sprachkenntnissen gewünscht war. Ernst Pasqué hat auch selbst für zahlreiche französische Opern ein deutsches Libretto verfasst und gesungen. Nicht für alle seiner am häufigsten gesungenen Partien (siehe Kap. „Der Musiker Ernst Pasqué", Seite 36), sind heute solche Aufnahmen erhältlich, weil sich der Geschmack des Publikums bezüglich der Musik geändert hat. Mit der Möglichkeit von Übertitel an der Bühne werden heute die Werke meist in der Originalsprache mit deutschen Titeln angeboten.

Die Stücke, die hier in Deutsch gesungen werden, stammen meist aus den 1960er Jahren. Damals, so kennt dies der Verfasser noch, wollte man Deutsch hören, um wenigsten im Groben den Verlauf des Stückes folgen zu können. In diesem Sinne stellt die hier vorgenommene Auswahl in keiner Weise eine Beurteilung der künstlerischen Qualität dar. Vielmehr ist es der Versuch, Musik so zum Klingen zu bringen, wie sie zu Pasqués Zeiten an den deutschen Theatern erklungen sein mag. Wenn keine deutschsprachige Opernaufführung nachweisbar war, wird eine gleichwertige Aufnahme in Originalsprache angeführt.

---

[126] https://youtu.be/HBSsFn_75_4

Giacomo Meyerbeer (1791-1864)

Der Prophet

Pasqués-Rolle: Graf Oberthal

John Osborn, Marianne Cornetti, Lynette Tapia, Albrecht Kludszuweit, Pierre Doyen, Tijl Faveyts, Karel Martin Ludvik

Giuliano Carella (Essener Philharmoniker)

Aufnahme: 2017, Label: OEHMS CLASSICS

Giacomo Meyerbeer (1791-1864)

Die Hugenotten

Pasqués-Rolle: Graf Nevers

Ghylaine Raphanel, Francoise Pollet, Danielle Borst, Richard Leech, Gilles Cachemaille, Nicola Ghiuselev, Boris Martinovic

Cyril Diederich (Orchestre Phiharmonique de Montpellier)

Aufnahme: 1990, Label: ERATO

Wolfgang Amadeus Mozart (1756-1791)

Don Giovanni

Pasqués-Rolle: Don Giovanni

Hermann Prey, Fritz Wunderlich, Elisabeth Grümmer, Edith Mathis, Franz Crass

Wolfgang Sawallisch (Gürzenich Orchester)

Aufnahme: 1960, Label: DGG

Friedrich von Flotow (1812–1883)

Martha

Pasqués-Rolle: Lord Tristan

Herman Prey, Anneliese Rothenberger, Brigitte Fassbaender, Nicolai Gedda, Dieter Weller, Hans Georg Knoblich

Robert Heger (Chor & Orchester der Bayerischen Staatsoper München)

Aufnahme: 1969, Label: EMI CLASSICS

Gaetano Donizetti (1797-1848)

Lucia di Lammermoor

Pasqués-Rolle: Lord Enrico Ashton

Maria Stader, Dietrich Fischer-Dieskau, Ernst Häfliger,
Karl Hoppe, Werner Faulhaber, Sieglinde Wagner,
Heinz Maria Lenz

Ferenc Fricsay (Chor und Orchester des RIAS Berlin)

Aufnahme: 1953, Label: Membran Music

Carl Maria von Weber (1786-1826)

Der Freischütz

Pasqués-Rolle: Ottokar, böhmischer Fürst

Gundula Janowitz, Edith Mathis, Peter Schreier, Theo Adam,
Franz Crass

Carlos Kleiber (Staatskapelle Dresden, Radiochor Leipzig)

Aufnahme: 1973, Label: DGG

Gaetano Donizetti (1797-1848)

Belisario

Pasqués-Rolle: Belisario, Feldherr des Kaisers

SimonLim, Roberto Frontali, Carmela Remigio, Annalisa Stroppa,
Celso Albelo, Anaïs Mejias, Klojan Kacani, Stefano Centili,
Matteo Castrignano, Piermarco Viñas Mazzoleni

Riccardo Frizza (Orchestra e Coro Donizetti Opera)

Aufnahme: 2020, Label: Dynamic

Albert Lortzing (1801-1851)

Zar und Zimmermann

Pasqués-Rolle: Peter der Erste, Zar von Russland

Hermann Prey, Peter Schreier, Gottlob Frick, Erika Köth,
Annelies Burmeister, Nicolai Gedda, Fred Teschler,
Siegfried Vogel, Wilhelm Pafel

Robert Heger (Staatskapelle Dresden, Chor des Leipziger
Rundfunks)

Aufnahme: 1966, Label: EMI

Gaetano Donizetti (1797-1848)

Die Favoritin

Pasqués-Rolle: Alphonse XI, König von Kastilien

Raymond Wolansky, Ira Malaniuk, Heinz Hoppe, Otto von Rohr, Georg Jelden, Else Mühl

Hans-Müller-Kray (Radio-Sinfonieorchester Stuttgart, Südfunk Vokalensemble)

Aufnahme: 1960, Label: Hamburger Archiv für Gesangskunst

Gaetano Donizetti (1797-1848)

Lucrezia Borgia

Pasqués-Rolle: Herzog Don Alfonso d'Este

Dimitra Theodossiou, Roberto De Biasio, Enrico Guiseppe Iori, Nidia Palacios, Luigi Albani, Giuseppe Di Paola, Mauro Corna

Tiziano Severini (Orchestra and Chorus of the Bergamo Musica Festival Gaetano Donizetti)

Aufnahme: 2007, Label: Naxos

Giuseppe Verdi (1813–1901)

Nabucco

Pasqués-Rolle: Nabucco

Thomas Stewart, Sándor Kónya, Martti Talvela, Liane Synek, Evelyn Lear

Horst Stein (Orchester und Chor der Deutschen Oper Berlin)

Aufnahme: 1965, Label: DGG

Franz Paul Lachner (1803-1890)

Catharina Cornaro

Pasqués-Rolle: Andrea Cornaro

Kristiane Kaiser, Daniel Kirch, Mauro Peter, Simon Pauly, Christian Tscheleniew

Ralf Weikert (Münchner Rundfunkorchester und Chor)

Aufnahme: 2012, Label: cpo

Gaspare Spontini (1774-1851)

Fernand Cortez, ou la conquête du Mexique

Pasqués-Rolle: Telasko

Dario Schmunkc, Luca Lombardo, David Ferri Durà, André Courville, Gianluca Margheri, Lisandro Guinis

Jesan-Luc Tingaud (Orchestra e Coro del Maggio Musicale Florentino)

Aufnahme: 2019, Label: DYNAMICS

Vergessene Tonkünstler aus Ernst Pasqués Zeit

Zu folgenden Komponisten lassen sich im Mai 2024 überhaupt keine (Opern-) Aufnahmen mehr finden, zu manchen lässt sich jedoch zumindest ein Wikipedia-Eintrag bzw. ein Hinweis für eine Uraufführung oder Aufführung in den Archiven verschiedenen Theatern finden:

Komponist	Wikipedia	Aufführung(en)
August Klughardt (1847-1902)	✓	Dessau, Berlin
Carl Alexander Raida (1852-1923)	✓	Würzburg
Carl Heinrich Adolf Reiss (1829-1908)	✗	Mainz
Eduard Lassen (1830-1904)	✓	Weimar
Felix Hochstätter (1813-1877/78)	✗	Stuttgart, Darmstadt
Ferdinand David (1810-1873)	✓	Leipzig
Ferdinand Langer (1839-1905)	✓	---
G. Dahlwitz (Pseudonym)	✗	Stuttgart, Coburg, Weimar
Gottfried Linder (1842-1918)	✗	Stuttgart, Darmstadt
Joseph Friedrich Müller (1820-1854)	✗	Lemberg
Julius Rietz (1812-1877)	✓	Weimar
Louis Schindelmeißer (1811-1864)	✓	Darmstadt, Berlin
Louis Schlösser (1800-1886)	✓	Darmstadt
Louis-Aimé Maillart (1817-1871)	✓	Weimar
Mihály Mosonyi (1815-1870)	✓	---
Robert Emmerich (1836-1891)	✓	Weimar, Schwerin

Komponist	Wikipedia	Aufführung(en)
Wenzel Wilhelm Steinhart (1819-1899)	✗	Darmstadt, Magdeburg
Wilhelm Freudenberg (1838-1928)	✓	Darmstadt, Regensburg, Magdeburg, Hannover
Willem Frans Thooft (1829-1900)	✗	Rotterdam

Tabelle 11: Komponisten mit Pasqué-Libretti ohne musikalische Spuren

So sind die Werke mit Pasqués Worten im musikalischen Universum verschwunden und warten eventuell auf Ausgräber und interessierte Menschen. Teilweise lassen sich die Noten der zugehörigen Komposition in den Archiven und bei Musikverlagen auffinden. Falls Sie etwas finden, würde ich mich über eine Nachricht sehr freuen.

15. Sachverzeichnisse

Abbildungsverzeichnis

Abb. 1: Bildnis Ernst Pasqué ca. 1890 5
Abb. 2: Luisenplatz Darmstadt mit Palais 7
Abb. 3: Main-Neckar-Eisenbahn-Strecke 9
Abb. 4: Hoftheater Darmstadt nach 1813 10
Abb. 5: Zuschauerraum Hoftheater ca. 1879 11
Abb. 6: Der Brand vom 24.10.1871 12
Abb. 7: Trauerspiel „Struensee" am 10.12.1854 15
Abb. 8: Verlobung von Pasqué & Riesberg 16
Abb. 9: Scherenschnitt von Pauline Riesberg 16
Abb. 10: Trauung in der Thomaskirche Leipzig 17
Abb. 11: Ernst Pasqué um 1890 18
Abb. 12: „Gasthaus zur Traube" in Eberstadt 19
Abb. 13: Weinkarte am Mainzer Centralbahnhof 20
Abb. 14: Pasqués Hotels in Frankreich 21
Abb. 15: Zeichnungen aus Neapel 22
Abb. 16: Pasqués Hotels in Italien 23
Abb. 17: Aus dem Löwenbräu-Keller München 24
Abb. 18: Heumarkt mit Börse, Dupois um 1790 26
Abb. 19: Notre-Dame de Lorette, Paris 26
Abb. 20: Pasqués Konzert im Salle de Concerts d'Henri Herz 28
Abb. 21: Gastrollen, Debüts und erste Versuche 30
Abb. 22: Engagements von 1849-1855 31
Abb. 23: Pasqués Sängerkollegen um 1847 32
Abb. 24: Oper „Der Prophet" 27.10.1850 33
Abb. 25: Oper „Diana von Solange" 14.05.1859 33
Abb. 26: Großherzogliches Hoftheater Darmstadt 34
Abb. 27: Lied "Mir ist so wohl in deiner Nähe!" 35
Abb. 28: Eintrittspreise Darmstädter Hoftheater am 9.3.1855 40
Abb. 29: 1 Gulden 1855 in Darmstadt 40
Abb. 30: Handschrift-Beispiel von Ernst Pasqué 42
Abb. 31: Telegramm aus Gotha vom 12.03.1876 51
Abb. 32: Libretto-Eintrag im "Tanhäuser" von Carl Amand Mangold 52
Abb. 33: Oper „Tanhäuser" am 17.05.1846 in Darmstadt 52
Abb. 34: Briefkopf von Ernst Pasqué von 1888 55
Abb. 35: Großherzog Ludwig III. von Hessen und bei Rhein 67
Abb. 36: Darmstadt Pädagogstraße 69
Abb. 37: Onkel Reinhold's Villa 73
Abb. 38: Alsbach-Melibokus-Schloss von J. Weber 74

Abb. 39: Das Griesheimer Haus 1865 77
Abb. 40: Pasqués Unterschrift 90
Abb. 41: Zeichnungen von Ernst Pasqué 102
Abb. 42: Gedenktafel für Christoph Graupner 104
Abb. 43: „Die Goldene Orgel": Der fahrende Musikant 112
Abb. 44: „Die Goldene Orgel": Mönche versenken die goldene Orgel in den Fluten 115
Abb. 45: „Die Goldene Orgel": Das Märchen der Johannisnacht 127
Abb. 46: Nachfahrenstammbaum von Christoph Graupner 137
Abb. 47: Stadtkirche Darmstadt um ca. 1919 141
Abb. 48: Plan von Mannheim ca. 1750 142
Abb. 49: Burgruine Neuscharfeneck 143
Abb. 50: Ortsschild Eußerthal 144
Abb. 51: Klosterkirche Eußerthal um 1900 144
Abb. 52: Die Reiseroute aus dem Märchen „Die Goldene Orgel" 145
Abb. 53: Die Klosterkirche Eußerthal 2023 146
Abb. 54: Odenwaldstr. 22 – Entwurfsplan 1864 und Vorderansicht Lindenstraße heute 151
Abb. 55: Haus Geyersberg (2023) zwischen den beiden anderen Villen (vor 1970) 152
Abb. 56: Letzte erhaltene Büste aus Pasqués Garten 153
Abb. 57: Stammbaum von Ernst Pasqué 154
Abb. 58: Todesanzeige Ernst Pasqué im Darmstädter Tagblatt 1892 157
Abb. 59: Pasqués Denkmal, Friedhof Alsbach 159
Abb. 60: Lindenstraße Anfang 1900 161
Abb. 61: Kinder auf dem Denkmal vor 1909 161
Abb. 62: Gedenkstätte der Gemeinde Alsbach 162
Abb. 63: Auerbacher Pasqué-Ruhebank 162
Abb. 64: Straßenbezeichnung in Alsbach für Ernst Pasqué 163
Abb. 65: Ernst-Pasqué-Saal 163
Abb. 66: Erinnerung an Villa "Geyersberg" 163
Abb. 67: Villa Pasqué um 1913 164
Abb. 68: Pasqué's Qualitäten heute 165
Abb. 69: Pulsatilla vulgaris - Gewöhnliche Kuhschelle 170
Abb. 70: Haus Geyersberg von Harald Böhm 178
Abb. 71: Wanderkarte nach Pasqués Buch 179
Abb. 72: Schloss Bickenbach 181
Abb. 73: Lufthansa Ausbildungszentrum und Tagungshotel 183
Abb. 74: Klosterruine Heiligenberg 185
Abb. 75: Haus Geyersberg 187
Abb. 76: Scheuergasse in Zwingenberg 189
Abb. 77: Fürstenlager in Auerbach 191
Abb. 78: Kirchberghäuschen 193

Tabellenverzeichnis

Tabelle 1: Pasqués Reiseziele 1875-1891 25

Tabelle 2: Häufigste Opern-Rollen von Ernst Pasqué zwischen 1849-1859 36

Tabelle 3: Ausgaben der deutschen Theater 1853 38

Tabelle 4: Eintrittspreise Hoftheater am 9.3.1855 39

Tabelle 5: Vollständige Libretti von Ernst Pasqué 47

Tabelle 6: Unvollendete und handschriftliche Libretti sowie verschollene Werke 50

Tabelle 7: Pasqués Rollen im Schauspiel in Weimar 54

Tabelle 8: Adressaten und Berufe der Briefempfänger 67

Tabelle 9: Handschriftliche Manuskripte 102

Tabelle 10: Genre-Auflistung für Pasqué-Werke 103

Tabelle 11: Komponisten mit Pasqué-Libretti ohne musikalische Spuren 224

Stichwortverzeichnis

Zur besseren Übersichtlichkeit sind folgende Stichworte in eine eigene Unterkategorie zusammengefasst: Opern, Opern (handschriftlich), Orte.

A

Aachener Zeitung 29
Abert, Johann Joseph (1832-1915) 44, 46, 63, 218
Abt, Franz (1819-1885) 63
Adam, Adolphe (1803-1856) 27, 43, 218, 219
Alsbacher Bürger 4
Alsbacher Friedhof 3
Apel, Theodor (1811-1867) 54
Auber, Daniel-François-Esprit (1782-1871) 44, 53, 153, 194
Augier, Émile (1820-1889) 15
Ausreisegenehmigung 166
Australien 155, 159, 160, 161, 166, 195
Auswanderung 17, 149

B

Bach, Johann Ernst (1722-1777) 204
Bach, Johann Sebastian (1685–1750) 6, 36, 104
Bach, Otto (1833-1893) 63
Badische Revolution 1848 .... 8, 167
Baer, Anton (1815-1871) 63
Bagge, Selmar (1823-1896) 64
Banger, Georg (1829-1892) 45, 80, 83
Bangertsweg 161, 163
Baselt, Fritz (1863-1931) 64
Baum, Marie (1808-1875) 64
Becker, Georg Heinrich (1829-1903) 156
Beer, Michael (1800-1833) 15
Beethoven, Ludwig van (1770-1827) 11, 57, 58, 211
Belli-Gontard, Maria (1788.1883) 64
Benda, Georg (1722-1795) 204
Bergsträßer-Wein 18
Berlioz, Hector (1803-1869) 28
Bernard, Mathias (1794-1871) 64
Bernard, Paul (1827–1879) 64
Birch-Pfeiffer, Charlotte Karoline (1800-1868) 53
Bischoff, Ludwig (1794-1867) 64
Bonawitz, Johann Heinrich (1839-1917) 64
Bonin, Philipp (1887-1970) 156

Bötel, Heinrich (1854-1938 64
Böttger, Adolf (1815-1870) 64
Brachvogel, Albert Emil (1824-1887) 53
Brandnacht 12. September 1944 12
Brandt, Carl (1828-1881) 49, 64
Breithaupt, Johann Christian (1736-1799) 180
Brendel, Franz (1811-1868) 64
Briegel, Wolfgang Carl (1626-1712) 139
Bruch, Max (1838-1920) 64
Buchbinderlehre 26
Bühnendirektor 37
Burgruine Tannenberg 186

C

Cherubini, Luigi (1760-1842) 46, 53, 57
Christoph-Graupner-Gesellschaft 104, 216
Claus, Fritz (1853-1923) 146
Cormon, Eugène (1810-1903) 64
Cornelius, Peter (1824-1874) 51
Czerwenka, Milada (1860-1919) 63

D

Da Ponte, Laurenzo (1749-1838) 47
Darmstädter Hoftheater 10, 15, 31, 34, 46, 63, 157
Datterich 9
David, Félicien-César (1810-1876) 44, 218
David, Ferdinand (1810-1873) 43, 62, 223
de la Fosse, Louis Remy (1659-1726) 7, 10
Delsarte, François-Alexandre-Nicolas-Chéri (1811-1871) 5, 27
Deutschen Schriftstellertag 154, 170
Deutscher Krieg 1866 167
Deutsch-Französische Krieg 1870/71 167
Devrient, Eduard (1801-1877) 64
Dingeldey, Herman (1825-1902) 64
Dingelstedt, Franz von (1814-1881) 51, 52, 53, 64
Donizetti, Gaetano (1797-1848) 34, 35, 36, 221, 222
Dramaturg 13, 15, 64, 65
Dräxler, Karl Ferdinand (1806-1879) 15, 64

E

Ehrenbürger 3, 4, 6, 105, 156, 163, 186
Eigenbrodt, Richard (1799-1866) 62
Eisenbahnunfall 9
Emmerich, Robert (1836-1891) 42, 45, 62, 64, 223
Enderle, Wilhelm Gottfried (1722-1790) 15, 77
Ernst-Pasqué-Straße 78, 156, 163, 178, 186, 195
Esselborn, Karl (1879-1840) 27
Ettling, Emile (1820-1881) 64

F

Fischer, Carl Ludwig (1816-1877) 64
Florentiner 40
Flotow, Friedrich von (1812-1883) 35, 36, 70, 153, 208, 220
Formes, Karl (1810-1889) 64
Frank, Josef (1816-1896) 64
Freizeitanlage „Görschel" 153
Fremdenverkehr 151
Freudenberg, Wilhelm (1838-1928) 46, 224
Frohn, Charlotte (1844-1888) 64
Fuchs, Johann Nepomuk (1842-1899) 64
Fürstenlager 75, 78, 79, 162, 190, 191, 233

G

Gastauftritte 33
Gasthaus „Bockshaut" 18
Gasthaus „Zum Ochsen" 19
Gasthaus „Zur Sonne" 4, 163
Gastspiel 53, 194
Genast, Wilhelm Emil (1822-1887) 54
Gesellschaftsideal 137
Getreidepreisschwankungen 149
Gevaert, François-Auguste (1828-1908) 44
Ghislanzoni, Antonio (1824-1893) 48
Gluck, Christoph Willibald (1714-1787) 11, 33, 36, 153, 211
Goethe, Johann Wolfgang (1749-1832) 53
Goldene Verdienstmedaille für Wissenschaft, Kunst, Industrie und
      Landwirtschaft 6, 167
Gollmick, Adolf (1825-1883) 64
Goltermann, Georg (1824-1898) 64
Gosnold, Bartholomew (1572-1607) 170
Götze, Karl (1836-1887) 64
Gounod, Charles (1818-1893) 37, 53
Graupner, Christoph (1683-1760) 6, 10, 15, 104, 106, 135, 193
Grisar, Albert (1808-1869) 43
Grisi, Guilia (1811-1869) 27
Großherzog Ludwig II. v. H. und b. R. (1777-1848) 182
Großherzog Ludwig III. v. H. und b. R. (1806-1877) ....
      .... 6, 14, 51, 67, 69, 78
Großherzog Ludwig IV. v. H. und b. R. (1837-1892) 79
Großherzog Luedwig I. v. H.-D. (1753-1830) 7, 10, 30, 184
Großherzogin Mathilde 194
Großherzogliche Ortgericht 40
Großherzogliches Hoftheater 33
Großherzogtum Baden 8
Großherzogtum Hessen 7, 8
Guérard, Benjamin Edme Charles (1797-1854) 64
Gulden 39, 40, 152, 168, 174
Gumprecht, Adolf (1818-1899) 64
Gutzkow, Karl (1811-1878) 65

H

Habich, Ludwig (1872-1949) 158
Hammermeister, Heinrich (1799-1860) 65
Hänel, Gustav Friedrich (1792-1878) 65
Haute-Contre-Stimmlage 34
Haydn, Joseph (1732-1809) 58
Heiligenberg 149, 151, 172, 184, 185, 232, 233
Herloßsohn, Karl (1804-1849) 65
Hersch, Hermann (1821-1870) 54
Herzog Ernst II. von Sachsen-Coburg-Gotha (1818-1893) 33

Herzog Karl II. August von Pfalz-Zweibrücken (1746-1795) 85
Hiller, Ferdinand von (1811-1885) 44
Hirschparkklinik 152, 161
Hochstätter, ... 45
Hoefer, Edmund (1819-1882) 65
Hofkapellmeister 6, 10, 31, 33, 41, 62, 63, 65,
      .... 66, 106, 109, 110, 139, 140, 144, 195
Hofmusik 12, 42, 52, 80, 158, 195
Hofmusikbibliothekar 5, 11, 12, 16, 104, 194
Hofoper 36
Hofopernorchester 31
Hoftheater 5, 10, 11, 12, 13, 14, 15, 18, 30, 31,
      .... 32, 33, 34, 36, 37, 38, 39, 40, 41, 42,
      .... 49, 52, 53, 62, 68, 69, 75, 167, 169,
      .... 194, 195, 203, 206, 216
Hotel „Zur Traube" 7, 90
Hülsen, Botho von (1815-1886) 65
Hypothek 40

J

Jähns, Friedrich Wilhelm (1809-1888) 58, 65
Jerrmann, Eduard (1798-1859) 65
Jerusalem Friedensmal 190

K

Kaiser Barbarossa (1122-1190) 80
Kapelle „Zur Not Gottes" 190
Karl X. (1757-1836) 97
Kaufkraft 38, 39
Keil, Ernst (1816-1878) 65
Kindermann, August (1817-1891) 5
Kirche Notre-Dame de Lorette 26
Kloster Lorsch 185, 188
Klughardt, August (1847-1902) 46, 223
Kölner Dom 8, 90
König, Ewald August (1833-1888) 65
Kreutzer, Conradin (1780-1849) 5, 17, 29, 43, 50, 153, 194
Kücken, Friedrich Wilhelm (1810-1882) 65
Kühne, Ferdinand Gustav (1806-1888) 53
Kurfürst Carl Philipp von der Pfalz (1661-1742) 142
Kürschner, Joseph (1853-1902) 99

L

L'Arronge, Adolph (1838-1908) 65
Lachner, Franz Paul (1803-1890) 36, 65, 222
Landgraf Ernst-Ludwig. von Hessen-Darmstadt (1667-1739) ....
      .... 7, 10, 80, 106, 133, 139, 180
Landgraf Ludwig X. (1753-1830) 149
Landgraf Ludwig X. von Hessen-Darmstadt (1753-1830) 7
Langer, Ferdinand (1839-1905) 46, 223
Lassen, Eduard (1830-1904) 42, 43, 65, 223
Lessing, Gottfried Ephraim (1729-1781) 153
Libretti 17, 37, 41, 43, 47, 48, 49, 50, 52, 58,
      .... 62, 103, 160, 194, 196, 218, 224
Librettist 5, 17, 48, 64, 65, 66
Lichtenberg, Johann Conrad (1689-1751) 82
Lind, Jenny (1820-1887) 11, 31
Lindau, Paul (1839-1919 65
Lindenstraße 161
Linder, Gottfried (1842-1918) 45, 62, 65, 223
Lindpaintner, Peter Joseph von (1791-1856) 65
Liszt, Franz (1811-1886) 33, 51, 57
Lokalposse 9, 13
Longert, August (1836-1920) 65
Lorscher Codex 149, 150
Lortzing, Albert (1801–1851) 35, 36, 65, 153, 221
Ludwig XVI. (1754-1793) 97
Ludwig XVIII. (1755-1824) 97
Ludwigmonument 30
Lufthansa Ausbildungszentrum 183
Lustspiel 13, 14, 54, 101
Lüttgen, Wilhelm Anton (1781-1857) 5, 26

M

Maillart, Louis-Aimé (1817-1871) 44
Main-Neckar-Bahn 9, 23
Mangold, Carl Amand (1813-1889)............42, 47, 52, 62, 65, 157
Marie-Antoinette, Erzherzogin von Österreich (1755-1793) 97
Marpurg,Friedrich (1825-1884) 45, 62, 65
Marra-Vollmer, Marie von (1822-1878) 65
Marschner, Heinrich (1795-1861) 76
Marx, Pauline (1819-1881) 65
Melibokus 73, 75, 151, 173, 180, 186, 188, 232
Mendelssohn-Bartholdy, Felix (1809-1847)....................... 86, 198
Merck, Emanuel August (1855-1923) 10
Merck, Heinrich Emanuel (1794-1855) 9
Meyer, Conrad Ferdinand (1825-1898) 47
Meyerbeer, Giacomo (1791-1864) 15, 31, 34, 35, 36, 220
Meyern-Hohenberg, Gustav von (1820-1878) 54
Milde, Hans Feodor von (1821-1899) 65
Mitgliedsstaat des Deutschen Bundes................................ 7
Moller, Georg (1784-1852) 8, 10, 11, 216
Mosenthal, Salomon Hermann (1821-1877) 54
Mosonyi, Mihály (1815-1870)... 43
Mozart, Wolfgang Amadeus (1756-1791)..............................
....11, 36, 52, 57, 58, 203, 220
Müller von Königswinter, Wolfgang (1816-1873).................. 65
Müller, Adolf (1801-1886) 65
Müller, August (1808-1867) 66
Müller, Bernhard (1825-1895) 66
Müller, Otto (1816-1894) 66
Müller-Palm, Adolf (1840-1904) 65
Musikantengeschichten................................... 27, 83, 196
Mylius, Otfrid (1819-1889) 66

N

Navrátil, Karel (1867-1936) 66
Netzer, Joseph (1808-1864) 66
Neumark, Georg (11621-1681) 211
Nickles, Heiner (1901-1990) 153
Niebergall, Ernst Elias (1815-1843) 9
Nuitter, Charles (1828-1899) 66
Nutzungsrecht.. 159

O

Offenbach, Jacques (1819-1880) 27, 45, 66, 83, 84, 207
Ökonomieinspektor 5, 37, 195
Ökonomie-Inspektor 79
Opern
  Aleida von Holland (Thooft) 44
  Aschenbrödel oder Der gläserne Pantoffel (Conradi) 45
  Astorga (Abert) 44
  Belisario (Donizetti)..36
  Capitaine Henriot (Gevaert)...44
  Captain Hector (Schlösser)......................................41, 43
  Catharina Cornaro (Lachner)..36
  Das Nachtlager von Grenada (Kreutzer) 194
  Das Wunderhorn op. 121 (Conradi)................................45
  Der Barbier von Bagdad (Cornelius)................................51
  Der Deserteur, op. 120 (Hiller) 44, 219
  Der erste Glückstag (Auber) 44
  Der Freischütz (Weber)........................36, 58, 206, 221
  Der Prophet (Meyerbeer)..36
  Der Schwedensee (Emmerich)...................................42, 45
  Der treue Eckart (Mangold) 42, 47
  Der Wasserträger (Cherubini) 46
  Des Sängers Fluch (Kreutzer) 43
  Diana von Solange (Herzog Ernst II. von S-C-G) 33
  Die Favoritin (Donizetti)..35, 36
  Die Hochzeit des Mönchs (Kluhardt)................................46
  Die Hugenotten (Meyerbeer).....................................35, 36
  Die Königin von Saba (Gounod) 44
  Die Mühle im Wisperthal (Freudenberg) 46
  Die Nürnberger Puppe (Adam) 43
  Die schöne Melusina (Langer).......................................46

  Die Sizilianische Vesper (Verdi) 49
  Die Statue (Reyer) 44
  Die vier Jahreszeiten (Schlösser)....................................43
  Don Giovanni (Mozart)...36
  Dornröschen (Linder) 45
  Ekkehard (Abert) 46
  Elsa oder Das Lied der Mutter (Hochstätter) 45
  Ernani (Verdi) 35
  Faust und die schöne Helena (Conradi) 45
  Ferdinand Cortez (Spontini) 194
  Fernand Cortez (Spontini) 36
  Frau Venus (Raida) 47
  Frauenlob (Lassen) 44
  Fridolin oder Der Gang zum Eisenhammer (Kreutzer) 43
  Galilei (Dallwitz) 46
  Georg Neumark und die Gambe (Rietz) 42, 44
  Hans Heiling (Marschner)..76
  Hans Wacht (David) 43
  Hero und Leander (Steinhart) 45
  Herostrat (Reyer) 44
  Herr Schulze, wünsch gute Nacht (Grisar) 43
  Kaiser Max auf der Martinswand (Mosonyi) 43
  Kleopatra (Freudenberg)...46
  Konradin von Schwaben (Linder) 45
  Lalla Roukh (David)..44
  Landgraf Ludwigs Brautfahrt (Lassen) 42, 43
  Lara (Maillart)...44
  Lohengrin (Wagner) 33, 211
  Lucia di Lammermoor (Donizetti) 36
  Lucrezia Borgia (Donizetti) 36
  Martha (Flotow) 35, 36, 71, 220
  Meister Martin der Küfner und seine Gesellen (Kreutzer).....43
  Melusine (Schindelmeißer) 44
  Minister und Räuber (Steinhart) 45
  Mireille (Gounod) 44
  Nabucco (Verdi) 36
  Nero (Rubinstein) 46
  Otto der Schütz (Reiss) 43
  Robinson (Offenbach) 45
  Schneewittchen (Conradi)..45
  Silvana (Weber) 46
  Tanhäuser (Mangold) 42, 47, 52
  Telemach (Graupner) 10, 139
  Titus (Mozart)...52
  Van Dyck (Emmerich) 46
  Zar und Zimmermann (Lortzing) 35, 36, 210
Opern (handschriftlich)
  Das Rosenwunder 50
  Das Schloß am Rhein 50
  Der Frühling..50
  Der Glücksjäger 50
  Der Schwedensumpf 50
  Friedrich Wilhelm, der Große Kurfürst...............................50
  Johann von Braganza 50
  Johann von Werth (Schmidt) 50
  Kaiser Conrad II. 50
  Klein-Roland (Kreutzer) 50
  Rübezahl..50
  Stahleck 50
  Trepsichore oder die Muse der Tanzkunst..........................50
Opernerzählungen 57, 88, 197
Opernregisseur 5, 194
Orte Deutschland
  Aachen 16
  Alsbach............6, 10, 17, 31, 63, 73, 74, 90, 173, 176, 177, 186
  Aschaffenburg 33, 58
  Bensheim 75, 79, 141, 176, 190
  Bensheim-Auerbach 8, 75, 78, 79, 174, 176, 190
  Berlin..41, 42, 61, 63
  Bickenbach 8, 18, 75, 149, 176, 180, 182
  Braunshardt 79
  Darmstadt 5, 7, 11, 24, 30, 58, 63, 70, 104, 136, 141
  Dessau 47
  Dresden...42
  Eberstadt...19, 74
  Eppstein im taunus..87

Eußerthal..114, 117, 143, 146
Felsenmeer 174
Frankenstein 173
Frankfurt 8, 33, 41, 63, 86, 180, 182
Gießen..7
Griesheim 77, 78, 79
Hähnlein..180
Hamburg 10, 41, 63, 139
Heidelberg........................... 75, 141, 142, 177, 180, 182, 192
Heiligenberg..176, 184
Hofheim im Taunus..87
Homburg 85
Karlsruhe 16, 31, 36
Kirchberg 136, 139
Koblenz 20
Köln 5, 20, 26, 63, 164
Königswinter 20
Landau 143
Langen..8
Leipzig 8, 16, 30, 31, 33, 36, 63, 141
Lorsbach..87
Lorsch..185
Mainz 5, 7, 8, 16, 20, 29, 31, 33, 37, 61
Malchen 171
Mannheim..33, 123, 142, 143
Meiningen..63
Michelstadt 192
München 16, 23, 24, 31, 36, 63
Neuscharfeneck..143
Offenbach 7
Ramberg...117, 143
Schönberg 174
Seeheim-Jugenheim...............75, 172, 176, 182, 184
Stuttgart...61, 63
Tannenberg...172
Weimar 3, 5, 11, 16, 25, 31, 32, 33, 34, 37, 42, 43, 44,
................45, 46, 50, 51, 53, 54, 57, 63, 68, 96, 166, 169,
..................................194, 198, 203, 204, 223
Weinheim...141, 176
Wiesbaden 41, 63
Worms..7, 192
Zwingenberg 141, 173, 176, 177, 188
Orte Frankreich
    Avignon 21
    Genf 20
    Lyon...21
    Marseille 21
    Nimes 21
    Nizza...22
    Paris 5, 26, 31, 83
    Paris 63
    Paris 165
    Straßburg 114
    Versailles 7, 142
Orte Großbritannien
    London 6, 16, 18, 31, 36
Orte Italien
    Bellagio 22, 23
    Bologna 24
    Bordighera 22
    Bozen...24
    Cortina d´Ampezzo......................................24
    Florenz 22
    Genua 22
    Livorno 22
    Mailand 22, 23, 24
    Mendisio 24
    Neapel..22
    Pisa...22
    Rom...22
    Toblach...24
    Turin..24
    Venedig 22
    Verona...24
Orte Monaco
    Monaco 22

Orte Niederlande
    Amsterdam..5, 16, 31
Orte Österreich
    Graz 41
    Innsbruck...23, 24, 41
    Kufstein 23, 24
    Salzburg 41
    Wien 16, 18, 31, 36, 63
Orte Polen
    Stettin...63
Orte Schweiz
    Basel..20
    Immensee 22, 23
    Lugano..24
Orte Ungarn
    Budapest 41

P

Pasqué, Anna Maria (1797-1866) 26
Pasqué, Anna Wilhelmine Johanna Karoline (1853-1899) 16, 194
Pasqué, Heinrich (1855-1905) 17, 194
Pasqué, Johann Heinrich (1798-1831) 16, 26
Pasqué, Louise (1860-1913) 17, 24, 195, 202
Pasqué, Paulina Sophia (1826-1878)....................8
Pentenrieder, Franz Xaver (1813-1867).............66
Pohl, Carl Ferdinand (1819-1887) 66
Pohl, Emil (1824-1901) 66
Ponchard, Louis Antoine (1787-1866)................27
Preusker, Karl (1786-1871) 66
Proelß, Johannes (1853-1911) 66
Putlitz, Gistav Gans zu (1821-1809) 54

R

Raeder, Gustav (1810-1868) 54
Raida, Carl Alexander (1852-1923) 47, 223
Rau, Heribert (1813-1876) 66
Rausch. Georg 4
Reden-Esbeck, Friedrich Johann von (1842-1890) 66
Regieanweisungen 94
Regisseur....................3, 17, 32, 37, 51, 64, 65, 66, 67, 89, 94
Reiss, Carl Heinrich Adolf (1829-1908)........ 37, 43, 66, 223
Reuling, Wilhelm (1802-1879) 66
Reyer, Ernest (1823-1909) 44, 53, 66
Richter, Heinrich (1820-1896) 66
Rieger, Maximilian (1828-1909) 9, 151
Riesberg, Paulina Sophia (1826-1878) 8
Rietz, Julius (1812-1877) 37, 42, 44, 223
Ritterkreuz I. Klasse des Verdienstordens
    Philipps des Großmütigen 6
Rittershausen, Karl Joseph (1852-1910) 155, 159, 160
Ronconi, Giorgio (1810-1890) 27
Rost, Alexander Emil (1816-1875)......................53
Rubini, Giovanni Battista (1795-1854) 27
Rubinstein, Anton Grigorjewitsch (1829-1894) 46, 58
Ruine Jossa (Dagsberg) 186

S

Sachs, Julius (1868-1924) 66
Salle de Concerts d'Henri Herz.........................28
Saloman, Siegfried (1816-1899) 66
Salvi, Lotenzo (1810-1879)................................27
Sängerkarriere.............................. 16, 26, 70, 166, 182
Sauerländer, Johann David (1789-1869)............66
Schade, Oskar (1826-1906) 66
Scheffel, Joseph Victor von (1826-1886)...........62
Schiller, Friedrich (1759-1805) 53
Schindelmeißer, Louis (1811-1864) 41, 44, 62, 66, 195, 223
Schindler, Anton (1795-1864) 66
Schlösser, Louis (1800-1886) 41, 43, 66, 223
Schmidt, Gustav (1816-1882) 50, 62, 66, 208
Schönberger-Marconi, Marianne (1785-1882) 31
Schöppner, Alexander (1820-1860) 147

Schröder-Devrient, Wilhelmine (1804-1860) 31
Schubert, Franz (1797-1828) 57, 212
Schumann, Robert (1810-1856) 47, 57, 58
Schwedische Nachtigall 11
Scribe, Eugène (1791-1861) 48
Sedlmayrm Max (1832–1899) 66
Semper-Oper 13
Senger, Alexander (1840-1902) 66
Shakespeare, William (1564-1616) 53
Speidel, Wilhelm (1826-1899) 50
Spielhagen, Friedrich (1829-1911) 66
Spohr, Louis (1784-1859) 66
Spontini, Gaspare (1774-1851) 30, 36, 194, 195, 223
Sprach-Unterricht 27
Stadtkirche.. 18, 69, 141
Steinhart, Wenzel Wilhelm (1819-1899) 45, 62, 66, 224
Strata Montana.. 150, 176
Strodtmann, Adolf (1829-1879) 66
Struensees, Johann Friedrich (1737-1772) 15

T

Tacchinardi-Persiani, Fanny (1807-1867) 27
Tamburini, Antonio (1800-1876) 27
Tartini, Giuseppe (1692-1770) 57
Taubert, Wilhelm (1811-1891) 66
Telemann, Georg Philipp (1681-1767)...................... 6, 104
Theaterbrand 24.10.1871 12
Theaterleiter.. 4, 5, 51
Theaterzettel 11, 36, 54, 61
Thomasschule... 139
Thooft, Willem Frans (1829-1900)...................... 44, 62, 67, 224
Tragödie 54
Trauerspiel 15, 54, 58

U

Übersetzungen.................................. 48, 53, 165, 201
Uhland, Ludwig (1787-1862).................................... 47
Uraufführung 42, 43, 44, 45, 46, 47, 94, 194, 195, 211, 223

V

Verdi, Giuseppe (1813-1901) 34, 35, 36, 49
Verkehrs- und Verschönerungsverein....................... 4
Verlag *Ed. Bote & G. Bock* (Berlin)........................ 47
Verlag *Felix Bloch* (Berlin) 160
Verlag *Otto Jahnke* (Berlin) 160
Verlag *Otto Spammer* (Leipzig) 160
Verlag *Philipp Reclam* (Leipzig) 159
Viardot-García, Pauline (1821-1910) 27
Villa *„Geyersberg"* 40, 55, 152, 153, 159, 160,
.... 161, 163, 165, 178, 186
Vogler, Georg Joseph (1749-1814).......................... 31, 35, 209
von Travanet, Marquise (1753-1828) 98

W

Wagner, Richard (1813-1883)........... 33, 34, 42, 51, 57, 153, 209
Währungsreform.. 168
Wanderführer 151, 154, 169
Weber, Carl Maria von (1786-1826) .. 16, 31, 32, 36, 46, 58, 153,
.... 195, 207, 209, 210, 221
Wedel, Oskar von (1835-1908) 67
Weilerhügel.. 180, 186, 232
Weltkulturerbe Mathildenhöhe................................ 191
Werther, Julius von (1838-1910) 67
Widemann, Carl Theodor (1821-1903) 67
Wilder, Victor van (1835-1892) 67
Winkelmann, Hermann (1847-1912) 63
Witt, L. Friedrich (1811-1890)................................. 35
Wolf, Johann Wilhelm (1817-1855) 171
Wünzer, Theodor (1831-1897) 67
Wurda, Joseph (1807-1875) 67

Z

Zaubermärchen.. 45, 54
Zeitschrift *„Die christliche Frau"* 160
Zeitschrift *„Die Muse"*..................................... 136
Zeitschrift „Modernes Deutschland" 29
Zeitung *„Bergsträßer Boten"*................................ 156
Zeitung *„Homburg-Bexbacher-Zeitung"*................... 159

Herkunftsverzeichnis der verwendeten Abbildungen

1. Wikipedia: Seiten 7, 9, 26, 26, 28, 67, 77, 142, 143.

2. Universität- und Landesbibliothek Darmstadt, Nachlass Ernst Pasqué (Richard Weber-Laux): Seiten 5, 15, 16, 16, 18, 20, 21, 22, 23, 24, 32, 33, 33, 40, 40, 42, 52, 55, 90, 102.

3. Universität- und Landesbibliothek Darmstadt (L.Goebel): Seite 12.

4. Hessisches Staatsarchiv Darmstadt: Seite 10.

5. Fachgebiet Digitales Gestalten, Technische Universität Darmstadt: Seite 11.

6. Richard Weber-Laux: Seiten 19, 30, 31, 34, 35, 51, 52, 69, 73, 74, 104, 112, 115, 127, 137, 141, 144, 144, 145, 146, 151, 152, 153, 154, 157, 159, 161, 161, 162, 162, 163, 163, 163, 164, 164, 165, 178, 179, 181, 183, 185, 187, 189, 191, 193.

7. Konrad Tempel: Seite 17.

8. CD-Cover: Abbildung mit Genehmigung der jeweiligen Labels, Seite 218f; insbesondere „Cover of DG / Courtesy of Deutsche Grammophon Gesellschaft mbH".

16. Weitere Hinweise aus dem Internet

Die nördliche Bergstraße: Orte laden mit Informationen ein

Die Webseiten der Orte entlang der Bergstraße bieten weitergehende Informationen über Land und Leute. Wir können in diesem Buch nicht alle Aspekte eines guten Aufenthaltes abdecken, deshalb die Bitte, hierfür die aktuellen Webseiten zu überprüfen.

- **Bergstraße allgemein:**   www.diebergstrasse.de
- **Bickenbach:**   www.bickenbach-bergstrasse.de
- **Seeheim-Jugenheim:**   www.seeheim-jugenheim.de
- **Heiligenberg:**   www.heiligenberg-jugenheim.de
- **Alsbach-Hähnlein:**   www.alsbach-haehnlein.de
- **Zwingenberg:**   www.zwingenberg.de
- **Auerbach:**   de.wikipedia.org/wiki/Auerbach_(Bensheim)
- **Bensheim:**   www.bensheim.de

Wunderbare Wanderungen: Die Bergstraße zu Fuß oder mit dem Fahrrad

Eine gute Übersicht über Touren an der Bergstraße – sei es zu Fuß, mit dem Fahrrad oder mit dem Auto – bieten folgende Webseiten:

- **Burgensteig Bergstraße:**   www.burgensteig-bergstrasse.de
- **Blütenweg Bergstraße:**   www.burgensteig-bergstrasse.de/bluetenweg
- **Alemannenweg:**   www.alemannenweg.de
- **Nibelungensteig:**   www.nibelungensteig.de

Sehenswürdigkeiten und Genuss auf der Wanderung nach Pasqué

Weiter sind in den Wegbeschreibungen in Kapitel 11 zusätzliche interessante Wegpunkte und Besuchsmöglichkeiten erwähnt, die mit den folgenden Links nachvollziehbar sind:

- **Schloss Bickenbach:**   de.wikipedia.org/wiki/Jagdschloss_Bickenbach
- **Melibokus:**   de.wikipedia.org/wiki/Melibokus
- **Weilerhügel Hähnlein:**   de.wikipedia.org/wiki/Weilerhügel
- **Hartenauer Hof:**   www.hartenauer-hof.de
- **Restaurant "Il centro":**   www.ilcentro-bickenbach.de
- **Schloss Seeheim:**   www.schloss-seeheim.com
- **Lufthansa Seeheim:**   www.lh-seeheim.de
- **Stangenberg-Merck-Museum:**   www.museum-jugenheim.info

- **Ilbes-Berg** (Magnetberg):   de.wikipedia.org/wiki/Ilbes-Berg
- **Schloss Heiligenberg**:   www.schloss-heiligenberg.de
- **Felsenmeer**:   www.felsenmeer-zentrum.de
- **Klosterruine Heiligenberg**:   www.alleburgen.de/bd.php?id=14018
- **Kloster Lorsch**:   www.kloster-lorsch.de
- **Wolf Bergstraße**:   de.wikipedia.org/wiki/Intersnack
- **Schloss Alsbach**:   de.wikipedia.org/wiki/Schloss_Alsbach
- **Jüdischer Friedhof Alsbach**:   de.wikipedia.org/wiki/Jüdischer_Friedhof_Alsbach
- **Eiscafé „Miranda"**:   www.facebook.com/eiscafemiranda/
- **Scheuergasse**:   www.die-scheune-zwingenberg.de/geschichte/
- **Schloss Auerbach**:   de.wikipedia.org/wiki/Schloss_Auerbach
- **Theater Mobile**:   www.mobile-zwingenberg.de
- **Staatspark Fürstenlager**:   de.wikipedia.org/wiki/Staatspark_Fürstenlager
- **Kapelle „Zur Not Gottes"**:   de.wikipedia.org/wiki/Zur_Not_Gottes_(Auerbach)
- **Jerusalem Friedensmal**:   www.friedensmal.de/projekt/ziel/
- **Schloss Schönberg**:   www.schloss-schoenberg.com
- **Restaurant „Walderdorffer Hof"**: www.walderdorfferhof.de

Kulturelles: Museen und Ausstellungen an der Bergstraße

Wer noch tiefer in die Geschichte, Eigenarten und Besonderheiten der Bergstraße einsteigen möchte, kann in den kleinen Museen der Gegend unterhaltsame Möglichkeiten finden. Am Ende der südlichen Bergstraße in Heidelberg lassen sich allein in dieser Universitätsstadt 46 Museen und am Ende der nördlichen Bergstraße in Darmstadt über 15 Museen finden.

- **Museum in der Anstalt**:   www.museum-alsbach-haehnlein.de
- **Stangenberg-Merck-Museum**:   www.museum-jugenheim.info
- **Museum im Kolbschen Haus**:   www.museum-bickenbach.de
- **Museum Seeheim-Jugenheim**:   www.museum-bergstrasse.de
- **Museum der Stadt Bensheim**:   www.stadtkultur-bensheim.de/museum
- **Museum Scheuergasse**:   www.museum.de/museen/heimatmuseum-zwingenberg
- **Museum Kloster Lorsch**:   www.lorsch.de/de/kultur/museen/
- **Feuerwehrmuseum Lorsch**:   www.feuerwehr-lorsch.de/oldtimergruppe/feuerwehrmuseum/
- **Museum Bickenbach**:   www.museum-bickenbach.de
- **Museum Heppenheim**:   www.heppenheim.de/leben-in-heppenheim/museum-heppenheim/
- **Museum der Stadt Weinheim**:   www.weinheim.de/746732.html
- **Lobdengau Museum Ladenburg**: www.lobdengau-museum.de
- **Carl Benz Museum Ladenburg**:   www.automuseum-ladenburg.de

17. Danksagung

Diese Zusammenstellung von Informationen und Fakten über Ernst Pasqué wäre nicht möglich gewesen ohne die große Unterstützung von vielen Menschen im Außen. Sich in den Nachlässen Verstorbener zurecht zu finden, ihre Handschriften lesen zu können und ihren Inhalt richtig zuordnen zu können, bedarf es großer Expertise und Engagement.

Insbesondere danke ich folgenden Institutionen und Menschen für ihre tatkräftige und ermunternde Beratung und Hilfe – für das Finden von Pasqués Handschriften, das Korrekturlesen, das Erforschen der Bergsträßer Umgebung, das Konvertieren von Frakturschriften, und, und, und:

- Dr. Peter Engels (Darmstadt), Stadtarchiv Wissenschaftsstadt Darmstadt
- Dr. Silvia Uhlemann (Darmstadt), Universitäts- und Landesbibliothek Darmstadt
- Dr. Gundula Hubrich-Messow (Sterup), Buchautorin
- André Muth (Chemnitz), Graupner-Beitrag „Wahrheit oder Fiktion im Märchen?“
- Bernd Beutel (Darmstadt-Eberstadt), Herausgeber von Pasqué-Büchern neuer Art
- Werner Schneider (Alsbach), ehemaliger Gemeindemitarbeiter Alsbach-Hähnlein
- Konrad Tempel (Ahrensburg), Urenkel von Ernst Pasqué

Ferner haben viele Menschen durch Ideenspenden dazu beigetragen, dass dieses Buch in guter Qualität verfasst, geprüft und gedruckt werden konnte. Ihnen allen vielen Dank und die Information, dass auf der Webseite **www.ernst-pasque.de** die weiteren Fortschritte des Projektes fortlaufend dokumentiert und verfolgt werden: